Valeska Gert, *Ich bin eine Hexe*

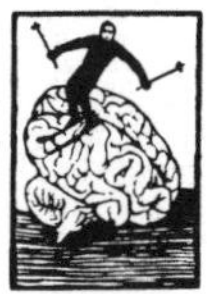

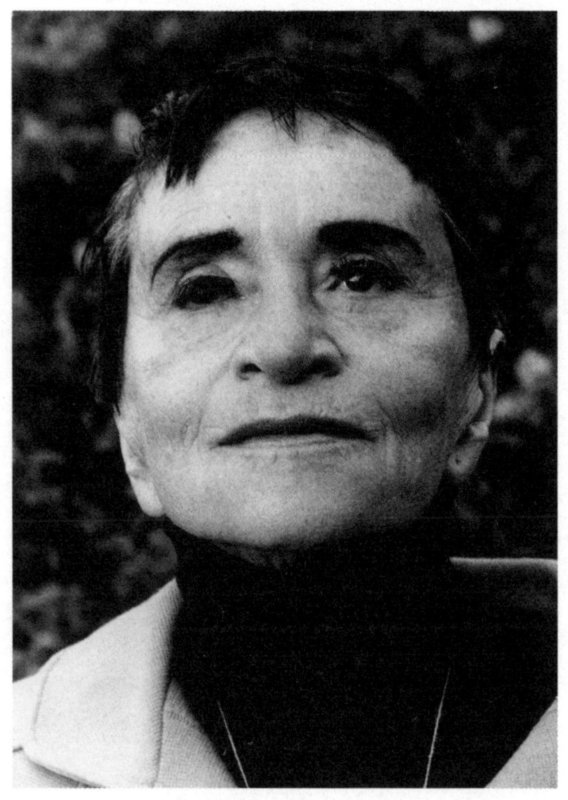

Anfang der 1970er Jahre in Kampen

Valeska Gert

ICH BIN EINE HEXE

Kaleidoskop meines Lebens

Mit einem Nachwort
von Frank-Manuel Peter

*

Herausgegeben
vom Deutschen Tanzarchiv Köln

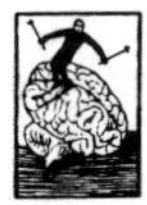

Alexander Verlag Berlin

Die Erstausgabe erschien 1968 im Franz Schneekluth Verlag KG, München und wurde für diese Ausgabe durchgesehen und behutsam korrigiert.

Alexander Wewerka, Fredericiastr. 8, D-14050 Berlin
info@alexander-verlag.com | www.alexander-verlag.com

Umschlaggestaltung: Antje Wewerka, unter Verwendung eines Fotos von Mark B. Anstendig
Satz und Layout: Anke Geidel
Dank an Frank-Manuel Peter, Olivia Hotz und die Theaterwissenschaftliche Sammlung der Universität zu Köln
Druck und Bindung: FINIDR s. r. o., Český Těšín
ISBN 978-3-89581-511-9
Printed in the EU (August) 2019

Inhalt

9 Trudchen
27 Verwandlungen
40 Ich werde Schauspielerin
52 Ich mache Karriere
77 Über die Grenzen
87 Kohlkopp
94 Das halte ich nicht aus
108 Hollywood
117 Provincetown
130 Herbergssuche
144 Bettlerbar
163 Meine Mitarbeiter
180 Gebranntes Kind
190 Arbeitslos
198 Von Hummern und Hühnern
217 Nach Europa zurück
225 In der Schweiz
235 Die Hexenküche von Berlin
252 Rund um den Ziegenstall

265 »Wilde Fratzen werf ich Euch zu, mildes Antlitz neige ich über Euch« – Ein Nachwort von Frank-Manuel Peter
279 Personenregister
285 Bildnachweise

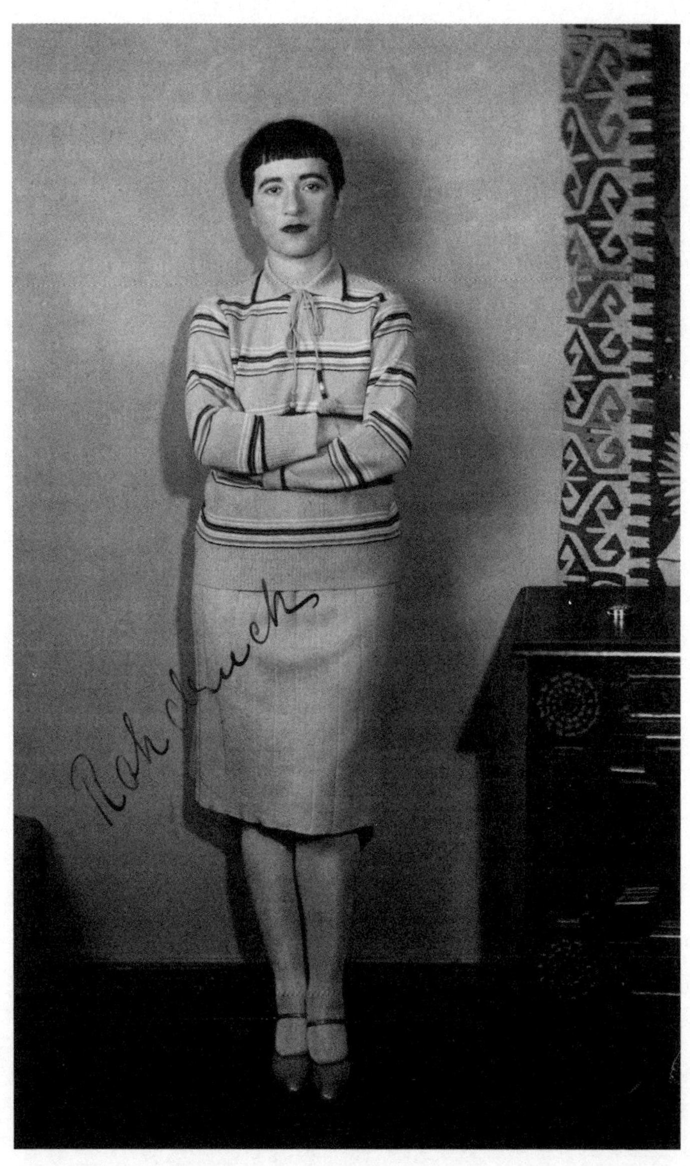

Valeska Gert, ca. 1926, fotografiert von Erna Ruttmann,
der Frau des Filmregisseurs Walter Ruttmann

Sie kennen mich sicher nicht mehr aus den zwanziger Jahren. Mir ist schon passiert, dass mich Leute fragten, ob ich wirklich früher eine Schönheitskönigin gewesen sei.

Sicher kennen Sie mich auch nicht aus der Zeit nach den zwanziger Jahren, aber vielleicht kennen Sie mich aus dem »Ziegenstall«. Das ist ein origineller, manche sagen: der originellste Nightclub überhaupt auf der Insel Sylt in Kampen.

Viele fragen mich, was ich denn früher gemacht hätte und wie ich nach Kampen und in den »Ziegenstall« gekommen sei. Da will ich Ihnen die ganze Geschichte mal erzählen.

Trudchen

Ich bin in Berlin SO geboren, in der Alten Jakobstraße 92. Als ich nach dem Zweiten Weltkrieg zurück nach Deutschland kam und das Haus suchte, war nichts mehr davon da, nicht einmal Ruinen, nur ein Haufen Steine.

Als ich zwei Jahre alt war, zogen wir ins Haus der »Alten Philharmonie«, Köpenicker Straße 96, gegenüber dem Schulze-Delitzsch-Denkmal, nicht weit vom Köllnischen Gymnasium. Die Wohnung machte mich traurig, sie war so dunkel. Im Esszimmer, dem sogenannten »Berliner Zimmer«, stand unter der runden Hängelampe ein großer viereckiger Tisch mit roter Friesdecke, auf die Mama einen Korb mit gelben Äpfeln und blauen Pflaumen gestickt hatte. Die schmalen hohen Fenster waren mit Batistgardinen verhängt. Mama konnte »filieren«. Immer saß sie auf einem Stuhl im Erker und stach mit einer Nadel in ein Stück Stoff. Ich, auf ihrem Schoß hockend, wollte die weiße Haut ihres Halses anfassen. Traute mich nicht. Da zupfte ich aus dem mit Perlen bestickten Pompadour ein Batisttaschentuch, legte es auf ihren Hals, nahm es weg, legte es wieder hin, und jedes Mal berührten meine Fingerspitzen die zarte Haut. Meist spielte ich auf dem grünen Teppich. Er roch stumpf und kitzelte mich in der Nase. Einmal packte mich ein gewaltiger Abenteuerdrang. Ich wollte zu meiner Mutter, stand auf. Mama schrie: »Das Kind läuft!«, sprang auf mich zu, hob mich hoch – ich muss etwas Ungeheures getan haben.

Eine Ewigkeit verging. Viele fremde Menschen liefen aufgeregt durch die Wohnung. Eine Frau in blauem Kleid mit vielen kleinen Blümchen drauf ging ins Schlafzimmer meiner Mutter. Ich weinte vor mich hin, war so allein. Da sagte die Frau: »Du hast ein Brüderchen bekommen. Komm, ich zeige es dir.« Sie fasste meine Hand und zog mich ins Zimmer meiner Mutter.

Da lag in einem Wagen eine hässliche rote Puppe. Das soll mein Brüderchen sein? Ich war froh, als man mich aus dem Zimmer zog. Über Scheibenvorhängen hingen Tüllvorhänge, und über Tüllvorhänge fielen in schweren Falten dunkelgrüne, rote oder goldbraune Plüschvorhänge, seidene Pompons an den Rändern.

Die Möbel des Wohnzimmers waren mit grau-grünem Gobelinstoff bespannt, im Salon standen zierliche rosa Damastmöbel. Der Boden des Herrenzimmers war mit mehreren Schichten von Perserteppichen bedeckt, man versank in ihnen. Eine deutsche Dogge aus Gips in Lebensgröße stand auf einem Bärenfell. Aus dem grünen Majolikatopf wuchs eine Palme. Die Adern der blaugrünen Blätter ragten scharf hervor wie die Adern aus der Hand eines alten Mannes. Agathe, das Hausmädchen, staubte die Palme jeden Morgen mit einem Wedel ab. Ich graulte mich vor der Palme. Sie war künstlich und halb tot. Im großen Messingkäfig krächzte ein grauer Papagei, bis er an Lungenentzündung starb. »Graue Papageien sind sehr empfindlich«, sagte Papa. Dann kaufte er einen grauen Kakadu mit rosa Halsfedern und dann einen grünen Wellensittich, den er auf seinen Finger nahm und zärtlich anguckte. Er liebte Tiere, besonders Pferde, wir sahen jedes Rennen in Karlshorst und Hoppegarten.

Der Boden unseres Schlafzimmers war mit grauem Linoleum belegt. Die Betten waren aus weiß gestrichenem Eisen, die Fenster des Schlafzimmers vergittert, damit wir nicht aufs Fensterbrett klettern und runterfallen. Als ich später zum ersten Mal vor einem unvergitterten Fenster stand, wurde mir schwindlig vor so viel Luft. Die Angst vor unvergitterten Fenstern wurde ich nie ganz los.

Unser Spielzimmer barst vor Spielzeug. Da standen ein lebensgroßes Pony, ein Boot, ein Schilderhaus. Die Wände waren durch Nussbaumschränke verdeckt. Wurden sie geöffnet, sprang eine Wolke von muffigem Wollstoff- und Mottenpulvergeruch heraus.

Die erwachsenen Frauen trugen lange, faltige Röcke. Was hatten sie drunter? Raben, Schlangen, Mäuse? Diese langen Röcke vergrößerten die Kluft zwischen mir und den Erwachsenen ins Riesige. Wenn mein Vater, ein großer und starker Mann, pfeifend die Wohnungstür aufschloss, wusste ich: Es gibt Krach. Wenn er im Geschäft Ärger gehabt hatte, pfiff er; er schmiss zwei große Tüten mit Obst auf den Tisch. Mama legte die Früchte in eine Schale aus geschliffenem Baccarat, Agathe brachte die Suppe, und dann ging's los.

»Das ist Abwaschwasser!«, brüllte Papa. Nun wurde Schmorfleisch mit Eiergraupen aufgetragen. »Das Fleisch ist zäh wie Leder!«, schrie er und warf den Teller in weitem Bogen ins Zimmer. Dann schmiss auch ich meinen Teller, und ich meinte ihn ... das wusste er. Er sagte nichts. Ich fürchtete ihn und liebte meine Mutter; die ging in den Salon und weinte. Ich brachte ihr ein Glas Wasser, um ihr zu zeigen, dass ich auf ihrer Seite stehe. Mein kleiner Bruder saß stumm und ernst hinter seinem leeren Teller. Er hatte die Eiergraupen unter das Sofa geschoben. Jedes Mal beim Großreinemachen fand Agathe unter der Chaiselongue kleine Häufchen Kohl, Spinat und Mohrrüben.

Mein Vater liebte Hänschen mehr als mich, nannte ihn »Wasserle«, weil er sich so lange nass gemacht hatte. Wenn ich las, schrie Papa: »Spiel mit Wasserle! Leg die Schmöker weg, sonst verbrenne ich sie!«

Oder es gab Krach, weil Mama ins Theater oder ins Varieté gehen wollte, um die Sorma, Massary, Thielscher und Giampietro zu sehen. »Du bist vergnügungssüchtig!«, schrie er. »Bleib lieber bei den Kinderles zu Hause!« Er war aus Breslau, deswegen hing er an jedes Wort ein »le«. Mama war in Berlin in der Poststraße hinter dem Schloss geboren.

Bloß nicht zu Hause bleiben! Wenn die Eltern ausgingen, brauchte ich nicht vor Angst zu zittern. Kaum waren sie weg, gingen wir in die Küche und tranken Malzbier, das die Köchin aus einem kleinen Fass laufen ließ. Dazu aßen wir saure Gurken. Die Köchin nahm uns auf ihren Schoß. Sie war dick, ich wollte ihre grau-blau karierte Bluse aufknöpfen. »Gebt mir ein Dittchen«, sagte sie, »dann könnt ihr anfassen.« Wir hopsten zu unseren Sparbüchsen, holten einen Groschen und durften berühren, was da so dick aus der Bluse quoll. Manchmal waren wir noch auf, wenn die Eltern nach Hause kamen. Sowie ich den Schlüssel im Schloß hörte, rannte ich ins Bett. Aber Mama fasste den Zipfel meines blauen Matrosenkleides, der unter der Bettdecke herausguckte und fragte: »Was ist denn das?«

Ich weinte so bitterlich, dass sie mich tröstete: »Nimm nicht alles so schwer! So schlimm ist das ja gar nicht!«

Mein Vater war jähzornig und gutmütig und musste immer das Gegenteil von dem tun, was ihm Spaß machte. Er war Meisterschwimmer, segelte viel, aß gern gut und viel und schwärmte von Gänsegrieben, die man ihm in Stettin serviert hatte. Immerzu musste er an mir herumnörgeln, mal gefiel ihm meine lange Nase, mal mein Haar nicht, nie war es ordentlich genug. Wenn ich es offen trug, wollte er einen Zopf, hatte mir das Fräulein einen Zopf geflochten, sollte ich ihn als Kranz um den Kopf legen. Nur, da blieb er nicht. Meine Haare waren fein, die Nadeln fielen raus.

Meine Mutter war lustig, eigensinnig, rechthaberisch, vergnügungssüchtig und konnte wunderbar tanzen, sie wurde »Walzerkönigin« genannt. Ich bin immer erstaunt, wenn heute junge elegante Mütter allein mit ihren Kindern reisen und spazieren gehen. Das war früher bei »besseren« Leuten nicht möglich. Immer war ein Kinderfräulein dabei oder die Spreewälder Amme; die trug einen wippenden faltenreichen roten Wollrock, weißes Leinenfichu und eine dreieckige Leinenhaube. Sie gab uns Milch aus ihrer Brust.

Von Kindererziehung verstanden die Eltern nichts. Dafür konnte Mama schneidern und Hüte garnieren.

Einmal, als ich mit dem Fräulein spazieren ging, kam ein schwarzer Wagen mit einer langen Kiste an uns vorbei.

»Was ist das?«, fragte ich.

»Ein Leichenwagen.«

»Was ist eine Leiche?«

»Ein toter Mensch. Wenn man stirbt, ist man tot.«

»Und dann kommt man in die Kiste?«

»Ja, und dann wird man in der Erde begraben.«

»Wie das dünne kleine Kätzchen?«

»Ja.«

Als die Mutter von Siegfried Jakob starb, wusste ich, sie kommt in die Kiste. Siegfried schrie vor Schmerz, und ich dachte mir: Wenn meine Mutter stirbt, renne ich mit dem Kopf gegen die Wand. Ich will nicht, dass sie in der Erde vergraben wird, sie muss bei mir bleiben und nie weggehen.

Am 11. Januar habe ich Geburtstag. Meine Mutter weckte mich mit einem Kuss: »Ich wünsche dir viel Glück, meine Goldene.« Dann zog sie mich an und zeigte mir den Geburtstagstisch, auf dem Geschenke hoch zu Bergen gestapelt lagen, Bilderbücher, Klebe- und Tuschkasten, Puppen und Spiele. Zum Mittagessen gab es mein Leibgericht. Huhn mit Reis und gelber Sauce. Nach dem Essen zog mir Mama ein weißes Matrosenkleid aus weichem Kaschmir an. Ich war grässlich aufgeregt, lief von einem Zimmer ins andere und warf mich mit dem Bauch auf die Chaiselongue im Herrenzimmer. Wenn nur bald die Kinder kommen, die ich eingeladen habe. Was werden sie mir schenken? Da klingelte es. Das erste Kind knickste und brachte mir eine Schachtel mit Katzenzungen aus Schokolade! Wieder klingelte es. Und nun kam ein Kind nach dem anderen.

Wir setzten uns an eine lange, weiß gedeckte Tafel. Eclairs, Mohrenköpfe, knusprige Schweinsohren steckten in weißen Papiermanschetten. Zwischen zwei bunten Schüsseln stand ein großer Napfkuchen mit Rosinen und, das Schönste von allem, eine Sahnebaisertorte. Agathe goss Schokolade in Tassen aus dünnem Porzellan mit Blümchen drauf. Aus einer geschliffenen Glasschale kleckste sie Schlagsahne auf Kuchen und Schokolade. Der Löffel war aus Gold.

Wir spielten »Stille Post«, »Verwechsle, verwechsle das Bäumelein«, »Saurer Hering« und »Zeck«, dann kam das Schönste, die Verlosung. Aus einer mit einer Serviette bedeckten Schüssel zogen wir Zettel mit Zahlen. Die Nummern wurden aufgerufen, und jeder gewann etwas, ein Spiel, Buntstifte, einen Tuschkasten. Zum Schluss aßen wir Brötchen mit Schinken oder hartgekochten Eiern, einer krummen Sardelle drauf und Grießflammeri mit Himbeersaft. Dann war alles aus, und die Freundinnen wurden von ihren Müttern oder Fräuleins abgeholt.

Mein Bruder Hans fiel aus der Droschke, als wir von unseren Großeltern, die am Karlsbad wohnten, kamen. Er spielte an der Wagentür, sie ging auf, er fiel auf die Straße, das Fräulein ihm nach. Ich dachte, das ist ein Traum, und fuhr ruhig weiter, bis ein Passant rief: »He, Kutscher, Sie haben Ihre Passagiere verloren!« Ich drehte mich um und sah ein Menschenknäuel, es bückte sich. Die Leute brachten das Fräulein und meinen Bruder in die Droschke. Meinem Bruder hatten die Räder die Beine gequetscht, dem Fräulein war nichts passiert.

Immerzu war Hans krank. Einmal fiel er aus dem Sportwagen, weil ich ihn auf dem Hof zu schnell gezogen hatte; er bekam eine Gehirnerschütterung. Ein andermal hatte er eine Mittelohrentzündung. Ich saß auf einer Rutsche in der Küche und weinte mir die Augen aus. »Der Heilgehilfe hat ihm Blutegel hinter das Ohr gesetzt«, sagte meine Mutter. »Erzähle Hänschen nicht, dass es ein Tier war und kein Pflaster.« Aber es war zu sensationell. Ich verriet es doch. Jetzt hatte er mich in seiner Gewalt. Er brauchte bloß zu drohen, »du, ich erzähl das von den Blutegeln«, und ich kuschte.

Als ich sechs Jahre alt war, kam ich in die Privatschule von Fräulein Klinkhardt in der Köpenicker Straße 98. Die Schule war eine Tortur. Sehr früh am Morgen – es war noch dunkel – wurde ich aus tiefem Schlaf geweckt. Das Zimmer war noch nicht geheizt, ich fror jämmerlich, stand auf dem Bett, damit das Fräulein Leibchen und Kleid leichter zuknöpfen konnte. Mama schlief noch. Ich trank ein Glas Milch, auf der Oberfläche zitterte »Haut«. Eklig! Dazu aß ich eine dünn mit Butter beschmierte Schrippe. Das Fräulein hängte mir eine Brotbüchse aus Nickel um den Hals. Darin lagen zwei Stullen, die Mama am Abend zuvor mit Butter bestrichen hatte. Die Butter war eingesickert, das Brot trocken. Wie beneidete ich die anderen Mädchen, die Wurst- und Schinkenbrötchen mithatten. Mama machte sich eben nichts aus Essen, und darum war sie so sparsam damit. Die grauen Wände des Schulzimmers, die warme, schlechte Luft, ich bekam Kopfschmerzen. Fleißig war ich nicht, aber ich passte gut auf und begriff rasch. Trotzdem habe ich von der ganzen Schule nichts behalten als Lesen, Schreiben und etwas Rechnen. Ich kann addieren, aber schon dividieren oder subtrahieren geht nicht. Dann weiß ich noch: 3-3-3 bei Issus Keilerei, Isar, Iller, Lech und Inn fließen zu der Donau hin, und 1356 war die Goldene Bulle, aber die hielt ich für einen preisgekrönten Mastochsen. Die Mitschüler behandelte ich wie Untertanen. In meinen Zeugnissen stand unter Betragen: G. ist herrschsüchtig.

Ich konnte irrsinnig schnell laufen, so schnell, wie ich wollte. Bei Wettrennen flog ich und gewann. Ich konnte auch zaubern und Gedanken lesen. »Mach mal«, drängten mich die Mitschülerinnen. Doch die großen Schwestern verboten ihnen, mit mir zu spielen. »Mit der darfst du nicht«, sagten sie, »das ist eine Hexe.«

Als ich eines Morgens zur Schule ging, kam aus der Kneipe von nebenan eine Frau. Ihre Wangen waren fiebrig rot, künstlich angestrichen, die Augen flimmerten. Was hat sie in der Nacht in der Kneipe getan? Irgendetwas Verbotenes, Schmutziges,

Gefährliches. Mir wurde so übel, dass ich in den nächsten Hausflur ging und mich erbrach.

Nachmittags, nach den Schularbeiten, gingen wir in den Garten des Vereins der Gesellschaft der Freunde in der Potsdamer Straße. Es roch nach Kies, Blumen und Gras. Papa spielte Skat, und wir schoben Murmeln in Kuhlen. Mir machte das Spaß, bis mir einfiel, Murmeln kann man viel leichter bekommen, wenn man sie im Laden kauft. Der Schleier der Illusionen fiel von meinen Augen, und ich erkannte: Auch Puppen sind tot.

Unsere Portiersfrau hieß Puhlmann. Ich fürchtete sie wie die Pest. Manchmal, wenn ich an ihrer Loge vorbeikam, gelang es ihr, mich zu grapschen und zu kitzeln. Ich lachte krampfhaft und versuchte, mich loszumachen. Es ging nicht, sie hielt mich mit eisernen Händen fest.

Schon im Winter freute ich mich auf die Sommerreise. Zu Weihnachten packte ich den Puppenkoffer. Papa sagte sadistisch: »Diesen Sommer wird nicht gereist, im Tiergarten ist es auch sehr schön.« Ich wurde schwermütig, doch Mama flüsterte: »Warte nur, wir reisen bestimmt.«

Und wirklich, endlich hieß es: »Wir fahren nach Heringsdorf!« Ich wurde verrückt vor Wonne. Mama und die Mädchen motteten ein. Es roch nach Kampfer. Säckchen mit Mottenpulver wurden an die Plüschvorhänge geheftet, die Teppiche zusammengerollt und an die Wände geschoben. Ich schlidderte auf den blankgebohnerten Parkettböden hin und her. Endlich war es so weit. Früh am Morgen wurden wir geweckt. Der Droschkenkutscher lud den großen Strohkorb und einen Rohrplattenkoffer und die vielen Hutschachteln hinten auf die Droschke. Die Luft war lau, und die Straßen noch leer. Und da, da lag der Bahnhof. Er roch nach Rauch, Staub und heißem Eisen. Ich atmete tief. Papa kaufte Zeitungen für Mama, rosa und gelbe Bonbons für Hans und mich. Er blieb in Berlin, weil er eine Blumen- und Federnfabrik hatte. Zade und Falk hieß sie. Gott sei Dank, nun gab es keine Krachs. Seine Haut hatte große Poren, als er vor unserem Coupé stand und sich den Schweiß mit einem Taschentuch von der Stirn wischte.

Mama und Hans setzten sich in Fahrtrichtung. Ihnen wurde beim Fahren übel, mir nicht. Darauf war ich stolz. Das Fräulein saß neben mir. Aber noch war der Zug nicht abgefahren, noch konnte etwas dazwischenkommen. Noch war ich misstrauisch und konnte an das große Glück nicht glauben. Doch da erklang die wunderbare Stimme des Stationsvorstehers. Er wedelte eine Scheibe mit Stock und rief: »Alles einsteigen!« Die Türen wurden geschlossen, der Zug setzte sich langsam in Bewegung, wir winkten mit unseren Taschentüchern, bis Papa ganz klein war. Wir fuhren wirklich nach Heringsdorf.

»Mama, bitte gib mir einen Bonbon«, quälte ich, und dann wollte ich eine Schinkenstulle und dann ein Salamiwurstbrötchen. Ich guckte aus dem Fenster. Immer weniger Häuser flitzten vorbei, dann Bäume, Telegrafenstangen und in Streifen geteilte Felder, die durch die Bewegung des Zuges zu Fächern wurden. Auf Wiesen weideten braune und braun-weiß gefleckte Kühe, im Getreide schaukelten blaue Kornblumen und roter Mohn. Gelbe Lupinenfelder rannten vorüber – ich weiß, wie Lupinen riechen. Hänschens Gesicht wurde grün. Mama, der auch nicht besonders wohl war, führte ihn auf die Toilette, wo er sich übergab.

Unterwegs rief ein Mann »Saure Gurken!«, und in Eberswalde trug ein Kellner ein Tablett mit Spritzkuchen. »Spriiiiitzkuchen!«, schrie er. Jedes Mal, wenn der Zug hielt, steckte ich meine Nase aus dem Fenster. Es roch nach Natur. Wir fuhren an Nadelwäldern vorbei, am Weg lag schon manchmal etwas weißer Sand. Bald sind wir da! Das Fräulein packte die übriggebliebenen Stullen und die pasteurisierte Milch ein – Brr, schmeckte die grässlich –, Mama setzte uns die Strohhüte auf. Der Zug lief immer langsamer. Er hielt. Da! Das Schild! Heringsdorf!

Die Wirtin winkte auf dem Bahnsteig, neben ihr unsere Köchin, die schon früher gereist war, um alles vorzubereiten. Wir fuhren in die Klenzestraße 8, gingen durch den kleinen Vorgarten. Am Rande des Kiesweges blühten gelbe und lila Stiefmütterchen und hellblaue Vergissmeinnicht. Rosen dufteten und weiße Federnelken mit lila Rändern. Wir rannten die Treppen rauf. Sie waren aus Holz und nicht aus Marmor wie in Berlin. Es lagen auch keine roten, staubigen Teppiche drauf. Die Stufen rochen stark nach warmem Holz.

Schnell ließ ich mich waschen. Ich musste gleich an den Strand gehen, ich hielt es vor Ungeduld nicht aus. Mama und Fräulein packten die Koffer aus, und dann ging es endlich los. Schon von Weitem sah ich ein blassblaues Band am Himmel, die Ostsee. Wir spazierten über die Promenade mit den vielen Blumenbeeten, und da, da war der Strand! Ich konnte nicht mehr langsam gehen, riss mich von der Hand meiner Mutter los, sprang durch die Binsen, die am Rande des Strandes wuchsen, und warf mich auf den trockenen Sand. Ach, nun war ich da. Der Sand war weiß und fein und roch wie zermahlene Kreide! Ich ließ ihn durch meine Hand rinnen und sprang an den Rand des Wassers. Die kleine Welle bespülte sanft den Boden und zog sich ruhig zurück. Heute durfte ich noch nicht baden, aber vielleicht morgen. Ich sammelte zartrosa Muscheln, die halb verborgen im Sande lagen. Mama drängte: »Kommt, für heute ist's genug. Wir gehen nach Hause und essen Abendbrot.« Das Brot war rund und nicht lang wie in Berlin, saurer, aber schmeckte viel besser, auch die Butter, die in großen Holztonnen lag und eine Mark dreißig das Pfund kostete, war buttriger als in Berlin. Die Verkäuferin – sie hatte ein Buttergesicht – nahm sie mit einer gerippten Holzkelle aus der Tonne, knetete sie zu einer Kugel, auf der man die Rippen sah. Hier kriegte man große ungefüge Stücke.

Eine alte Frau mit Kiepe auf dem Rücken verkaufte uns eine Stiege Eier. In Berlin sagte man: Mandel oder Dutzend. In

Heringsdorf war alles anders. Dann wurden wir zu Bett gebracht. Am Morgen krähte ein Hahn, wirklich, wir waren auf dem Land! Ich sog den Duft von frischem Gras tief ein. Schnell anziehen und frühstücken!

Ich nehme Schippe und Eimer und bekomme eine Helgoländer Haube aus weißem Batist auf den Kopf gesetzt. Unter dem Kinn wird sie mit einer Schleife zugebunden. Wir gehen los. Es riecht nach warmen Binsen. Mama mietet den Strandkorb und liest einen Roman. Ich buddele mit Schippe und Händen, bis Wasser durch den Sand sickert. Der »Süße Heinrich« verkauft in weißem Anzug und Zylinderhut kandierte Walnusskerne, Weinbeeren und Feigen auf Holzspießchen gereiht. Eine alte Frau bietet Pfefferminzplätzchen in durchsichtigen dreieckigen Tüten an. Eine andere Frau, die eine hässliche schwarze Strohschute auf dem Kopf hat, verkauft Spitzen, auf schwarzen Karton geklebt. Nun kommen Mamas Freundinnen, Frau Dr. Färber, Frau Holzbock und Frau Kohn. In Berlin tragen sie dunkle Kleider, hier sind sie hellblau und hellrosa angezogen. Ihre Röcke sind lang. Sie raffen sie mit spitzen Fingern. Volants aus gelblichen Spitzen gucken unten aus dem Saum raus. Die Kragen der engen Taillen reichen bis zum Ohr und die Ärmel bis zur Mitte des Handrückens. An ihren Fingern blitzen Ringe. Mama und die Freundinnen mieten eine viereckige Bude aus Binsen, die hinten am Strand steht. Die großen Hüte mit den vielen Blumen und Vögeln nehmen die Damen nicht ab. Jetzt ist es sehr warm geworden. Mama erlaubt mir, im Wasser zu waten. Ich kremple die weiße Leinenhose mit den Madeiraspitzen hoch und tippe die Fußspitzen ins Wasser. Es ist gar nicht kalt. Ich gehe weiter hinein, dahin, wo es schon ein bisschen tiefer ist und durchsichtig und hellgrün. Gefurchter Sandboden. Eine lila und eine rosa Qualle schwimmen vorbei. Noch zwei Tage, dann darf ich baden. Ich darf, Hänschen nicht, er ist blutarm, bekommt Lebertran und kann kaltes Wasser nicht vertragen, Mama auch nicht, sie ist nervös. Aber ich kann es vertragen.

Nachmittags gingen wir in den Italienischen Garten, Schwäne schwammen majestätisch auf dem Teich. Wir fütterten sie mit Brotkrumen. In der Försterei saßen wir auf Holzbänken und tranken rosa Limonade. Wenn man fünf Pfennig in eine bunte Metallhenne steckte, gackerte sie und legte ein blau-rotes Ei mit roten Bonbons drin. Neben der Henne stand eine Schaukel. Ich kletterte aufs Brett. Fräulein gab mir einen Schubs, und ich flog durch die Luft. Meine langen Haare wehten. Manchmal gingen wir mit unserem Freund Karl in den Laubwald, Kienäpfel für den Kochherd sammeln. Wenn unsere Eimer voll waren, knipsten wir Blätter von Eichen, hefteten sie mit Kiefernnadeln zu Kränzen und setzten sie auf den Kopf. Als Karl mir meinen Kranz wegnehmen wollte, riss ich sein Ohr. Es blutete. Was hatte ich getan? Was würde seine Mutter sagen? Und was würde meine Mutter sagen? Gestern haute ich ein kleines Mädchen, seine Nase blutete. »Ich habe sie nur ganz wenig gehauen«, schluchzte ich, »immer blutet es gleich.« Mama schimpfte ein bisschen. Aber was wird sie sagen, wo Karls ganzes Ohr ab ist? Angstvoll ging ich nach Hause. »Wo sind die anderen?«, fragte Mama. »Warum kommst du allein?«

»Karls Ohr ist ab«, weinte ich, »ich habe es abgerissen.«

»Wo ist Karl?«, fragte Mama eilig.

»Im Wald.«

Schon kam Fräulein mit Hans und Karl. Mama ging ihnen rasch entgegen und sah sich das Ohr an. »Schäfchen, nimm nicht alles so schwer«, sagte sie, »sein Ohr ist dran, es wird heilen.«

Wir gingen ins Kurhaus zum Kinderfest. Ich zog ein Kleid aus weißer Stickerei mit hellblau drunter an, es guckte durch die Löcher. Fräulein band mir eine hellblaue Atlasschärpe um die Taille. Wir kamen zu spät, das Fest hatte angefangen, die

Kinder kannten sich schon, ich stand allein. »Warum spielst du nicht mit?«, fragte das Fräulein. »Geh, Hänschen ist schon dabei.« Ich wusste nicht, was ich zu den Kindern sagen sollte, und blieb stehen.

Der Sommer ging zu Ende, wir fuhren nach Berlin. Wenn man so lange weg war, ist es aufregend, zurückzukommen. Die Häuser sind hoch, es ist schwül, und es hat gerade geregnet, die Menschen haben graue Gesichter. Unser Hinterhof war asphaltiert. Ich hopste auf dem glatten Boden und sprang wie ein Gummiball. Ich flog. Das war mein erstes Tanzerlebnis.

Jeden Winter gaben meine Eltern eine Gesellschaft, um sich zu »revanchieren«. Das Essen wurde beim Traiteur Stein bestellt. Es gab Horsd'œuvres, Schildkrötensuppe, Steinbutt, Rehrücken und eine Fürst-Pückler-Bombe mit Petits fours. Der Traiteur schickte Kellner zum Servieren und einen Koch, der die Saucen machte. Eine Frau deckte die runden Tische und stellte Silber, Gläser, Teller und Bestecke auf die weißen Decken. Neben jedem Teller lag die Menükarte. Bald klingelte es, die ersten Gäste kamen.

Ich musste mit Hans in den Hinterzimmern bleiben, doch wir hörten das Stimmengewirr. Niemand kümmerte sich um uns, denn auch Fräulein half mit. Mama kam zu uns ans Bett, gab einen Kuss und ein Petit four. Ich konnte nicht schlafen, das Hin- und Herlaufen auf dem Korridor regte mich auf. Am nächsten Tag standen leere und halbleere Wein- und Champagnerflaschen im Spielzimmer. Ich hatte in einem Roman aus Mamas Bücherschrank gelesen, dass elegante Damen in Champagner baden. Im Badezimmer stand eine Zinkwanne. Ich goss die Reste der Flaschen hinein, zog mich aus und stieg in die Wanne. Das war gar nicht schön. Mir wurde schwindlig. Meine Haut klebte. Schnell verließ ich die Wanne und tupfte mich mit dem Handtuch ab. Da kam Agathe und fragte: »Was hast du angestellt? Du siehst aus, als ob du etwas ausgefressen hättest.« Sie schnüffelte. »Wonach riechst du?«

»Ich habe in Champagner gebadet«, antwortete ich kleinlaut.

Sie lachte: »Ich werde dich man ordentlich abwaschen, denn wenn deine Mutter es merkt, haut sie dir eine runter.«

Agathe verließ uns bald. Mama warf sie raus, als sie Papa dabei ertappte, wie er Agathes Schenkel kniff und »Agathchen« sagte. Die Neue hieß Marta.

Vor dem Einschlafen betete ich: »Lieber Gott, mach mich fromm, dass ich in den Himmel komm. Und bitte, lass die Welt nicht untergehen und keinen Krieg kommen und kein Erdbeben.« Ganz plötzlich kam mir in einer Nacht die Erkenntnis, dass es keinen Himmel gibt. Himmel ist nichts weiter als so viel Luft, dass sie blau aussieht. Wenn aber alles nur Luft ist, wo ist dann Gott? Er soll im Himmel leben? Und wenn es keinen Gott gibt, wer beschützt mich und wer macht, dass die Welt nicht untergeht? Nein, Gott kann es nicht geben, wenn alles nur Luft ist. Wie ist das mit dem Teufel? Gibt es ihn? Jeden Sonntagnachmittag mussten wir die Mutter unseres Vaters besuchen. Sie wohnte in einem großen, leeren Zimmer in der Kantstraße. Es roch muffig. Großmamas Mann war lange tot. Er soll sehr klug gewesen sein. Er war verrückt, sagte man damals, und ist in einer Irrenanstalt gestorben. Die Großmutter saß in einem Lehnstuhl und schob eine gekochte Backpflaume nach der anderen in den zahnlosen Mund. Sie kaute, ihre große Kartoffelnase tanzte auf und ab. Von der Seite sah sie wie ein Nussknacker aus. »Geld ist der Teufel in runder Gestalt«, sagte sie. »Ich habe mein Geld weggegeben, ich will mit dem Teufel nichts zu tun haben.« Zufrieden faltete sie die Hände über dem dicken Bauch. Und Papa musste das hässliche Zimmer und die vielen Backpflaumen bezahlen.

Also, einen Teufel gab es auch nicht, Geld ist der Teufel, hatte sie gesagt. Und der Osterhase? Und der Weihnachtsmann? Alles Schwindel von den Erwachsenen. Sie kauften die Geschenke und die Ostereier. Waren sie auch der Klapperstorch? Wo kamen die Kinder her? Kaufen konnten sie die nicht, das hatte ich schon herausgefunden. Als ich zu meinem Fräulein sagte: »Komm, wir gehen zu Wertheim und kaufen ein Mädchen«, da sagte sie: »Du meinst eine Puppe?«

»Nein, ich meine ein kleines lebendiges Mädchen.«

»Lebendige kleine Mädchen kann man nicht bei Wertheim kaufen. Man kann sie überhaupt nicht kaufen«, fügte sie hinzu.

»Aber wo kommen sie her?«

»Du bist noch zu klein, später wirst du es erfahren«, sagte sie. Da war ein Geheimnis dahinter. Ich musste es ergründen. Ich will Walter Matzdorf fragen, den Freund von Hans. Er war klug, wusste alles. Walter hatte rotbraune Locken, weiße Haut, ein paar Pickel und total abgeknabberte Fingernägel. Das war der Inbegriff der Sünde. Mama war ja schon entsetzt, als ich mir einmal einen Nagel abkaute. »Pfui«, sagte sie, »das ist sehr gewöhnlich.« Walter aber hatte überhaupt keine Nägel mehr. Das war kühn und sündig.

Zu Weihnachten bekamen wir große, feine Märchen- und Indianerbücher geschenkt. Walter verkaufte sie für zehn Pfennig das Stück in einem kleinen Laden in der Seydelstraße. Mit dem Geld gingen wir »knacken«. Walter wusste einen Laden, wo es in Papier eingewickelte Bonbons für zwei Pfennig gab und ein Schmuckstück extra dazu, einen gelben Ring zum Beispiel, aus Gold vermutlich. Walter wusste auch, wie man Silber machte, Stanniolpapier hielt er an eine brennende Kerze, dann schmolz das Papier und wurde zu kleinen Silberkugeln. Wir kauften Fläschchen mit rosa, süßer Flüssigkeit, die man durch einen Schlauch saugen konnte, Liebesperlen und saure Gurken.

Bestimmt wusste Walter, wo die Kinder herkamen.

»Wo kommen die Kinder her, Walter?«

»Bekomme ich einen Kuss, wenn ich es dir sage?«

Ich nickte. Am nächsten Tag rief er schon von weitem: »Ich weiß es!« Er zog mich in die Ecke hinter einen Vorhang und flüsterte: »Die Frauen haben unter dem Nabel einen schwarzen Strich, der öffnet sich, und die Kinder fallen raus.«

»Das ist ja schrecklich!«, rief ich entsetzt. Ich will nicht mit einem offenen Bauch herumlaufen. Und nun wollte mich Walter auch noch küssen. »Du hast es mir versprochen«, sagte er heiser, warf mich zu Boden, legte sich ganz schnell auf mich. Ich stieß ihn zurück und rannte weg, so schnell mich meine Füße trugen. Das hat irgendetwas mit dem Kinderkriegen zu tun, nur fort.

Jetzt passierte es manchmal, dass ich dem Fräulein weglief und in den Inselgarten poussieren ging. Ich verliebte mich in den blassen Egon Sommerfeld, der aus seiner Hosentasche Schokoladenplätzchen mit rosa Mohn zog und sie mir schenkte. Wir spielten »Verstecken«. Ich lief in eine Ecke, Egon fand mich und drückte sich an mich. Ich rannte weg. Wir spielten Indianer. »Squaw«, befahl er, »zieh dich aus!« Ich zog mich bis auf den Unterrock aus. Am liebsten hätte ich mich noch weiter entkleidet, traute mich aber nicht. Ich erfand ein aufregendes Spiel, setzte mich in das Boot im Spielzimmer. Egon musste auf dem Boden liegen und hochgucken. Viel sah er nicht, denn ich war in mehrere Schichten von Batist und Stickerei gekleidet.

Die Eltern fuhren nach Paris zur Weltausstellung. In der Nacht knipste ich Licht an, um Wasser zu trinken. Da kroch ein Tier über das Laken. Ich erstarrte vor Entsetzen, stellte einen Schuh drauf, damit es nicht weglief, und setzte mich auf einen Stuhl, bis ich am Morgen Geräusche hörte. »Marta!«, schrie ich. Sie hob den Schuh und tötete die Wanze.

Mama brachte mir einen echten Pariser Hut mit aus rosarotem Chiffon mit weißen Pünktchen und einer großen, rosaroten Moiréschleife. Der Hut war schick, das sah ich wohl, aber im einfachen Matrosenhut aus hellgelbem Stroh fühlte ich mich wohler. Auch eine große Puppe brachte sie mit. Die hatte Augenwimpern aus dichtem dunklem Naturhaar, und wenn man an einer Schnur zog, sagte sie: »Papa! Mama!«

Ich schenkte die Puppe einem einäugigen Lumpensammler, der mir Steinmurmeln aus dem Mülleimer gab. Ich war stolz, wenn man mich mit ihm sah. Ich traf noch einmal einen Lumpensammler, viele Jahre später, als ich in Antibes im kleinen Bungalow wohnte, der zu Lilian Harveys Haus gehörte. Da stand ein Mann, dessen Rücken war so krumm, dass er mit dem Kopf beinah den Boden berührte. Er fasste die Deichsel eines Wagens, auf dem Mülltonnen und Säcke standen. Er schaffte es nicht, der Wagen bewegte sich nicht. Ich zog ihn die steil ansteigende Straße hoch. Der Mann ist Millionär, erzählte mir Lilian.

In der Schule freundete ich mich mit den schlechtesten Schülerinnen an, denn die »wussten«. Mit Charlotte Segal, der Zweitbesten nach mir, konnte ich nur philosophieren. Wenn Mama in die Schule kam, sich bei Fräulein Holzapfel nach mir zu erkundigen, sagte die Lehrerin: »Wie schade, dass Trudchen nie eine richtige Freundin hat, sie umgibt sich nur mit den schlechtesten Elementen.«

Mama fragte: »Trudchen, willst du nicht mit ein paar netten Mädchen ein Kränzchen gründen?«

Ich betete Lilly an, sie hatte dicke, aufgeworfene Lippen und ein freches Lachen. Ich fragte sie schüchtern: »Willst du mit mir ein Kränzchen machen?«

Sie nickte: »Aber Grete Mendelsohn und Ilse Mahler müssen auch dabei sein.«

Donnerstags tagten wir. An jedem Platz des weiß gedeckten Tisches lag ein Reclamband Schiller. Das Dienstmädchen brachte Schokolade und Napfkuchen. Dann ließ man uns allein. Ich schaukelte mit Lilly auf einem Brett, das an Seilen in der Tür hing. Fast berührte ich sie. Aber Lilly sprang vom Brett und hockte sich breitbeinig mit Grete auf den Fußboden. Beider Gesichter wurden knallrot. Ich saß mit Ilse im Sportwagen, auch breitbeinig, und verhaute sie dann. Lilly und Grete sprangen auf und hauten mit, bis Ilschen weinend weglief. So endete jedes Kränzchen. Manchmal dauerte es nur eine halbe Stunde. Wir trugen silberne Freundschaftsringe, mit einem Herzchen dran, sie kosteten eine Mark.

Verwandlungen

Wir zogen in den Westen, in die Passauer Straße 8. Ich wurde umgeschult. Ich wollte keine gute und brave Schülerin mehr sein: Niemand kennt mich in der neuen Schule, von jetzt an mache ich, was ich will. Aus der Pudbres-Schule in der Kleiststraße wurde ich rausgeschmissen. »Sie verdirbt alle Kinder«, sagte die Vorsteherin. Nun brachte mich Mama in die Auguste-Victoria-Schule in der Nürnberger Straße. Beim Examen fiel ich durch, weil ich zu aufgeregt war, kam eine Klasse tiefer. In dieser Klasse saß Else Schall. So sah eine wirkliche Freundin aus, so hatte ich sie mir vorgestellt. Else war groß, hatte ein blasses Gesicht, grüne Augen mit schwarzen Wimpern und eine schmale Nase mit schrägen Nüstern.

Jeden Nachmittag holte sie mich zum Poussieren ab. Zuerst bummelten wir ins neue KaDeWe. Wenn ich am Schuhgeschäft, Tauentzien-, Ecke Passauer Straße, vorbeikam, guckte ich in den Spiegel, der hinter den Schuhen stand. Er war elektrisch beleuchtet und schimmerte. Meine dunklen Augen glänzten, die Haut war weiß und durchsichtig, und von vorn sah man nicht, wie lang meine Nase war. Der Mund war groß, aber hübsch geschnitten. Eigentlich war ich gar nicht so hässlich, wie Papa sagte.

Berauscht von dieser Erkenntnis schaukelte ich mit Else die Tauentzienstraße auf und ab, von der Gedächtniskirche bis zum Kaufhaus, hin und her. Viele Jungen guckten mir in die Augen und fragten: »Gnädiges Fräulein, darf ich Sie begleiten?«

Manchmal sagte ich: »Ja.«

In einen verliebte ich mich. Martin Rosenberg war blass und blasiert und duftete nach feiner Seife. Seine Fingernägel blitzten manikürt, die Hosen fielen scharf gebügelt auf spiegelblanke Lackschuhe. Wir unterhielten uns über *Aphrodite* von Pierre

Louÿs, ein Buch, das ich aus Mamas Bücherschrank genommen hatte.

»Du bist anders als die anderen Mädchen«, sagte er. »Mit dir kann man sich über Bücher unterhalten.« Wir gingen in den Tiergarten. Es war Herbst und roch nach welken Blättern. Wir setzten uns auf eine Bank. Martin zog mich auf seinen Schoß, legte den Arm um meine Taille und fragte: »Warum trägst du ein Korsett? Das hast du mit deiner Figur nicht nötig. Quetsch dich nicht in die vielen Stangen!«

Dann wollte er mich küssen. Ich roch sein Haar, seine Haut, doch ich war scheu, obwohl ich frech tat, lief weg, war sehr unglücklich. Ich liebe ihn, und er wird nichts mehr von mir wissen wollen. Am nächsten Tag war ich wie immer um fünf Uhr vor der Normaluhr am Bahnhof Zoo, wartete drei Stunden, Martin kam nicht. Es war aus. Ich litt. Ich wollte alle meine Erlebnisse in ein Tagebuch schreiben. Mama schenkte mir eins in rotes Saffianleder gebunden. Auf die erste Seite klebte ich das Foto aus einer Zeitschrift, das mich an Martin erinnerte, und alles, was ich über Liebe las. Sonst bestanden meine Aufzeichnungen aus Wetterberichten und dem Küchenzettel. Es gab oft Kerbelsuppe.

Im dunklen Wohnzimmer tanzte ich vor dem großen Spiegel. Es war ein bisschen hell, weil im Esszimmer Licht brannte. Ich drehte mich und verlor jedes Bewusstsein von mir. Die Bewegungen kamen von selbst, sie flossen aus meinem Körper. Ich geriet in Ekstase.

Anna Pawlowa, die große russische Ballerina, gastierte in Berlin. »Bitte, lass mich ins Theater gehen«, quälte ich Mama. Sie kaufte Billets für Else und mich.

Die Pawlowa war schön, die schönste Frau, die ich je gesehen hatte. Ihr Gesicht war schmal und edel, sie tanzte zart und leicht wie ein Blumenblatt. (Die Ballerinen heute, selbst die berühmtesten, sind plump gegen sie.) Nach der Vorstellung warteten wir am Bühnenausgang. Die Pawlowa lächelte bezaubernd und verteilte Blumen aus einem Strauß, den sie im Arm hielt. Ich bekam ein Maiglöckchen, das ich presste und in mein Tagebuch klebte. (Wie war ich später stolz, wenn man mich mit ihr in einem Atem nannte und die Kritik über mich direkt nach ihrer in den Zeitungen stand.) Die Pawlowa war meine dritte Liebe.

»Wie gehst du?«, fragte Mama. »Du musst zuerst die Fußspitzen aufsetzen und erst dann den ganzen Fuß! Und die Spitzen immer auswärts.« Ich ging unnatürlich und wie auf Eiern.

»Du musst Graziestunden nehmen!«, sagte sie. Und brachte mich zu Otto Zorn, dem Ballettmeister vom königlichen Opernhaus. Herr Zorn hatte blitzende, kohlschwarze Augen, dicke buschige Augenbrauen und eine sanft gebogene Nase, aus den Löchern sprossen ein paar schwarze Härchen. Den Stock in der Hand, kommandierte er: »Streckt die Füße!« Und ich streckte den Fuß, bis Fuß und Bein eine grade Linie waren. »Seht ihr, wie Trude müsst ihr eure Füße strecken.« Ich war die Beste, wie in der Schule. Meine Füße federten, es war berauschend schön, genauso wie beim Hopsen auf dem Asphalthof und vor dem Spiegel im Wohnzimmer.

Die Schule war langweilig. Weil ich oft Kopfschmerzen hatte, schrieb der Hausarzt, Dr. Landsberg, ein Attest. Der Doktor hatte einen dunkelbraunen Vollbart, auf der Nase saß ein ungerahmter Zwicker, er roch nach Meukow, den ihm Mama gerade eingegossen hatte. Er trank ihn mit einem Schluck, wischte den Vollbart ab und deklamierte, sowie ich ins Zimmer kam: »Was ist der Wuchs einer Pinie, das Auge der Gazelle wohl gegen deinen Wuchs und deines Auges Helle.«

Ich zeigte der Schulvorsteherin das Attest und brauchte nicht mehr in die Zeichen-, Handarbeits- und Religionsstunde zu gehen. Ich musste nicht mehr am großen Ei malen. Seit einem Jahr zeichnete ich mit Kohlestift ein großes Ei auf krissliges hellbraunes Papier. Ich bekam die Rundung nicht heraus. Überall waren Beulen. Hatte ich eine beseitigt, bildete sich dicht daneben eine neue. Die Lehrerin setzte sich neben mich. Bei ihr ging es schnell, sie hatte das Ei im Stift. Ich aber hatte nicht das geringste Talent zum Zeichnen und war froh, dass ich das Ei endlich los war. Und Handarbeitsunterricht? Ich fummelte so lange am Häkeltuch, bis es schwarz vor Schmutz war. Mama häkelte es schließlich zu Ende, weil sie die Quälerei nicht mehr mit ansehen konnte. Und die Turnstunde? Ja, wenn ich immer nur am Rundlauf schweben könnte! Aber wir mussten eine halbe Stunde Kniebeugen machen, rauf, runter, und die Arme rauf und runter und eine Holzkeule rundherum, immer herum, bis ich todmüde war. Und diese Turnschuhe aus grauem Segeltuch, die abscheulichen Pumphosen, und der Schweißgeruch. Eine Qual.

Und Religionsstunde! Ich musste Hebräisch lernen und an die Synagoge denken, in die mich Mama an Feiertagen mitnahm. Ihre Eltern waren noch fromm, ihretwegen ging sie hin. Es war langweilig, ich verstand nichts. Die alten Herren sangen klagende Lieder: Sie haben Hunger, weil sie fasten müssen. Auf den Köpfen trugen sie lustige weiße Käppchen aus Seide mit Goldrand. Manches am Tempelbesuch war ja ganz nett. Ich durfte das neue Kleid anziehen und weiche beige Knopfstiefel aus Saffianleder. Und in der Pause standen wir auf dem Hof, da guckte mich manchmal ein Junge an. Nach dem Gottesdienst gingen wir zu den Großeltern. Das Fasten war aus, und es gab gut zu essen, Suppe mit Kräppchen und Hecht mit Klößen.

Nachts konnte ich nicht einschlafen. Ich war unruhig, geladen, bis schließlich eine Spannung in mir explodierte. Ganz plötzlich sah ich krass, klar und unverhüllt, dass auch ich sterben muss, nicht nur die anderen. Weg werde ich sein, total weg für alle Zeiten, für ewig. Das Leben ist ganz kurz und die Zeit danach lang, lang, ewig, ewig, ewig, ich musste den Gedanken weiterdenken, dabei wird man ja wahnsinnig. Ich brüllte vor

Entsetzen wie ein Tier. Es gibt keine Gnade und keinen Ausweg, einmal ist es mit mir zu Ende. Und wenn meine Leiche Staub geworden ist, dann blüht vielleicht nach Milliarden von Jahren eine Blume daraus oder ein Grashalm, oder ich bin ein Regenwurm geworden. Das ist alles. Das will ich aber nicht. Ich will ich selbst sein, niemand anders, mich selbst will ich fühlen. Also so allein ist man, und niemand kann einem helfen, auch nicht die anderen Menschen, auch sie müssen sterben. Und einen Gott gibt es nicht. Wenn es nur einen gäbe oder irgendetwas, woran ich glauben könnte. Mit den anderen Mädchen kann ich nicht einmal darüber sprechen, die lachen nur und denken nicht an den Tod. Nächtelang zerfetzten mich diese Gedanken, ich schrie, bis ich einschlief, und das war immer erst am Morgen. Mama sah an meinen rotgeschwollenen Augen, dass ich nicht geschlafen hatte. Sie wusste den Grund nicht, und ich hätte ihn ihr niemals erzählt. Sie ließ Dr. Landsberg kommen, der sagte: »Das Kind muss kalt abgerieben werden, dann wird es schlafen.« Ich schrie und wehrte mich, weil das Wasser so kalt war. Mama gab auf und seufzte: »Das Kind ist so schwierig.«

Wenn alles so schnell vorbei ist, dann muss ich schnell viel erleben, ganz dicht. Das war mir klar.

»Mama, nimm mich aus der Schule!«, bettelte ich. Sie tat es und gab mich in ein Externat. Ich war erst vierzehn Jahre alt. Zum Entsetzen der Lehrer puderte ich mich und färbte meine Lippen rot, es war bunter, darum tat ich es, aus keinem anderen Grund. Aber die Mädchen durften nicht mehr mit mir verkehren, weil ich so ordinär aussah. Ich wurde ausgestoßen, genauso wie damals, als ich ein kleines Kind war.

Freitags war Familienabend, Großmama hatte ein Kapotthütchen auf, wenn sie, immer fröstelnd, ins Entree trat. Großvater war kleiner als sie und sprach mit stark ausländischem Akzent. Manchmal sagte er zu Großmama polnische Worte wie »Matka«.

Er muss etwas mit Konfektion zu tun gehabt haben, denn er rieb den Stoff von Papas neuem Anzug kennerisch zwischen den Fingern, und alle hörten aufmerksam zu, wenn er etwas sagte.

Immer brachten die Großeltern etwas zum Essen mit, Bücklinge zum Beispiel, die Großmama aus Pergamentpapier wickelte und genießerisch mit den Fingern drückte, um zu prüfen, ob sie fett und fleischig waren und Rogen oder Milch trugen. Sie lieh sich oft ein Buch aus Mamas Bücherschrank. Ich suchte *Die Frau mit den Karfunkelsteinen* von der Marlitt aus, wickelte das Buch in Papier und bekam zehn Pfennig. Einmal sagte Großmama mit großer Inbrunst: »Ach, wäre ich nur noch einen einzigen Tag so jung wie du.« Ich verstand. Seit ich vom Sterben weiß, erschreckt mich jeder Geburtstag, wieder ein Jahr näher dem Tod.

Auch Onkel Max und Tante Elly kamen jeden Freitag, oder wir gingen zu ihnen. Onkel Max war sehr reich und der Stolz der Familie. Er war Bankier, besaß eine Villa im Tiergarten und ein Gut in Oranienburg. Auf den Parkettböden der riesengroßen Zimmer lag ein Perserteppich über dem anderen, manche Teppiche waren aus Seide. Man ging wie auf Gummi. An den Wänden hingen teure Ölgemälde, die nachts von Scheinwerfern angestrahlt wurden. Onkel Max erzählte seinen Gästen, was die Bilder gekostet hatten. Ich verstand nichts von Bildern, aber mir kamen sie hässlich und öde vor. Auch Musik liebte Onkel Max. Er quietschte auf einer kostbaren Geige, und Mama begleitete ihn auf dem Flügel. Sie soll sehr gut gespielt haben, aber ich fand es traurig. Und dass Papa aus dem Zimmer lief, sowie sie anfing, das verstand ich sehr gut.

Bei Onkel Max wimmelte es von Angestellten. Maniküren, Friseusen und Schneiderinnen saßen in tiefen Fauteuils und tranken französischen Cognac. Auf der Abendbrottafel standen ein ganzes Roastbeef, ein Kalbsbraten und eine kalte Gans. Alles gab es bei ihnen im Überfluss. Onkel Max machte unanständige Witze und kniff mich in den Popo.

Papas Verwandte waren viel feiner. Mein Großvater Theodor Samosch war ein bekannter Buchhändler in Breslau gewesen und S. L. Samosch war ein ebenso großes Delikatessengeschäft wie das, was in Gustav Freytags *Soll und Haben* vorkommt. Tante Marie, Papas Lieblingsschwester, war mit dem Direktor der Breslauer Spritfabrik verheiratet. Sie hatte Pockennarben im Gesicht, aber blanke schwarze Augen. In ihrem Hof roch es nach Fusel. Sie hatten eine Villa mit großem Park und eine Equipage mit zwei Pferden. Wir fuhren durch die vom Wasser überschwemmten Straßen. Es war Hochwasser in Breslau.

Tante Guste war Lehrerin, Tante Natalie war auch Lehrerin, aber für blinde Kinder, beide hässlich und sehr klug. Wie lachten sie, als ich, ein kleines Mädchen noch, ins Wohnzimmer trat, und sie begrüßte: »Bonjour, mes dominations!« Als ob ich nicht gewusst hätte, dass es »mes dames et messieurs« heißt.

Walter Matzdorf lud mich und meinen Bruder Hans in den Theaterverein ein, denn später wollte er Schauspieler werden. Mein Bruder war zierlich und drahtig. Als kleiner Junge, die Brüder Wright flogen zum ersten Mal auf dem Tempelhofer Feld, hatte er ein Flugzeug erfunden, das ohne Anlauf in die Höhe stieg. Es bestand aus einer dreiseitigen Pyramide. An der oberen Spitze saß die Schraube, die das Flugzeug steil in die Höhe hob. In der Luft öffnete sich die Pyramide, der Boden wurde dreimal so groß. Tische, Stühle, Zaun, bisher zusammengeklappt, falteten sich auseinander, und da war es: Ein Gartenrestaurant, das über der Stadt, fast stillstehend, schwebte. Ich zog das neue rosa Chiffonkleid an, das wie ein Ballettrock wippte, und rosa Atlasschuhe. Mama führte mich zu Papa: »Sieh doch, wie fein das Kind aussieht.« Er guckte über die Brille und sagte: »Passabel.« Das traf mich tief. Ich hatte mir eingebildet, verwirrend schön zu sein, und er sagte: »Passabel«!

Nach der Vorstellung spielte die Kapelle Tango; Karl Cyçon machte eine Verbeugung und forderte mich auf. Wir tanzten.

Dann führte er mich auf die Treppe und küsste mich. Es ging so schnell, dass ich mich nicht wehren konnte. Der Kuss war Feuer.

Paul Poiret aus Paris zeigte eine Modenschau im Hotel Bristol. Das waren Kleider, die mir gefielen, Pluderhosen, Humpelröcke, Turbane aus Brokat, eng um den Kopf gewickelt, so tänzelten die stark geschminkten Mannequins über den Laufsteg. Keine trug ein Korsett. Das war sensationell. So möchte ich aussehen, und solche Kleider möchte ich haben. »Bitte, Mama, kaufe sie mir.« Sie tat alles, was ich wollte, und ließ mir extravagante Kleider anfertigen. Schon damals liebte ich Plakatfarben. Knallrot oder orange musste das Kleid sein. Ich drückte einen schwarzen Hut tief auf meinen Kopf, Straußenfederplatten hingen über die Stirn, vor dem Gesicht ein dichter schwarzer Schleier, kalkweiß gepudert, blutrot gefärbte Lippen; so wandelte ich über den Kurfürstendamm. Natürlich wurde ich auf Schritt und Tritt angesprochen: »Sie sind ein Plakat des Lasters«, sagte einer, und Hans Rewald: »Sie schaukeln eine Hundert-Kilo-Seele spazieren.«

Mit jedem Mann war ich eine andere Frau. Ich war eine Schauspielerin, nur wusste ich es nicht. Kam ich nach Hause, war ich entspannt, fast glücklich. Ich hatte mich in viele Männer eingeprägt, aber berühren durften sie mich nicht. Sie waren Publikum, sonst nichts. Jede Berührung schwächt die Spannung, die Spannung ist meine Kraft, durch sie habe ich Macht über Menschen.

Aber dann kam Freitag und Familiengericht. Tante Elly fing an: »So auffallend darf man sich nur kleiden, wenn man bei Gerson arbeiten lässt.«

»Ach so«, sagte ich trotzig, »weil ich nicht bei Gerson arbeiten lasse, muss ich in Sack und Asche rumlaufen.«

»Ein junges Mädchen muss dezent gekleidet sein«, ergänzte Onkel Max.

»Und wer soll dich heiraten?«, schrie Papa. »Du lässt dich ja auf dem Kurfürstendamm ansprechen. Meinst du, ich weiß es nicht? Ein Skatbruder hat es erzählt.«

Auch Mama verteidigte mich diesmal nicht, nur Großmama schimpfte: »Lasst sie in Ruhe.« Und schließlich sagte auch Mama: »Wollt ihr, dass ich so zu euren Kindern spreche?« Onkel Max und Tante Elly hatten zwei Kinder, Albert und Grete, die sie wie Prinz und Prinzessin aufzogen. Diesmal war der Familienabend schnell zu Ende. Man trennte sich kühl.

Ich wurde lesedurstig, las Dostojewski, *Oblomow* von Gontscharow, *Madame Bovary, Das Leben Jesu* von Renan. Papa war entsetzt, riss mir die Bücher weg.

Einer meiner Straßenfreunde, der Zeichner Hans Rewald, riet mir, Aufsätze für die *Elegante Welt* zu schreiben, er wolle sie illustrieren. Also schrieb ich Parodien auf Modeaufsätze, sie wurden gedruckt. Dann sagte Mama, ich soll »sozial« arbeiten. Gut, aber auch das befriedigte mich alles nicht.

Der österreichische Thronfolger wurde ermordet. Das ist Krieg, sagte man. Das kann doch nicht sein! Ich ging zu Kranzler, Unter den Linden, wo man immer hinging, wenn etwas los war, setzte mich auf die Terrasse und aß Apfelkuchen mit Schlagsahne. Die »Linden« waren schwarz vor Menschen. Studenten marschierten und sangen »Deutschland, Deutschland über alles«. Der Krieg wurde wirklich erklärt.

Papa hatte kurz vorher seine Blumen- und Federnfabrik verkauft und ein Haus am Alexanderplatz gekauft, das, in dem der Bäcker Dobrien seinen Laden hatte. Papa hatte das Haus um- und ausgebaut und wollte sich zur Ruhe setzen. Aber jetzt wusste niemand, was kommt, Wohnungen blieben unvermietet, Papa konnte das Haus nicht halten, es wurde versteigert. Uns wurde nichts gesagt. Wir ahnten alles. Papa fing wieder von vorn an. Geschäftsreisender war er jetzt. Die Dienstmädchen gingen. Ich kochte und machte die sieben Zimmer rein. Das genügte nicht. Papa sagte: »Du musst Geld verdienen. Mein Skatbruder Conrad Tack nimmt dich in sein Büro. Bist du tüchtig, kannst du dich hocharbeiten.«

Ich ging ins Büro und legte Zettel ab. Das Mittagessen kochte man neben der Toilette. Wenigstens konnte ich mir jeden Tag einen Pudding kochen, meine Lieblingsspeise. Die Vorgesetzte fragte: »Können Sie keinen anderen Beruf finden? Das hier liegt Ihnen nicht.«

Und weil ich jeden Abend stumpfsinnig und müde nach Hause kam, sagte Mama: »Ich erlaube nicht mehr, dass sie im Büro arbeitet. Das Kind sieht zu traurig aus.«

Und wieder schaukelte ich den Kurfürstendamm entlang, mir mein Publikum zu fangen.

Ein Unglück kommt nicht allein. Tante Maries ältester Sohn, Georg, hatte sozialistische Propaganda in der Armee gemacht, wurde ertappt und sollte eingesperrt werden. Er floh nach London, dann reiste er nach Tokio und wurde Ingenieur in der Maschinenfabrik Takata. Seine Schwester Hedel hatte sich verliebt, durfte aber nicht heiraten. Das stieg ihr zu Kopf, sie wurde verrückt und kam in die Irrenanstalt von Obernigk, in der sie bis zum Tode blieb. Papa weinte, denn er liebte die Kinder seiner Schwester sehr, mehr als mich.

Auch mit Onkel Max ging es schief. Er hatte sich an Bergwerksaktien verspekuliert, musste die Villa im Tiergarten und das Gut in Oranienburg verkaufen und mietete zwei Etagen in der Potsdamer Straße, die erste fürs Geschäft, die zweite als Wohnung.

Ich ging zum ersten Mal auf Bälle. War das wunderbar! An sieben Tagen ging ich sechsmal tanzen. Aber nichts als tanzen konnte ich mit diesen Männern, unterhalten konnte ich mich mit ihnen nicht, denn es waren wirkliche Männer und keine Straßengespenster. Vor diesen Männern hatte ich Angst, nur nicht vor Imre, dem ungarischen Zeichner. Er war jünger als ich, gerade sechzehn Jahre alt, zarte weiße Haut, schmal die Hüften, blonde Haare, breite Schultern, dunkle Augenbrauen schmal wie Pinselstriche. Auf einem Tangoturnier gewann ich den ersten Preis, ein silbernes Körbchen. Nachdem ich Imre wochenlang aufgereizt hatte – das konnte ich sehr gut –, überrumpelte er mich an einem Nachmittag in unserer Wohnung, als die Eltern ausgegangen waren. Im Flirten war ich raffiniert, aber sonst – so unerfahren. Ich tat, als ob ich aus Übersättigung einfach sei. Nachdem wir uns ein Jahr sehr geliebt hatten, machte ich Schluss. In einem Roman hatte ich gelesen, am Höhepunkt soll man aufhören.

Das also war die Liebe? Das war alles? Es musste andere Geheimnisse geben. Ich wurde ruhelos.

Mein Bruder hatte sich freiwillig zur Armee gemeldet, nicht, weil er gern Soldat geworden wäre, sondern weil man sich dann das Regiment aussuchen konnte. Er ging in den Krieg. Ich hatte eine Riesenangst, denn ich stellte mir den Krieg als einen Kreis vor, in dem die Soldaten stehen. Von ringsherum und auch von oben wird auf sie geschossen. Wer in diesem Kreis steht, muss sterben. Auch mein Bruder. Mein Brüderchen darf nicht sterben. Bevor er einrückte, schenkte ich ihm alle Goldstücke aus meiner Sparbüchse. Er kam bald wieder, krank.

Berlin wurde so entsetzlich arm an Männern. Darum wollte auch ich weggehen, aber vorher mein Hilfsschwesterexamen machen. Als ich eine verkrüppelte Frau auf dem Operationstisch liegen sah, wurde mir so schlecht, dass es der Oberschwester auffiel. Sie fragte: »Wollen Sie an die frische Luft gehen?« Ich ging und kam nie wieder.

Onkel Max hatte sich wieder verspekuliert, gab Wohnung und Geschäft in der Potsdamer Straße auf und zog mit seiner Familie ins Hotel Kaiserhof. Er bekam einen Schlaganfall.

So sagte man mir. Aber vielleicht hatte er sich das Leben genommen? Mir sagte man ja nie die Wahrheit.

Tante Elly bekam eine Lebensversicherung von hunderttausend Mark ausgezahlt. Kaum war ihr Mann begraben, fand sich ein Mann, Simon hieß er, der sie heiraten wollte. Tante Elly war sehr hübsch, und die hunderttausend Mark lockten.

Aber zuerst wollte sie ihre Tochter Gretchen unter die Haube bringen. Grete war gerade achtzehn Jahre alt geworden, hübsch, dicklich und gutmütig. Eine Heiratsvermittlerin schickte Freier. Gretchen gefiel den jungen Männern, aber jedes Mal, bevor es zum Klappen kam, wurden die Verwandten des Bräutigams eingeladen, und dann war es aus. Tante Elly presste Gretchen in ein schillerndes Paillettenkleid, der üppige Busen platzte aus dem Ausschnitt; jeder Harem, jedes Bordell wäre stolz auf sie gewesen. Tante Elly soff wie ein Fass. Die bürgerlichen Familien sagten schockiert: »Um Gottes willen, so ein Mädchen kann man doch nicht heiraten!« Aber Gretchen hatte eine himmlische Geduld. Heiter lächelnd verlobte sie sich immer wieder. Nichts konnte ihr seelisches Gleichgewicht stören. Sie war Orientalin.

Ein älterer Mann, der keine Verwandten hatte, blieb schließlich hängen. Und Tante Elly konnte ihren Lustgreis heiraten.

Grete sollte ein Baby bekommen und fuhr in das Sanatorium, in dem sie angemeldet war. Der Vertreter des Chefarztes untersuchte sie. »Es ist noch nicht soweit«, sagte er, »warten Sie zu Hause.« Er hatte sich geirrt, es war soweit. Das Kind starb im Leib seiner Mutter und vergiftete sie. Sie starb, neunzehn Jahre alt, weil ihre Mutter einen alten Faun heiraten wollte. Tante Elly schlug sich an die Brust und weinte: »Ich habe sie getötet.« Ja, sie hatte sie getötet. Und wozu? Nachdem der Alte das Geld durchgebracht hatte, misshandelte er sie. Dann warf er ihren Sohn Albert aus der Wohnung. »Such dir Arbeit!«, herrschte er ihn an. Aber Albert hatte nie arbeiten gelernt. Er war ein verwöhntes Muttersöhnchen, ein Prinz. Und er war hübsch mit seinen sanften braunen Augen und der zarten gepflegten Haut. Ein sehr reiches Mädchen verliebte sich in ihn. Sie heirateten.

Der Schwiegervater richtete ihnen eine elegante Wohnung in der Drakestraße am Tiergarten ein. Lange dauerte das Glück nicht. Als die junge Frau genug von Albert hatte, warf sie ihn raus. Ich traf Albert oft auf dem Kurfürstendamm. Er sah verwahrlost aus und schämte sich. Mein Bruder schenkte ihm alte Anzüge und Geld.

Ich werde Schauspielerin

Hans hatte sich in eine Bildhauerin verliebt. Mella hieß sie, hatte einen herzförmigen Mund, Stupsnase, runde, heitere braune Augen. Sie war klein und rund und eine Nichte von Professor Bier. Ihre Schwester Ditta nahm Gesangsunterricht bei Grenzebach.

»Warum gehst du nicht zum Theater?«, fragte Ditta. »Du tanzt so gern.« Zum Theater? Daran hatte ich noch nie gedacht. In jeder neuen Schule hatte ich sofort *Wilhelm Tell* ansehen müssen. Der hatte mir überhaupt nicht gefallen. Von der Bühne roch es nach Leim und Pappe, und die Schauspieler sprachen künstlich. Aber schließlich, wenn man schon Geld verdienen muss, dann lieber im Theater als im Büro.

»Wie macht man das, zur Bühne gehen?«

»Ich werde Grenzebach fragen«, versprach sie.

Am nächsten Tag telefonierte sie: »Geh ins Deutsche Theater zu Herrn Kahane, bestell ihm einen schönen Gruß von Herrn Grenzebach und frage, ob du ihm vortanzen kannst. Du möchtest wissen, ob du Talent hast.«

Ich ging ins Theater und wartete aufgeregt, bis sich Kahane sprechen ließ. Das Theater war wohl so eine Art Geschäftsunternehmen, denn es gab viele Büros und Sekretärinnen. Und niemand lachte. Ich hatte gedacht, im Theater wird immer gelacht.

Herr Kahane ließ mich ein. Er hatte kleine, kluge Augen und eine schwarzgeränderte Brille auf der Nase. Das bleiche Gesicht war von einem dunklen Vollbart eingerahmt. Kahane hielt sich etwas krumm und sprach mit hoher Fistelstimme. Er duzte mich sofort.

»Kann ich Ihnen vortanzen?«

»Ja, komm morgen Vormittag, Vally.«

»Vally« hatte bis jetzt noch niemand zu mir gesagt.

Am nächsten Vormittag ging ich mit unserer neuen Köchin ins

Deutsche Theater. Es war ein kalter Wintertag, das Licht blass und nüchtern. Unsere Köchin versuchte, das Grammophon in Gang zu bringen, zuerst ging es nicht. Als ich dann lostanzen wollte, sagte Kahane: »Warte, Vally«, und holte den Bühnenbildner Ernst Stern. Beide sahen zu.

Ich hatte nur etwas Atlas mit Flitter an und tanzte … Das Büro war zu klein, ich musste mich zwischen den Stühlen durchquetschen, es krachte, wenn sie umfielen. Wie sollte ich da in Stimmung kommen? Aber eine Sekunde lang fühlte ich diesen Rausch und dachte: Daran wird er erkennen, wer ich bin. Ich war fertig und guckte ihn fragend an. »Hm«, machte Herr Kahane. »Warum wirst du nicht lieber Schauspielerin?« Schauspielerin? Daran hatte ich noch nicht gedacht. Ob ich Talent habe?

Ich hatte immer gelesen, dass Eleonora Duse einen unüberwindlichen Drang gespürt hatte, zur Bühne zu gehen. Ich spürte überhaupt keinen Drang, war nicht einmal von selbst auf den Gedanken gekommen, zur Bühne zu gehen, Ditta hatte mich erst stoßen müssen.

»Meinen Sie, dass ich Talent zur Schauspielerin habe?«, fragte ich.

»Lern eine Rolle auswendig, geh zu Maria Moissi, grüße sie schön von mir und sprich ihr eine Rolle vor.«

»Welche Rolle?«

»Na, die Judith zum Beispiel. Kauf dir einen Reclamband und lern das Gebet auswendig.«

Ich ging und überlegte: Ob mir das Theaterspielen zusagen wird? Ich kann es mir kaum denken. Aber immerhin, die Judith lerne ich auswendig.

Ich kaufte den Reclamband und ging mit Zweifeln zu Frau Moissi. Wird sie merken, dass mir der Drang fehlt? An irgendetwas muss sie es merken. Sie setzte sich mit dem Rücken zum Fenster, ich schmiss mich in größter Angst zu Boden und schrie und flehte das Gebet. Ich wand mich in Qualen, rang die Hände, die Haare fielen mir ins Gesicht. Wenn sie nur nicht merkt, dass mir der Drang fehlt. Ich hatte mich restlos ausgegeben. Ob sie das für Talent hält?

Ich stand auf und sah sie an. Nichts sagte sie außer: »Ich will dir Unterricht geben, zehn Mark die Stunde, ich nehme sonst zwanzig.«

Nanu, hatte ich Talent? Und dass ich keinen Drang hatte, hatte sie auch nicht gemerkt? Nie wäre ich auf den Gedanken gekommen, dass ich Talent habe, aber sie musste es ja wissen. Ich lief nach Hause und schrie: »Mama, ich bin ein Talent, sie will mir Unterricht geben und nimmt von mir nur zehn Mark anstatt zwanzig.«

Auch Mama war aufgeregt, stolz und sagte: »Ich gebe dir das Geld, aber Papa darf nichts davon wissen, ich schreibe ihm, du bekommst den Unterricht umsonst.« Papa antwortete aus Frankfurt, wo er auf einer Geschäftsreise war: »Wenn sie Ernst macht, lasse ich mich von dir scheiden. Ich möchte eine bürgerliche Tochter haben und keine Theaterdame.« Dieser Brief erstaunte mich nicht, denn ich hatte oft in Büchern gelesen, dass Väter gegen so etwas sind. Und Papa muss dieselben Romane gelesen haben, denn nichts geschah, er blieb bei Mama. Nur zu mir sagte er: »Willst du wirklich zum Theater gehen? Gibt es nicht genug durchschnittliche Talente?«

Frau Moissi ließ mich die verschiedensten Rollen spielen, den Vittorino, die Medea, die Henriette aus *Rausch,* die Marthe Schwerdtlein, ich konnte alles; sogar das Gretchen aus *Faust* lag mir. Sie war erstaunt, aber hat man viele Teile in sich, muss man sie auch aus sich herausholen können, wenn man Talent hat. Und Talent habe ich, sagte Frau Moissi.

Jede Rolle machte mich etwas ruhiger und heiterer. Als Amme lernte ich zum ersten Mal in meinem Leben lachen. Zuerst traute ich mich nicht damit heraus. Aber Frau Moissi redete mir so lange zu, bis ich mir ein Herz fasste, durch den Ring sprang, der sich um mich gelegt hatte, und laut loslachte. Ich lachte tief und aus voller Seele. Wie dieses Lachen mich löste und ergriff. Bis dahin war ich ernst, beinah starr gewesen. Nun wusste ich: Ich habe wirkliche Kraft, und es ist kein Schwindel, wenn ich Schauspielerin werden will. Die Grundlage muss stark sein, damit das Gebäude fest steht. Ich verlor meine Starrheit und wurde jung. Meine Gedanken rutschten auch nicht mehr hemmungslos in diese Ewigkeitsvorstellungen hinein. Ich konnte schlafen, hatte meinen Glauben gefunden. Ich glaubte an diese Kraft in mir und in anderen Menschen. Ich suche überall danach. Finde ich sie nicht, werde ich ablehnend bis zur Feindschaft, finde ich sie, werde ich vertrauensvoll bis zur Liebe. Daher kommt es, dass ich viel mehr Feinde als Freunde habe.

Im Sommer verreiste ich zum ersten Mal allein ohne Mama nach Ferch am Schwielowsee. Ich war betrunken von Freiheit, Wasser, Wald und den Vergissmeinnicht, die am Rande des schmalen Baches blühten. Regen, Wind, Sonne, alles war wunderbar schön. Ich las nicht mehr, nur ab und zu ein schlechtes Buch.

Rita Sacchetto, die Münchener Tänzerin, die eigentlich nicht tanzte, sondern lebende Bilder stellte, wollte einen Abend mit Schülerinnen geben, aber sie hatte keine.

»Geh zu Rita Sacchetto«, sagte Frau Moissi, »du tanzt so gern.«

Ich ging. Sie war enorm alt, vierzig Jahre, hatte aber nicht das geringste Fältchen im Gesicht. Ich tanzte, was mir so gerade einfiel. Sie sah mich nachdenklich an und fragte: »Sie gefallen sich wohl sehr?«

»Ja«, nickte ich, »und mehr noch, ich bin berauscht von mir. Ich kann bestricken, wen ich will. Meist will ich nicht.«

Sie zeigte mir ein paar Tanzschritte, und ich machte mir aus orangefarbener Seide ein Kostüm. Es war eng um die Taille gespannt, die faltige Pluderhose stand weit ab, weil Mama sie

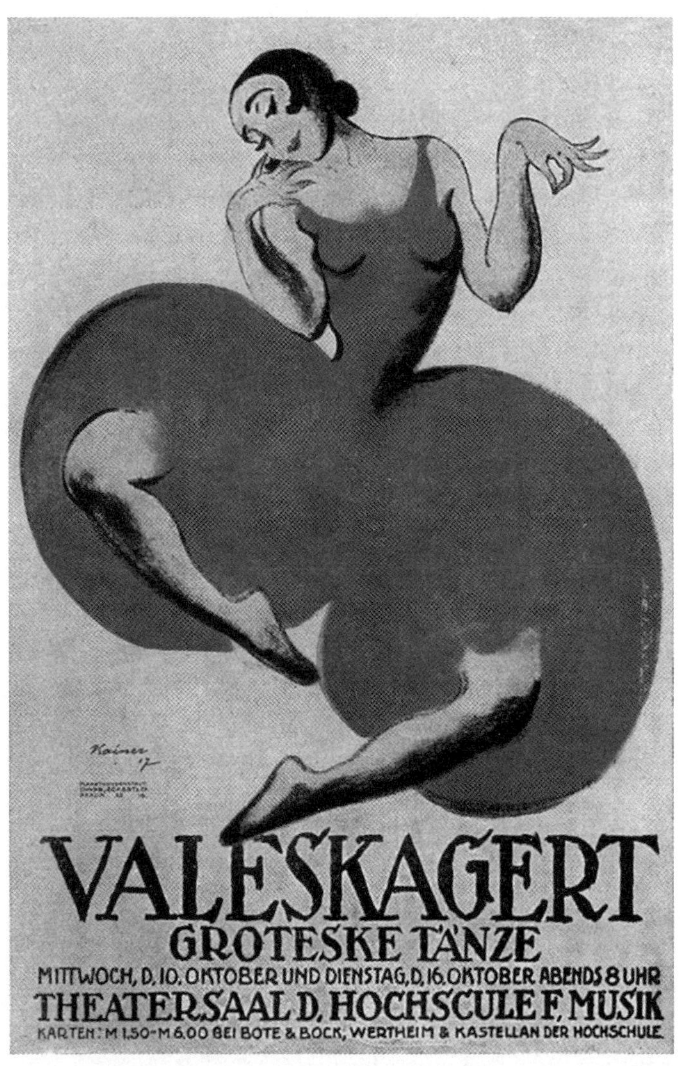

Tanz in Orange auf einem Plakat von Ludwig Kainer, 1917

auf Gaze gearbeitet hatte, und endete in einem Bund über dem Knie, knallblaues Band um den Hals, knallblau geschminkte Augenlider, knallblaues Band um die Fußknöchel: Barfuß, wie es damals Mode war, gefiel mir nicht, das Gesicht kalkweiß gepudert. Ich sah wie ein Plakat aus, so etwas war neu, die anderen Tänzerinnen waren hellblau oder rosa gekleidet, oder wenn sie seriös und modern waren, steckten sie in wehenden beigen und grauen Stofffahnen.

Der Bachsaal war überfüllt. Aufgeregt hörte ich das Murmeln von vielen Menschen. Das große Podium war von zwei Scheinwerfern grell beleuchtet, Hintergrund ein schwarzer Vorhang, vor dem sich die jungen Tänzerinnen lieblich bewegten und zaghaft die Beine schmissen. Anita Berber tanzte: *Rose* und *Diana mit Pfeil.*

Ich brannte vor Lust, in diese Süßigkeit hineinzuplatzen. Voll Übermut knallte ich wie eine Bombe aus der Kulisse. Und dieselben Bewegungen, die ich auf der Probe sanft und anmutig getanzt hatte, übertrieb ich jetzt wild. Mit Riesenschritten stürmte ich quer über das Podium, die Arme schlenkerten wie ein großes Pendel, die Hände spreizten sich, das Gesicht verzerrte sich zu frechen Grimassen.

Dann tanzte ich süß. Jawohl, ich kann auch süß sein, viel süßer als die anderen. Im nächsten Augenblick hatte das Publikum wieder eine Ohrfeige weg. Der Tanz war ein Funke im Pulverfass. Das Publikum explodierte, schrie, pfiff, jubelte. Ich zog, frech grinsend, ab. Die moderne Tanzsatire war geboren, ohne dass ich es wollte oder wusste. Und dadurch, dass ich unvermittelt süß nach frech, sanft nach hart setzte, gestaltete ich zum ersten Mal etwas für diese Zeit sehr Charakteristisches, die Unausgeglichenheit.

Jemand muss Anstoß genommen haben, am nächsten Tag erschien die Polizei. Wir mussten vortanzen. Ich zählte, als ich rankam, bei jedem Schritt vor mich hin, wie eine brave Schülerin, die nicht aus dem Takt kommen will. »Die kann es nicht gewesen sein«, kopfschüttelnd gingen die Polizisten weg.

Die Ufa engagierte mich für ihr Theater am Nollendorfplatz. Ich sollte zwischen zwei Filmen tanzen, als Einlage. Ich machte meinen *Tanz in Orange* und zusammen mit Sidi Riha, der Frau des Malers Erich Heckel, den *Golliwog's Cakewalk* von Debussy. Jeden Abend brachen die tollsten Skandale aus, Riesenlärm, wenn ich meine wahnsinnigen Schritte machte. Die Menschen brüllten, klatschten, sie waren enthemmt, warfen mit Gegenständen nach uns. Die zarte Sidi fiel halb ohnmächtig in die Kulissen, für mich war der Krach Lebenselement, ich wollte die Menschen in Bewegung bringen, je mehr sie brüllten, desto kühner wurde ich. Ich wollte über alle Grenzen hinaus, mein Gesicht verwandelte sich zu Masken, mein Rhythmus knallte, bis ich wie ein Motor stampfte. »Das ist der Durchbruch vom ästhetischen zum dynamischen Tanz einer neuen, härteren Zeit«, sagten meine Anhänger, wenn sie aufgeregt in meine Garderobe stürzten.

»Was soll das sein?«, fragten meine Gegner. »Ist es Tanz? Ist es Schauspiel? Oder ist es nur Chuzpe?«

»Nein, es ist der neue Tanz«, schrien die anderen.

Ein junger Mann mit großer Brille und kleinem, klugem Gesicht besuchte mich in meiner Garderobe. Ich lag auf der Couch, trank die Schokolade, die ich im Vertrag hatte, und fühlte mich wie eine große Diva.

»So tanzt man wohl in Paris?«, fragte er und wollte mir damit etwas Schmeichelhaftes sagen.

»Nirgends tanzt man so«, entgegnete ich. »Nur ich tanze so.«

Er schwieg. Und dann: »Sie sehen wie ein seltsames Tier aus.« Das gefiel mir schon besser. Er hieß Helmuth und studierte Sanskrit. Die Ufa brach das Gastspiel ab, es war ihr zu wild.

Direktor Falckenberg von den Münchner Kammerspielen war in Berlin, um zu engagieren. Er wohnte im Hotel Cumberland am Kurfürstendamm. Frau Moissi schickte mich zu ihm. Ich spielte ihm die Amme aus *Romeo und Julia* vor. Er engagierte mich für ein Jahr. Die Gage war hundert Mark im Monat. Zwar wenig, aber ich war glücklich, von zu Hause wegzukommen, und nun auch noch nach München, ins Gebirgsdorf, wo ich so gern in der freien Natur lebte.

Um Kraft zu sammeln, fuhr ich, bevor das Engagement anfing, nach Koserow an der Ostsee. Geld hatte ich kaum, fand aber, weil am Anfang des Krieges wenig gereist wurde, eine schöne und ganz billige Wohnung beim Kaufmann Wergin. Über dem Kolonialwarenladen lagen zwei Zimmer, ein Fenster ging auf die Dorfstraße hinaus und eins auf die Kornfelder. Der Boden des Schlafzimmers war wellig. Dazu gehörte eine Küche und ein Bretterverschlag, der den Balkon darstellte. Eine Stiege führte in den Dorfgarten mit Johannisbeer- und Stachelbeersträuchern. Hühnchen gackerten.

Jeden Tag kaufte ich Puddingpulver, mal mit Schokolade-, mal mit Mändelchengeschmack, kochte es mit einem Liter Milch auf. Es war wunderbar, wenn ich das Pulver in die Milch rührte und spürte, wie die bunte Flüssigkeit immer dicker wurde. Eine Hälfte aß ich mittags, die andere abends, sonst nur Beeren aus dem Garten und Schokolade. Ich erholte mich bei diesem einfachen Leben so sehr, dass ich vor Kraft nicht wusste, wohin damit. Wenn ich nicht im Wasser oder am Strand war, ging ich nackt durch den Wald. Sonne durch Blätter ist delikat.

Ich reiste nach München. Als ich den Hauptbahnhof verließ, schnupperte ich. Es roch nach Hopfen, Rauch und Bergen, aber Tannen wuchsen nicht auf den Straßen. Die Häuser waren einfacher und schöner als die Stuckbauten in Berlin, auch die Proportionen der Zimmer waren richtiger, alles kräftig und gesund. Ich mietete ein Parterrezimmer in der Barer Straße, Ecke Adalbertstraße, gegenüber vom Alten Nordfriedhof. Meine Wirtin war Friseuse, mit apfelrundem Gesicht und einer Nase, deren

Rücken etwas eingedrückt war. Mit ihr und einer Postbeamtenwitwe verbrachte ich meine freie Zeit. Weihnachten gingen wir zusammen in die Frauenkirche, obwohl ich nicht an Gott glaubte. Mit den beiden Frauen fühlte ich mich viel wohler als mit den Kolleginnen vom Theater.

Als »Star« war ich angekommen, als Statistin wurde ich benutzt. Das demütigte mich, aber trotzdem legte ich mein ganzes Wesen in die paar Minuten, die ich auf der Bühne stand. Meine erste Rolle war die Freiin von Totleben. Sie gefiel mir nicht. Frank Wedekind, der Regie führte, schimpfte, weil ich nicht laut genug sprach. Dann spielte ich die Kupplerin in *König Nicolo.* Jetzt schimpfte Dr. Sinsheimer, der Regisseur: »Sie schmeißen Ihre Arme und Beine ins Parkett!« Ich musste eben tanzen, auch wenn ich spielte. Dann bekam ich das Käthchen in *Wie es euch gefällt.* Also so süß ist das Leben und so schön – vor einer elektrischen Wand von Menschen sich offen ausgeben und sich dabei sicher und geschützt in einem großen Kasten bewegen. Nähe und Ferne zugleich. Wenn ich mit dem Narren Probstein tanzte, spürte ich, sie waren alle mit mir, sie fühlten wie ich. Ich war nicht mehr allein, war berauscht vor Glück.

Nachmittags saß ich im Hofgarten und aß ein Stück Torte. Die Sonne schien durch die Blätter der Bäume.

Ich wollte eine Tanzmatinee in den Kammerspielen geben, hatte aber nicht genug Tänze. Darum bat ich einen sehr bekannten Komponisten, mir Musik für einen neuen Tanz zu schreiben. »Das will ich gern tun«, sagte er, »aber Sie müssen mir auch einen Gefallen tun. Ich schreibe ein Buch über den Ausdruck des menschlichen Körpers. Bis jetzt hatte ich nur Berufsmodelle mit ausdruckslosen Körpern. Wollen Sie mir nackt Ihre Rollen vorspielen?«

Nackt? Bin ich hübsch genug? Ich weiß nicht. Ich habe breite, grade Schultern, eine schmale Taille, aber die Hüften? Sind sie nicht zu rund?

Der berühmte Komponist – er hatte nur einen Arm und ein Bein – redete mir gut zu, und ich zog mich aus.

»Salome!«, rief er erstaunt. »Sie sind sehr schön!«

Ich zog mich jeden Tag aus und spielte ihm alles vor, was er sehen wollte, denn ich war vom Ernst seiner Arbeit überzeugt. Er komponierte einen samoanischen Tanz, und ich gab die Matinee in den Kammerspielen. Lotte Pritzel, die Schöpferin der damals berühmten dekadenten Pritzel-Puppen, lehnte mich ab. Sie fand mich nur frech, später wurde sie anderer Meinung. Aber Bertolt Brecht, der auch zugesehen hatte, sagte: »Das, was Sie machen, darauf will ich hinaus. Ihre Tänze sind chinesisch, und Sie sind gar nicht hässlich, wie die anderen sagen! Im Gegenteil, in Tibet gälten Sie als Schönheit. Sie leben im falschen Land.«

Dem Komponisten spielte ich weiter nackend meine Rollen vor, bis ich mich in ihn verliebte. Wenn man selbst nackt und der andere angezogen ist, wird man anfällig. Ich griff ihn an. »Noch nicht«, wehrte er ab, »du bist noch nicht reif.«

Er hatte Recht. Sein halber Körper stieß mich ab. Er war so eine Art richtiger Mann, nur eben halb. Ich dachte, wie schön ist das, wenn einer zwei Beine und zwei Arme hat! Er konnte schwimmen und Klavier spielen, da merkte man kaum, was ihm fehlte, so fix ging er mit der einen Hand über die Tasten und so geschickt lag er beim Schwimmen auf einer Seite. Nur im Bett, da vermisste man es.

Er wollte neue Modelle haben. Ich brachte ihm fast alle jungen Schauspielerinnen der Kammerspiele. Es muss wohl allen Spaß gemacht haben, nackt Theater zu spielen. Mit Erika betrog er mich. Aus Wut schlief ich mit einem Fliegerleutnant, der meinetwegen die Schauspielerin Emilie Unda sitzenließ. Aber Wut macht nicht verliebt. Es blieb bei dem einen Mal. Ich ließ ihn nicht mehr ein, wenn er nachts an mein Parterrefenster klopfte. Helmuth, der Sanskritstudent, besuchte mich in München, brachte mir einen Strauß roter Rosen ins Diana, wo ich zu Mittag aß. Eine Kiste Eier trug er unter dem Arm, die waren selten im Krieg. Es gab fast nur Kohlrüben. Selbst Marmelade wurde aus Kohlrüben gemacht. Man sang »Dotschland, Dotschland über alles«. Kohlrüben wurden in Bayern Dotschen genannt.

Helmuth lud mich nach Berchtesgaden ein. Ich fragte den Komponisten um Erlaubnis.

Er gab sie mir unter der Bedingung, dass ich ihm treu bleibe. Helmuth hatte im besten Hotel die Fürstenzimmer gemietet, zwei Schlafzimmer, zwei Salons, zwei Badezimmer und eine große Terrasse. Ich passte nicht hinein, jedenfalls, was meine Kleidung betraf, hatte nur ein einziges Fähnchen, und die Sohlen meiner Schuhe waren durchlöchert. Helmuth putzte die Schuhe selbst, weil er sich genierte, sie vor die Tür zu stellen. Jeden Tag legte er mir eine Tafel Schokolade auf den Nachttisch. Wir machten Ausflüge in die Berge in einem von zwei Pferdchen gezogenen Wagen. Wenn der Weg steil wurde, stieg Helmuth aus, um die Pferde zu entlasten. Er ging in Kniehosen neben dem Wagen. Was für lange und elegante Beine er hatte, und es waren zwei Beine. Und doch hielt ich das Versprechen und blieb dem Komponisten treu. Er hätte es gar nicht nötig gehabt, mich jede Nacht anzutelefonieren. Ich halte meine Versprechen.

In München besuchte ich mit Helmuth Karl Wolfskehl. Zum Mittagessen gab es alle Gerichte zu Kugeln geformt, rundes Fleisch, Gemüse in Bällchen und runden Nachtisch. »Sie sind gar nicht grotesk«, sagte Wolfskehl zu mir, »Sie sind groskett.« – »Meine Hanna hat so schöne große Füß'«, sagte er lächelnd von seiner Frau, warf den Kopf mit den langen braunen Haaren in den Nacken und schielte verzückt.

So nett wie Helmuth war der Komponist nicht. Er wusste, wie wenig Geld ich hatte und wie sehr ich fror, denn die Fenster meines Zimmers lagen über Eck, der Wind pfiff durch. Das Wasser fror in der Kanne, Geld zum Heizen hatte ich nicht. Ich hustete und schlief in meinem Mantel, einen Schal um den Hals gewickelt. Anstatt mir einen Sack Kohlen zu kaufen, pumpte er mir nur seinen Ledermantel, den ich nachts im Bett über meinen zog, das war alles.

Im Sommer, in den Ferien, fuhr ich nach Utting an den Ammersee. Da fand ich es schön, das Allerschönste waren Rahmstrudel und Boot fahren. Der Komponist besuchte mich, aber nur zum Nachtisch lud er mich ein. Mag sein, er hatte auch nicht viel Geld, aber so geizig hätte er nicht zu sein brauchen. Ich war ganz froh, als das Jahr um war und ich nach Berlin zurückfahren konnte.

Ich mache Karriere

Arthur Kahane protegierte mich. Er schrieb sogar in einem Buch, dass ich Entwicklungen verblüffend voraussehen könne. Er stellte mich Max Reinhardt vor.

Wieder spielte ich die Amme und wieder wurde ich für ein Jahr engagiert. Diesmal bekam ich schon zweihundert Mark im Monat. Ich spielte exzentrische Rollen in Avantgardestücken, den Papagei in Kokoschkas *Mörder, Hoffnung der Frauen,* hockte auf der Schulter von Paul Graetz und krächzte grell. Als er sagen musste: »Schlagt das Tier tot«, entlud sich die Erregung über das seltsame Stück, ein gewaltiger Skandal brach aus, der eiserne Vorhang fiel, und Reinhardt floh mit uns durch den Hinterausgang. Ich spielte noch allerlei Röllchen, eine fast taube Frau im *Apostel Paulus* von Rolf Lauckner unter der Regie von Felix Hollaender. Und in *Von morgens bis Mitternacht* taumelte ich auf die Bühne, »Sekt, Sekt« rufend, und schmiss mich auf Max Pallenbergs Schoß.

Als mich später eine Frau fragte: »Wie ist Pallenberg privat?«, antwortete ich: »Pallenberg kenne ich nicht.«

»Was?«, rief sie aus. »Sie kennen ihn nicht? Sie haben während einer ganzen Szene auf seinem Schoß gelegen!«

»Ich?«

»Ja, Sie.«

So egozentrisch war ich. Meine Rolle war nicht mehr als Statisterie, und doch hatte ich nicht bemerkt, dass ich auf dem Schoß des Hauptdarstellers lag. Ich spielte auch größere Rollen, die aber nur in zweiter Besetzung. Nach Ernst Lubitsch war ich die Kupplerin in *Sumurun,* Conrad Veidt, auch in zweiter Besetzung, der Prinz und Lyda Salmonova, die Frau von Paul Wegener, die Sumurun. Ich war die Ilse in *Frühlings Erwachen* und die Hexe im *Faust,* blieb stecken, hörte in meiner Panik die Souffleuse nicht. Hilft mir denn niemand? In meinem Kopf war ein großes Loch. Wegener half, er sprach einfach seine Rolle weiter, aber in der Pause zischte er mich an, und am nächsten Tag wurde mir die Rolle abgenommen. Gott sei Dank.

Erik Charell telefonierte: »Kann ich Ihnen vortanzen?« Ich sagte ja. Er kam zu mir in meine Wohnung in der Düsseldorfer Straße und tanzte einen Matrosen, dem Schirjajew nachgemacht, der gerade mit dem russischen Ballett in Berlin gastiert hatte. Er war ziemlich dilettantisch, wollte mit mir zusammen auftreten, lockte mich mit fabelhaften Engagements, und tatsächlich, es vergingen nur ein paar Tage, da wurde ich von Karl Vollmoeller, der die Pantomimen für Reinhardt schrieb, eingeladen. Dort traf ich Horstmann, einen Diplomaten, der mich für ein Gastspiel in Bukarest haben wollte. Charell stellte schnell eine kleine Balletttruppe zusammen. Ludwig Kainer entwarf Kostüme – ich trug meine eigenen und machte auch meine eigenen Tänze. Mit Charell zusammen tanzte ich die *Galante Promenade.* Wir fuhren nach Rumänien, um in der Eforie aufzutreten. Unsere Garderoben lagen im Keller, der in der Pause voll von Kavalieren in Frack und Uniform war. Kühlmann, Hoesch, von Richthofen und Talaat Pascha sahen uns tanzen und gaben uns grandiose Gesellschaften. Wir waren ein repräsentatives Gastspiel, das diplomatische Korps nahm uns liebevoll auf, fuhr uns in Equipagen spazieren, die Hufe der Pferdchen klapperten so schön, man schenkte uns ganze Schinken und Würste. Dann sollten wir in Sofia gastieren und dann im Berliner Wintergarten. Charell hatte schon die Verträge unterschrieben, mit mir als Star, ohne mich zu fragen, ob ich weiter mitmachen will. Ich wollte nicht, das Ensemble war kitschig, und mit Charell hatte ich keinen Kontakt. Außerdem bleibe ich nicht gern lange im selben Engagement. Charell engagierte für mich Lena Amsel und eine Balletttänzerin, ich glaube, sie hieß Helga Lund oder Dora Kasan.

Ich fuhr nach Berlin und verheiratete mich mit Helmuth. Eigentlich wollte er nur mit mir zusammen leben, aber das hätte meine Mutter zu unglücklich gemacht. Helmuth war Buddhist. Sonst hätte er mich nie geheiratet, er ahnte, was auf ihn wartete. Und auch ich wusste, dass nur ein Weiser mich heiraten kann. Ich war zu schwierig, zu egozentrisch.

Helmuths Vater war Staatssekretär des Reichsjustizamts, besaß eine ungefüge große Villa direkt am Nikolassee und ein Gästehaus, das im Park stand. Er war entsetzt über die Heirat seines Sohnes und wollte ihn nicht mehr sehen. Aber dann starb eine Schwiegertochter an der Grippe, Schwiegerpapa wurde weich und vergab dem Sohn.

Wir wurden die besten Freunde. »Mit dir kann man sich wenigstens unterhalten.« Und ich konnte lachen mit ihm.

Es war 1918. Der Krieg hatte vier Jahre gedauert, die Spannung war unerträglich geworden. Etwas musste geschehen, jeder fühlte das. Brot schmeckte wie Stroh, Beefsteaks kamen aus der Tüte oder, wenn man Glück hatte, vom Pferd. In der Tüte befand sich ein gelbliches Pulver, das ich mit Wasser anrührte, zu Bouletten formte und briet. Sie schmeckten nicht mal schlecht. In Hannover hatte ein Mann, Haarmann hieß er, Menschen gemordet, ihr Fleisch zerschnitten, in Konservenbüchsen getan und verkauft. Die Hannoveraner wussten nicht, dass sie Menschenfleisch verzehrt hatten, bis sie es in den Zeitungen lasen. Mit Helmuth aß ich in Potsdam in einem sehr guten Restaurant, das Fleisch schmeckte sonderbar. War es Menschenfleisch? Nein, es war vom Karnickel.

Helmuth kam aufgeregt nach Hause: »Vater sagt, wir müssen Frieden schließen, die Front hält nicht mehr, die Soldaten rennen weg.« Endlich! Gleichgültig, dass wir den Krieg verloren hatten, Hauptsache, er war vorüber. Wir wurden im Omnibus abgeholt, um ins Deutsche Theater zu fahren, denn auf den Straßen wurde geschossen. Matrosen und Soldaten fuhren in offenen

Lastwagen, sie schwenkten rote Flaggen. Für mich war der Anblick Feuer. Das ist die Revolution! Die alte Welt ist morsch, sie knackt in allen Fugen. Ich will helfen, sie kaputtzumachen. Ich glaube an das neue Leben! Ich will helfen, es aufzubauen.

Im Herbst 1919 eröffnete Karl-Heinz Martin das erste linksgerichtete Theater, die Tribüne, mit *Die Wandlung* von Toller. Zum ersten Mal standen Andeutungen von expressionistischen Kulissen auf dem Podium. Ich spielte ein Kinderskelett, Hubert v. Meyerinck das andere. Ich schrie durchdringend. Der Schrei muss gut gewesen sein, denn viele Jahre später schrieb Walther Kiaulehn in seinem Berlin-Buch von noch nie zuvor gehörten Schreien in dieser Vorstellung.

Bald löste sich das Ensemble auf, denn Martin verstand sich nicht mit Fritz Kortner. Eugen Robert wurde Direktor. In *Franziska* von Wedekind tanzte ich die Karaminka, eine kleine Rolle, aber ein Sensationserfolg für mich. Sogar Alfred Kerr schrieb begeistert. Albert Steinrück spielte den Veit Kunz. Auf der Bühne hatten wir aufregenden Kontakt. Um ihn nicht abzuschwächen, mied ich Steinrück, wenn wir nicht auf der Bühne waren, aber jedes Mal, wenn die Szene losging, erlebten wir alle Farben der Liebe von Schüchternheit über Leidenschaft bis zum Ekel. Als ich so weit gekommen war, sprang ich ab. Robert verklagte mich. Aber der Richter glaubte mir, als ich sagte: »Ich werde krank, wenn ich weitertanzen muss, so aufregend ist der Tanz für mich.« Ich gewann den Prozess. Das war das einzige Mal in meinem Leben, dass ich einen Prozess gewann. Spielte ich Theater, sehnte ich mich nach dem Tanz, tanzte ich, sehnte ich mich nach Theaterspielen. Das war ein Konflikt, bis mir der Gedanke kam, beides zusammenzuziehen: Ich will Menschengestalten tanzen. Ich erfand eine ganze Ballung, von der eine Strahlung die moderne Tanzpantomime war, eine andere Strahlung der abstrakte Tanz, andere Strahlungen waren satirische Tänze,

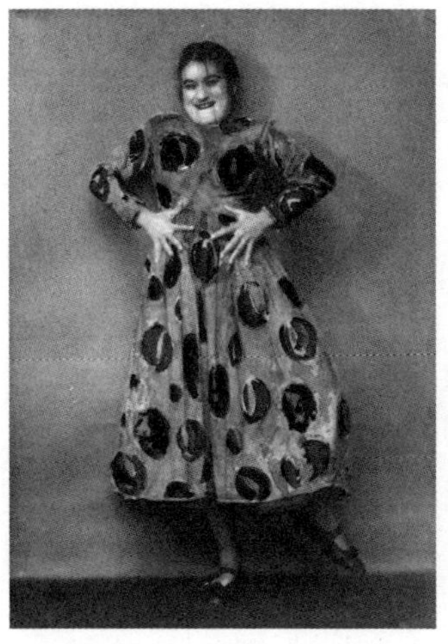
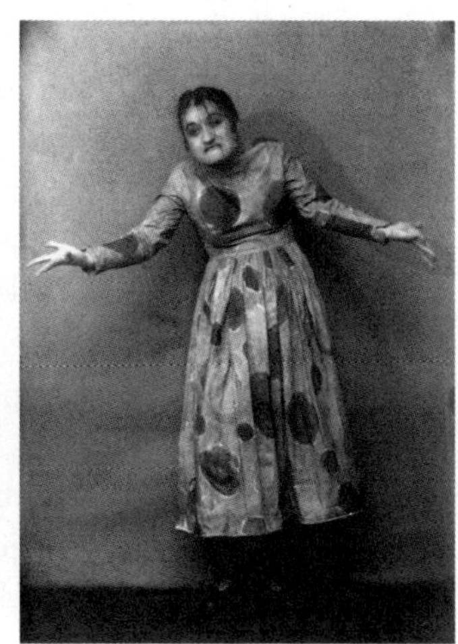

Kupplerin, ca. 1920–25

Tontänze, expressionistische Tänze. Ich explodierte ein Bündel von Anregungen in die Welt, aus jeder Strahlung machten Tänzer ein ganzes Programm, für mich waren es lauter zischende kleine Raketen, sie rasten um die Welt.

Meine Tänze waren kurz und klar, ich machte keine Variationen wie die anderen Tänzer, für mich waren nur Anlauf, tragischer oder komischer Höhepunkt, Entspannung wichtig, sonst nichts.

Weil ich den Bürger nicht liebte, tanzte ich die von ihm Verachteten, Dirnen, Kupplerinnen, Ausgeglitschte und Verkommene.

Erna, Freundin von Helmuth, Frau seines besten Freundes, eines modernen Münchhausen, spielte auf dem Akkordeon französische Schlager. Die Musik regte mich auf. Sie zwang mich zu schieben, zu wackeln, mich lasziv zu räkeln. Wer wackelt so? Wer latscht so? Das Freudenmädchen, wenn es auf Beute geht. Ich wollte es bei der Ausübung ihres Berufes schildern. Bis jetzt wurden Freudenmädchen nicht auf der Tanzbühne dargestellt.

Man war zu edel, später wurde es zur Epidemie. Nur bestätigten die anderen Tänzerinnen die Gesellschaft, die ich anklagte. *Canaille* nannte ich die Gestalt; es war, ohne dass es mir bewusst wurde, die erste sozialkritische Tanzpantomime.

Herausfordernd wackle ich mit den Hüften, lüfte den schwarzen, sehr kurzen Rock, zeige weißes Schenkelfleisch über langen schwarzen Seidenstrümpfen und hochhackigen Schuhen. (Ein Skandal in einer Zeit, in der die Tänzerinnen, wenn sie nicht Ballett tanzten, barfuß über die Bühne hüpften.) Ich bin eine sensitive Hure, bewege mich sanft und wollüstig. Mein sehr weißes Gesicht ist fast ganz von schwarzen Haarsträhnen bedeckt, sie fallen über die Stirn, fast bis zum knallrot geschminkten Mund. Das Kinn verschwindet im roten Kragen, der locker um den Hals liegt. Ich sinke langsam in die Knie, öffne die Beine breit und versinke tief. In jähem Krampf, wie von der Tarantel gestochen, zucke ich in die Höhe. Ich schwinge auf und nieder. Dann entspannt sich der Körper, der Krampf löst sich, immer sanfter werden die Sprünge, immer weicher, die Abstände werden länger, die Erregung ebbt ab, noch eine letzte Zuckung, und ich bin wieder auf der Erde. Was hat man mit mir getan? Man hat meinen Körper ausgenutzt, weil ich Geld haben muss. Miserable Welt! Ich spucke einen verächtlichen Schritt nach rechts und einen nach links, dann latsche ich ab.

Ich tanzte den Coitus, aber »verfremdete« ihn, wie man jetzt sagen würde. Kunst ist immer Verfremdung der Wirklichkeit. Meine *Kupplerin* war die Hure, die alt geworden ist und nur noch Geschäfte mit den Leibern der Jungen macht. Noch spritzt sie scharfe giftige Geilheit aus, grapscht den dicken Bauch, taumelt betrunken und bettelt mummelnd Geld zusammen.

Brecht holte mich nach München. Er gab einen Abend in den Kammerspielen: Ringelnatz rezitierte, ein Glas in der Hand, Brecht spielte Laute und rezitierte seine Balladen. Ich tanzte die *Canaille* nach Orgelmusik.

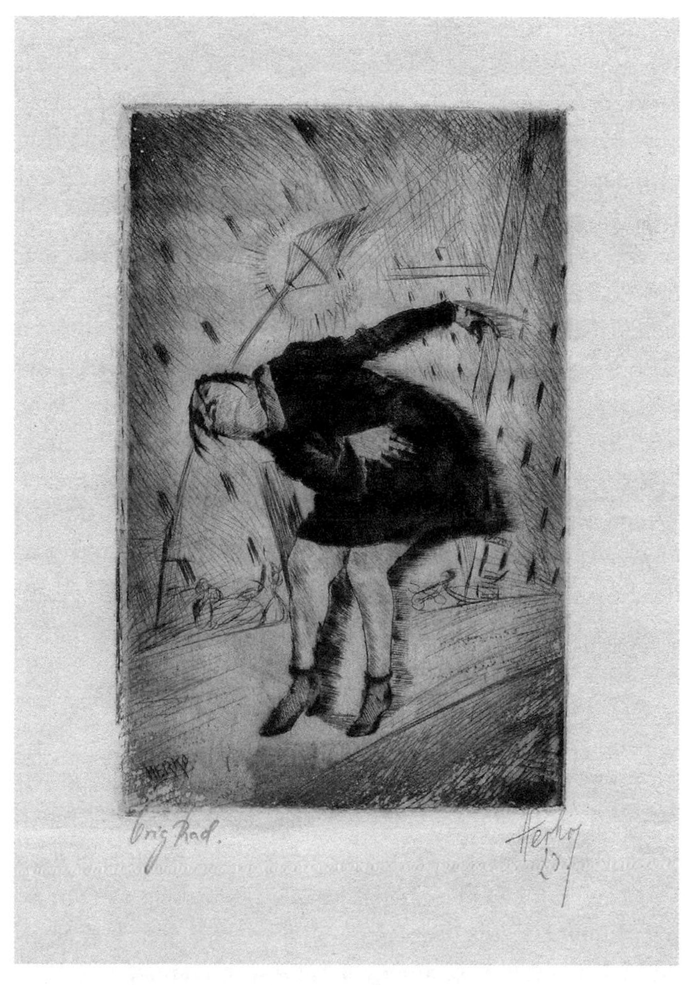

Canaille, Radierung von Berthold Martin Herko, 1923

Meine Schwiegermutter starb. Der Leichnam wurde im Palais des Prinzen Albrecht in der Wilhelmstraße aufgebahrt, da wohnten die Schwiegereltern, wenn sie in der Stadt waren. Der Prinz sprach teilnahmsvolle Worte, Admiral von Lyncker war da, und die Chefs vom Militär- und Zivilkabinett standen unbeweglich am Sarg. Ich war tödlich erschreckt und weinte vor Angst dicke Tränen hinter einem dichten schwarzen Schleier aus Flor.

Auch mein Vater starb, woran, weiß ich jetzt noch nicht. Man hatte es mir nicht gesagt. Sie hatten Angst, es rege mich auf. Obwohl mein Vater sich gegen meinen Beruf gesperrt hatte, versäumte er keinen meiner Tanzabende. Lange, bevor es losging, saß er im Parkett, wickelte Stullen aus Pergamentpapier. Meine Mutter ging nie hin, es machte sie nervös, und auch Helmuth ließ es bald sein. So ein Tanzabend war ein Abenteuer, das sie nicht aushielten.

Als Papa starb, lag ich im Esszimmer auf der Couch und hörte ihn »Marie!« rufen. Mir wurde übel, ich erbrach mich, konnte die Nähe des Todes nicht ertragen.

Im Romanischen Café wurde viel über den modernen Tanz gesprochen. Ein hageres Mädchen mit Höhlen im Gesicht unter scharf herausspringenden Backenknochen sagte: »Wir wollen ›das Unerhörte‹ im Tanz.« Das Unerhörte, das wollte auch ich.

Was ist das Unerhörte? Es ist Geburt, Liebe, Tod. Niemand hat bisher gewagt, es ungeschminkt und wahrhaftig darzustellen. Ich wollte es tun. Den *Tod* machte ich so: Bewegungslos stehe ich in einem langen, schwarzen Hemd auf grell erleuchtetem Podium. Mein Körper spannt sich langsam, der Kampf beginnt, die Hände ballen sich zur Faust, immer fester, die Schultern krümmen sich, das Gesicht verzerrt sich vor Schmerz und Qual. Schmerz wird unerträglich, der Mund öffnet sich weit zu lautlosem Schrei. Ich biege den Kopf zurück, Schultern, Arme, Hände, der ganze Körper erstarrt. Ich versuche mich zu wehren. Sinnlos. Sekundenlang stehe ich bewegungslos da, eine Säule des

Schmerzes. Dann weicht langsam das Leben aus meinem Körper, sehr langsam entspannt er sich. Der Schmerz lässt nach, der Mund wird weicher, Schultern fallen, die Arme werden schlaff, die Hände. Ich fühle die Starre der Menschen im Zuschauerraum, will sie trösten, ein Abglanz vom Leben gleitet in mein Gesicht, schon von sehr weit her erscheint ein Lächeln. Dann versinkt es jäh, die Wangen lassen nach, der Kopf fällt schnell, der Kopf einer Puppe. Aus. Weg. Ich bin gestorben. Totenstille. Niemand im Zuschauerraum wagt zu atmen. Ich bin tot.

Meine düsteren Tänze wechselten mit heiteren. Licht folgt auf Schatten.

Das Ballett liebte ich, weil es extrem und sublim war. Ballett ist Essenz der Leichtigkeit. Tänzer gaukeln Leichtigkeit durch Springen und Spitzentanz vor. Ich sprang nicht und ging nicht auf Spitzen, hatte eine andere Methode. Mit gummihafter Elastizität setzte ich zum Sprung an, verharrte einige Sekunden im Ansatz. Pause. Ich hypnotisierte die Zuschauer, die glaubten den Sprung zu sehen, den ich angefangen, aber nicht vollendet hatte. Sie waren begeistert, denn ich hatte sie schöpferisch gemacht. So leicht kann kein Sprung sein wie der, den man in der Phantasie sieht. Ich habe nie mit Absicht karikiert, für mich ist jeder Tanz ein Weg, den ich bis zum Ende gehe und über das Ende hinaus, bis ich im Reich des Phantastischen, des Grotesken bin. Und da ich Extrakt und Atmosphäre gab, nannten sie das: Satiren oder Parodien.

Ich habe viel an den heutigen Pantomimen auszusetzen, die alle auf meiner von mir geschaffenen Pantomime aufbauen. Anstatt Wesentliches aneinanderzureihen, verzetteln sie sich in unwichtigen Bewegungen, darum sind ihre Tänze ohne klassische Einfachheit, sie machen Kunstgewerbe.

Isadora Duncan war die erste Revolutionärin des modernen Tanzes. Sie sehnte sich nach Einfachheit und Natürlichkeit, tanzte barfuß und bewegte sich nach alten Vorbildern, wie man sie von griechischen Statuen und Friesen kennt. Aber Bewegungen sind nur klassisch, wenn sie aus dem klassischen Menschen kommen. Seele, Körper und Geist sind bei ihm in Harmonie, und in Harmonie lebt er mit Zeit und Umgebung. Die modernen Tänzer sind nicht harmonisch, sie sind verwirrte Kinder dieser Zeit. Darum hat ihr klassischer Tanz keine innere Wahrheit. Duncan war eine romantische Tänzerin, denn sie sehnte sich nach einer Zeit, die es nicht mehr oder noch nicht wieder gab. Aber sie gab den Anstoß zum neuen Tanz.

In München modernisierte Alexander Saccharoff die pseudoklassische Linie dadurch, dass er die ungebrochene Linie brach. Er tanzte »preziös«. Mary Wigman in Dresden machte das Gegenteil: Die moderne Frau ist kein Luxusgeschöpf und kein Heimchen am Herd. Wigman tanzte die pseudoklassischen Bewegungen mit Energie, der Boden des Podiums zitterte. Sie gab ihren Tänzen abstrakte Namen: *Der Ruf, Das Zeichen.* Doch abstrakt ist ein Kunstwerk nur, wenn es die Struktur eines Themas aufzeigt. Ihr gelang es nur, wie manchen »Abstrakten«, das Klare zu verwirren, anstatt das Verwirrte zu klären. Der Durchschnittsdeutsche hat wenig Selbstvertrauen. Er hält für groß, was er nicht versteht. Sich bei einem Kunstwerk zu amüsieren, erscheint ihm minderwertig. Langweilen muss man sich, dann hat man etwas für seine Bildung getan.

Ich wollte nicht diese vagen Bewegungen tanzen, wollte Menschen unserer Zeit darstellen und die Bewegungen des täglichen Lebens durch Transparentmachen an die Ewigkeit heften. Denn das, was man Realität nennt, ist gar keine Realität, sondern nur ein kurzer Spuk, wirklich real ist nur die Ewigkeit.

Schlittschuh laufen, radeln, fechten, Tennis, schwimmen mischte ich zu *Sport.*

Im *Pferderennen* bin ich Reiter und Pferd zugleich. Ich kauere wie ein Jockey auf dem eingebildeten Pferd, peitsche, rase im

Galopp über die Bühne, das Tempo wird rasend, jetzt das Finish! Wild peitsche ich ohne Peitsche die Flanken des Pferdes, flach liege ich auf dem Rücken des Tieres, ich berühre es kaum. Das Publikum schreit aufgeregt, es glaubt, ein wirkliches Rennen zu sehen, spornt mich durch Rufe an, brüllt, schneller, schneller! Ich muss das Rennen gewinnen. Ich muss, ich jage immer toller und komme als erster ans Ziel.

Ich führe Tierdressuren vor, ein Athlet spannt seine Muskeln, stemmt schweres Eisen, sieht sich triumphierend um, ein Clown rollt durch die Arena, eine Ballettänzerin reitet Panneau, lässt sich vom Pferd fallen, springt wieder auf, grüßt huldvoll. Das war mein *Circus,* viel kopiert wie alle meine Pantomimen.

Varieté ist jonglieren, zaubern, Drahtseil tanzen. Dauerläufer, Rennradler, kurbelnder Filmoperateur, Vamp, zackige Soldaten, alberner Backfisch wurden zur *Kinowochenschau.* Intensität und Tempo gaben Durchschlagskraft, und wenn ich ganz verrückt vor Lebensfreude war, wurden diese Pantomimen zu schwebenden Tänzen.

Nach jedem Tanzabend saß ich niedergeschlagen in meiner Garderobe. Ich war nicht gut genug gewesen, hätte viel besser sein können. Freunde, Fremde und Bekannte stürzten herein, umarmten mich und erzählten aufgeregt, wie toll es wieder gewesen sei, sie konnten mich nicht trösten. Helmuth fragte: »Was sollen sie noch tun? Sollen sie auf dem Boden rutschen?«

»Die Augen«, sagte ich, »sie hatten kalte Augen.«

Nur manchmal entfalteten sich alle Seiten meines Wesens gleichmäßig, und nur dann war ich glücklich.

Ich konnte meine Zuschauer erschrecken und beruhigen, abstoßen und anziehen, ja, ich konnte sogar machen, dass sie mich lieben. Wirklich, das konnte ich auch. Ich spielte mit ihnen wie mit den Männern auf der Straße. Nur war es jetzt viel berauschender, weil man mir zusah. In Trance machte ich die

Bewegungen dieser Welt, die ich so liebe. Und die Ewigkeitsgedanken, die mich früher entsetzt hatten, konnte ich packen, wegstoßen, an mich ziehen, genauso, wie ich wollte.

Ich reiste nach Kampen auf Sylt. Dort trug man diese langen braunen und blauen Turnanzüge aus Baumwollstoff. Ich fand sie grässlich und erfand ganz kurze giftgrüne und knallrote Seidenhöschen (für das *Berliner Tageblatt* musste ich sie zeichnen und darüber schreiben). Oder ich lag nackt in den Dünen. Das war schlecht für meinen Ruf, man war rückständig, es gab weder Abessinien noch Minihöschen. Man war braver, und ich galt als verworfen.

Helmuth fragte: »Weißt du, dass du heute am Strand vier Stunden unbewegt auf derselben Stelle gesessen hast?« Ich wusste es nicht, aber wahrscheinlich hatte ich mich regeneriert, die Uhr wieder aufgezogen.

Der Sturm konnte nicht stark genug sein, nur gebückt muss man sich vorwärts stemmen, regnen musste es, bis die Kleider am Körper kleben, in der Sonne muss man liegen, bis die Haut schmort.

Ein Telegramm kam: »Mella tödlich verunglückt.« Zuerst begriff ich nicht, dass »tödlich verunglückt« und »tot« dasselbe ist. Aber als ich begriff, geriet ich so außer mir, dass ich mich aufs Bett schmiss, meinen Körper bäumte, mit den Beinen strampelte, ich war verzweifelt über den Wahnsinn.

Mein Bruder hatte mit seinem neuen Wagen zum Tanztee fahren wollen. Eine Hälfte der Avus wurde umgebaut, nur die andere Hälfte war befahrbar. Ein Auto kam ihm entgegen, er sah es nicht schnell genug, bremste zu stark, sein Wagen überschlug sich, Mella fiel in weitem Bogen auf die Avus und brach sich das Genick. Mein Bruder blieb mit der toten Frau auf dem Schoß sechs Stunden am Rande der Bahn liegen, niemand nahm sie mit. Erst ein Auto der chilenischen Gesandtschaft hielt. Die Chilenen luden die tote Mella – sie war 21 Jahre alt – in den Wagen. Meinen Bruder mussten sie festhalten, er wollte aus dem Wagen springen. Er wurde halb verrückt, spielte mit Eisenbahn und Baukasten. Nachts ging ich zu ihm, er konnte nicht allein bleiben. Als es ihm besser ging, nahm er seine kleine Tochter Inge wieder zu sich. Er brauchte ein Kindermädchen, ein so hübsches meldete sich, dass er unsicher wurde: »Kann ich sie nehmen?« Ich sagte: »Ja.« Er heiratete sie.

Meine Mutter starb.

Im Winter lebte ich asketisch, im Frühling gab ich nach. Das ging einige Jahre glatt, ich war glücklich, mich in der Hand zu haben, aber dann plötzlich bekam mein Leben einen Stoß. Im Romanischen Café traf ich den Schauspieler. Seine Augen waren blassblau, sie guckten etwas ängstlich unter schweren Lidern. Er war groß, sein Gang elastisch, die Haut sensitiv; ich kenne diese Haut, ich habe sie auch, sie wird leicht schlaff, wenn man müde ist. Er war weich, fast süßlich, stieß mich ab, zog mich an. In seiner Nähe fühlte ich mich wohl. Er strömte Wärme aus wie ein großer Kachelofen. Den Mantel konnte er nicht zuknöpfen, zu eng. Er hatte ihn von einem Freund geliehen. Die Schuhsohlen waren durchlöchert, er stopfte Zeitungspapier hinein, um die Füße trocken zu halten, wenn es regnete. Ihn störte seine Armut nicht. Ihm war es auch egal, dass man ihn nicht in das feine Esslokal einließ, in das ich ihn geladen hatte. Er war stolz. Manchmal war er überschwänglich, jeden anderen hätte ich ausgelacht, an ihm fand ich es schön. Kurz, ich liebte ihn. Es war Aribert Wäscher.

Zuerst sträubte ich mich gegen diese Liebe. Ich wollte nicht lieben, ich wollte tanzen. Es ging nicht, ich war zu schwach. Meine Tänze fingen an abzubröckeln. Irgendetwas Neues muss ich mit meinen Tänzen tun, damit sie einen ebenso großen Reiz für mich haben wie die neue Liebe. Bis dahin waren meine Tänze verstummte Schreie gewesen. Ich suchte. Das Neue, das ich fand, war die Synthese von Tanz, Mimik, Laut und Sprache. Alles zusammen schleuderte ich in einem Schwung aus meinem Zentrum. Auch das hat viele Tänzer falsch angeregt. Sie rezitierten und tanzten. Aber ich wollte ja gerade die Einheit und nicht die Zweiheit.

Am Strand von Kampen lallte ich ein *Baby.* Kleine Kinder hörten andächtig zu, also war es gut. Aus ein paar dumpfen, gewaltigen Grabestönen machte ich *Antike Tragödie.* Im Japanischen Theater umwirbt der Schauspieler die Schauspielerin. Er steigert sich in Verzweiflung, die Angebetete wird immer kühler. Er macht Harakiri. Als Mann hocke ich breitbeinig, röhre im Bass, als Frau bin ich aufrecht, wehre süß zwitschernd ab, einen Fächer schwingend. Die Töne klingen japanisch. Im *Kummerlied* stöhne ich, weine, schluchze, Kraft und Töne an-, auf- und absteigend.

Ich erfand eine Figur, *Gruß aus dem Mumienkeller:*

Was nicht geht, das geht nicht mehr,
mir ist so sonderbar zumut.
Wenn das wirklich alles war,
dann ist das Leben nicht sehr gut.
Seht, mein Fleisch verfaulet schon,
viel zu vieler Liebe Lohn.
Früh zu Ende ist der Spaß,
früh sind wir der Würmer Fraß.

Dann raffe ich die giftgrüne Schleppe, schluchze ein paar Takte aus der *Schönen blauen Donau* und verschwinde.

Zu Hause hatte ich ein altes Spinett. Die Tasten waren locker. Ab und zu trieb es mich, aus dem Instrument sanfte Töne herauszulocken, so sanft, dass ich kaum wagte, die Tasten zu drücken, doch ab und zu tobte ich gewaltig, bis Tasten und Holz zersplitterten. Daraus entstand: *Opus I, Komposition auf ausgeleiertem Klavier.*

Die Zeitungen schrieben, ich sei prickelnd wie Champagner, steige zu Kopf wie schwerer Wein, ich sei frisch wie der Wald, giftig wie ein Fliegenpilz, ich erinnere sie an Barlach, Rodin, George Grosz, Hans Baldung Grien, Toulouse-Lautrec, Félicien Rops, Thackeray, Balzac, Goya. Sie fanden mich bizarr, grotesk, tragisch, komisch, lasterhaft, klassisch, gotisch, barock, expressionistisch, surrealistisch. Manche schrieben: Es gibt nur drei Tänzerinnen: Anna Pawlowa, Karsavina, Valeska Gert.

Ich hatte eine Gemeinde, die sagte: Es gibt nur eine Tänzerin, und das ist die Valeska. Und manche sagten, ich sei überhaupt keine Tänzerin.

Brecht wollte einen Film zusammen mit mir schreiben: *Ein hässliches Mädchen.* Wir setzten uns an den Tisch in seinem Atelier. Ich wartete, dass ihm etwas einfällt, er wartete, dass mir etwas einfällt. Uns beiden fiel nichts ein, so ließen wir es sein. Ich fragte ihn: »Was ist das, eppisches (so sprach er es aus) Theater?« – »Das, was Sie machen«, antwortete er.

Ich bekam meine erste Filmrolle, den Puck im *Sommernachtstraum.* Der Regisseur, Hans Neumann, betrachtete mich in seinem Büro durch einen blauen Glasscherben, wie ein Insekt, und engagierte mich. Schon aber ging der Krach los. Ich sollte mir meine Haare kurz schneiden lassen, brauchte sie aber für meine *Canaille* lang. Ich schnitt sie nicht ab. Er war wütend und verpasste mir eine doofe Perücke. Ihm gefiel sie genauso wenig wie mir. Er tobte wie ein Wilder, beschimpfte mich, ließ an mir seinen Sadismus aus. »Natürlich, Sie sind immer müde, das ist ja klar, Sie gehen jede Nacht mit einem anderen ins Bett.« Mit keinem ging ich ins Bett, und müde war ich, weil ich aus Angst vor den Filmaufnahmen nicht schlafen konnte. Nie wieder wollte ich filmen.

Aber dann filmte mich die Fotografin Suse Byk, die später in New York an Krebs starb; sie filmte so leicht und so elegant, dass ich jede Angst verlor und eine Riesenfreude an dieser Arbeit bekam. Und als Pabst mich für die Frau Greifer in der *Freudlosen Gasse* engagierte, wurde zur Lust, was mich vorher so beängstigt hatte, das »Festgehaltenwerden von der Kamera«. Wie befriedigend ist es, eine Tasse zu reichen, nur weil es fixiert wird. Die Szenen wechselten schnell, man wusste nie, was rankommt, durch meine Tanzabende war ich schnellen Wechsel gewöhnt. Und die Kamera war ein Millionenpublikum. Toll!

Greta Garbo war damals noch nicht so schön wie später in Hollywood, nur ihre schönen Augen hatte sie schon, das andere wurde erst in Hollywood gestaltet, repariert, die dünnen Lippen, der flache Hinterkopf.

Sie war eine noble Kollegin, die nie ohne Filzlatschen durchs Atelier ging.

Renoir engagierte mich für die Zoë in *Nana:* Zoë war die Kammerfrau von Nana, die von Renoirs Frau, Catherine Hessling, gespielt wurde. Catherine war eine echte, schicke, kapriziöse Pariserin, schminkte sich übertrieben, wie es damals nur Gloria Swanson tat. Werner Krauß spielte die männliche Hauptrolle. Er küsste gut, privat.

In London machte ich mit Catherine einen Reklamefilm für die Britische Post. G. P. O. Regisseur war Cavalcanti, Catherine war Pett, ich Pott. Der Film sollte komisch sein, er war es nicht, wir waren beide fade.

Unter der Regie von Carl Junghans drehte ich in Prag die Kellnerin in *So ist das Leben.* Meine Gegenspielerin, die Waschfrau, war Olga Preobraschenskaja, die Mutter in einem der berühmtesten Filme von Pudowkin. Ich war die Mrs. Peachum in der verfilmten *Dreigroschenoper.* Bert Brecht schrieb den Text für ein Chorspiel, das Hindemith komponierte. Brecht ließ meinen *Tod* von Carl Koch, dem Mann der Lotte Reiniger, filmen. Meine sterbenden Gesichter wurden in Riesengröße auf die Wände des Konzertsaals in Baden-Baden projiziert. Erst im *Berliner Tageblatt* las ich, dass ich wieder der Anlass zu einem Theaterskandal gewesen war. Man war empört über die riesengroßen sterbenden Gesichter.

Ich suchte nach neuen Ausdrucksformen, wollte auf eine neue Art Theater spielen. Man spricht jetzt so viel von den »Goldenen zwanziger Jahren«. Warum waren sie golden? Weil die damals noch springlebendige russische Revolution zu uns herüberwehte, allen Künstlern Elan gab und die Theater verführte, sich zu erneuern.

Salome wollte ich spielen. Ich strich den Text von Oscar Wilde bis auf einen Extrakt zusammen. Das Stück fängt mit den Worten an: »Wie schön ist heute die Prinzessin Salome!« Dann musste ich die wirklichkeitsfremde Sprache der Schauspieler, die mich immer melancholisch machte, vernichten. Ich wollte blutiges Leben, tausend Farben und Spontaneität. Alexander Granach und Helene Weigel machten mit. Fein! Aber sowie sie merkten, dass ich den alten Stil revolutionierte, zogen sie ab. Wozu den sicheren Namen riskieren? Dass es herrlich ist, ständig seinen Kredit zu zerstören, um gezwungen zu sein, immer wieder von neuem anzufangen, davon wussten die guten Schauspieler nichts. Und erst Jahre später, als die Neue Sachlichkeit modern wurde, da waren sie mit dabei. Aber Sachlichkeit ist genauso kitschig wie der Schwulst, wenn dahinter nicht eine tiefe Kraft steht, die Sinn und Farbe gibt.

Ich ließ Herbert Grünbaum, einen begabten Anfänger, den jungen Syrer spielen, Kurt Bernhardt den Herodes, Rose Niehoff die Herodias, Alexander Kardan den Jochanaan. Herodes sprach auf den Proben wie in Hypnose, am Abend kippte er vor Lampenfieber in das alte Pathos um, das ich ja gerade vermeiden wollte. Niehoff und Grünbaum waren gut, aber Kardan als

Jochanaan weich, nicht hart und fanatisch. Den abgeschlagenen Kopf brachte ein in ein schwarzes Hemd gekleidetes Mädchen. Sie tat nur so, als ob sie den Kopf trägt, trotzdem lachte niemand, denn sie war suggestiv. Wir hatten keine Kulissen, als Hintergrund einen schwarzen Vorhang, als Möbel zwei schwarze Polster. Wir klemmten uns in enge Hemden, ich in ein knallrotes, Herodes war knallblau, Herodias giftgrün, der junge Syrer war in einen orangefarbenen Pyjama und der lange dürre Jochanaan in einen grauen Sack eingenäht. Unsere Haare waren schwarz, glatt und kurz, die Gesichter grellweiß geschminkt, alle sollten gleich aussehen, nur das Spiel Alter und Ausdruck in die Gesichter malen. Die Bewegungen der jungen Schauspieler gefielen mir nicht. Ich zwang sie, unbewegt zu bleiben; die Bewegungen, die trotzdem durchkamen, waren nun wahrhaftig und eine neue Art von Tanz. Als ich mich auf dem schwarzen Polster vor Schmerz krümmte, sah ich wie eine rote Halbkugel aus, sagte man, also abstrakt. Ich tanzte ohne Musik, nach dem rhythmischen brünstigen Geheul von Mädchen, die hinter dem Vorhang standen. Walter Ruttmann miaute auf dem Cello. Sein abstrakter Film, der erste abstrakte Film überhaupt, lief vor dem Stück. Er riss, das Publikum lachte. Noch ein zweites Mal riss er, und das Publikum, das mit den tanzenden Kugeln, Kreisen und Strichen nichts anzufangen wusste, johlte.

Während der *Salome*-Vorstellung blieben alle ruhig. Man war fasziniert. Vasari sagte: »Hier fängt das moderne Theater an.« Aber die Zeitungen! – Sie verrissen uns. Eine schrieb: Es sei »zu viel vom Strich drin, Salome eine geile Katze vom Kurfürstendamm, Herodias eine Büfettmamsell, Jochanaan ein Oberlehrer«. Alles war so rausgekommen, wie ich wollte, trotz aller Schwierigkeiten, nur befanden sich die Kritiker in trauriger Ahnungslosigkeit über die Marschroute des modernen Theaters. Viel schlimmer war, dass die Schauspieler nicht mehr mitmachen wollten, und neue bekam ich wegen der miserablen Kritiken auch nicht.

Alles, was mich an Museum erinnert, macht mich traurig, auch ernste, sogenannte klassische Musik. Ich möchte Musik, die aus der Wirklichkeit kommt: ein ländliches Lied aus Wiehern von Pferden, Miauen von Katzen, gurrenden Tauben, zwitschernden Lerchen, Säuseln des Windes, sanft plätschernde Wellen, die an den Strand anschlagen. Oder einen städtischen Marsch: Surren von Flugzeugen, Radrennen, keifende Frauen, stampfende Maschinen. Das dürfen keine nachgemachten Geräusche sein, sie müssen nach der Natur aufgenommen und dann geschnitten werden.

Die Dadaisten gaben eine Matinee in Berlin. Der Höhepunkt des Programms war ein Wettrennen zwischen einer Nähmaschine und einer Schreibmaschine. An der Schreibmaschine saß George Grosz. Kaum im Saal entdeckt, schleifte man mich auch schon auf die kleine Bühne, und ich tanzte zu den Geräuschen der beiden Geräte, eine Tüte aus Zeitungspapier mit zwei Pfund Spargel im Arm. Ich hatte ihn gerade auf dem Wochenmarkt gekauft. Also, es gab schon damals Happenings.

Theodor Tagger (Ferdinand Bruckner) führte im Renaissance-Theater eine kleine Revue von Friedrich Hollaender auf. Weil Aribert Wäscher spielte, wollte ich auch ein bisschen mitmachen. Die Gage war sieben Mark fünfzig pro Tag. Damals bekam ich schon fünfzehnhundert bis zweitausend Mark für einen Abend, ich war mittlerweile ein Star geworden, aber eben Aribert! Und Tagger war nett. Er gehörte nicht zu den Direktoren, die sich von einem Panzerkreuzer und einer Garde von zwanzig Mann begleiten lassen, er war ein einfacher Mann, seine Frau saß an der Kasse. Ich wollte Liebesworte gestalten. Es genierte mich, darum sagte ich die Worte auf französisch. Daraus entstand meine *Tragédienne française.* Worte erfinde ich genauso wie Tänze und Pantomimen. Ich bin in Spannung, bewege mich oder spreche irgendwelche Worte. Befreien sie mich von der Spannung, sind sie gut, dann verharre ich so lange in der Spannung, bis sich eine

Form gebildet hat. Ich kann diese Spannung erzeugen, wann ich will. Manchmal geht es schnell, manchmal brauche ich Jahre, sie zu gestalten. Ihr wahres Gesicht bekommen die Gestalten erst auf der Bühne durch den Kontakt mit dem Publikum, da erst kriegt das Gerippe Fleisch um die Knochen. War ich in diesem Zustand der Selbsthypnose, konnte ich mit meinem Körper machen, was ich wollte, die tollsten Schritte, die ungewöhnlichsten Bewegungen, denn mein Körper ist von Natur weich und geschmeidig und macht, was ich will. Da konnte ich tanzen, als ob ich zehn Jahre Ballettunterricht gehabt hätte, war aber der Trancezustand nicht stark genug, blieben die Tänze matt. Ich tanzte immer mit geschlossenen Augen. Das machte mich den Spießern verdächtig. »Sie ist bestimmt rauschgiftsüchtig«, sagten sie. Ach, wie irrten sie. Mein Rausch kommt aus Kraft, Gesundheit und großer Lebenslust. Ich trinke und rauche ja nicht mal. Ich dichtete:

Für ewig möcht ich mit dir begraben sein,
Kopf an Kopf und Knochenbein an Knochenbein.
Das Sterben selbst tät mich nicht graulen,
könnt ich mit dir zusammen faulen.

Nach vierzehn Tagen Hollaender-Revue sprang ich ab. Hollaender verzieh es mir nie. Tagger engagierte Rosa Valetti für mich, und ich wage es kaum zu sagen – sie zog nicht so wie ich, die Revue musste abgesetzt werden.

Tagger wurde mit einer neuen satirischen Revue ans Theater am Kurfürstendamm engagiert. Ich sollte als erster »Star« bei ihm auftreten, vor Margo Lion. Das hat mir Wäscher ausgeredet. Bei Karl Heinz Martin sollte ich das Dortchen Lakenreißer spielen, das hat mir auch Wäscher ausgeredet. »Du verträgst dich ja mit niemandem und läufst gleich weg.« Aber vielleicht hatte er auch Angst, dass ich in sein Gehege komme, denn er führte ein zweites Leben mit Weibern, Trinken und Skatspielen. Mit mir aß er bei Horcher, Borchardt, Peltzer, wir gingen ins Kino, dann lieferte er mich zu Hause ab.

Was mir Wäscher nicht ausgeredet hat, redete mir Helmuth, mein Mann, aus. Sollte ich eine Tournee durch die USA machen, sagte er: »Viel zu anstrengend für dich.« Brachte mir der Agent Hirsch eine Tournee durch den Orient, sagte er: »Zu heiß!« Sollte ich in Italien auftreten, war es auch wieder zu heiß. Sie machten eine Gefangene aus mir, so eine Art Kaspar Hauser. Beiden war es lieber, wenn ich als einsamer Stern durch die Konzertsäle Europas zog. Auch die Leute, die mich anhimmelten, gefielen beiden nicht, sie verekelten sie mir, und so blieb ich vollkommen allein. Vielleicht aber hatte Wäscher auch Angst vor Zusammenstößen. Ich habe mich ja mit allen Leuten sofort regulär geschlagen. Ein anderes Gesprächsthema als Kunst interessierte mich nicht. Konnte ich die anderen nicht von meinen Ideen überzeugen, bin ich über den Tisch gesprungen und habe geschlagen, den Distler zum Beispiel, der in Dresden eine Zeitschrift herausgab. Der spätere Kultusminister der DDR war mir zu doktrinär, wollte nicht einsehen, dass ich recht hatte, wupp, da bin ich auf ihn raufgehüpft – er lag am Strand in Kampen – und habe ihm eine geklebt. Auch auf Edith, der Frau von Siegfried Jacobsohn, dem Herausgeber der *Weltbühne,* war ich schnell drauf und würgte sie, weil sie mir nicht glauben wollte. Ich war wirklich rechthaberisch, und vielleicht nahm mich Wäscher deswegen nicht mit, wenn er mit anderen ausging. Und ich konnte es nicht lassen, es war meine Methode. Vielleicht war etwas viel Tieferes der Grund meiner Krachs? Vielleicht zwang mich etwas tief in mir, allein zu sein.

Meckel, der beste Tanzmanager von Paris, managte auch mich. Den habe ich aus dem fahrenden Auto rausgeschmissen, ich habe nicht so leicht einen anderen Manager bekommen, sie hatten Angst vor mir.

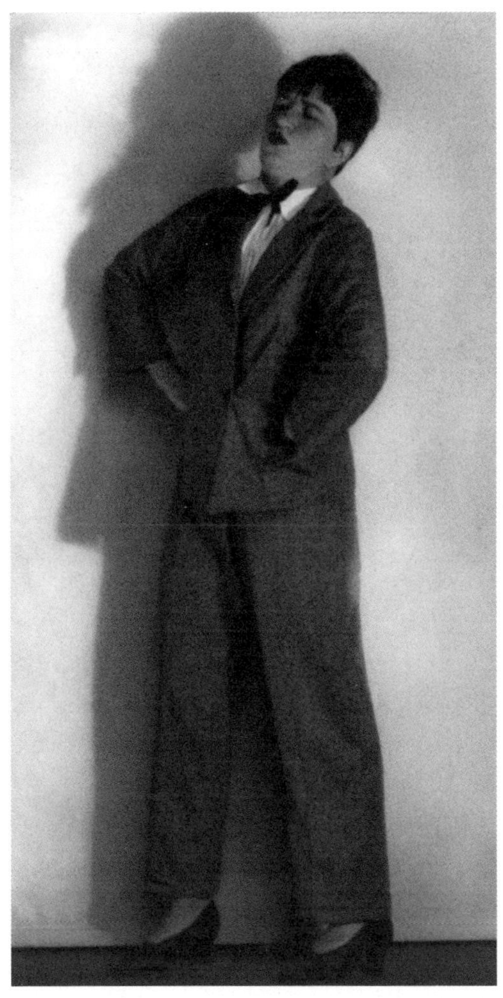

Versammlung, 1931

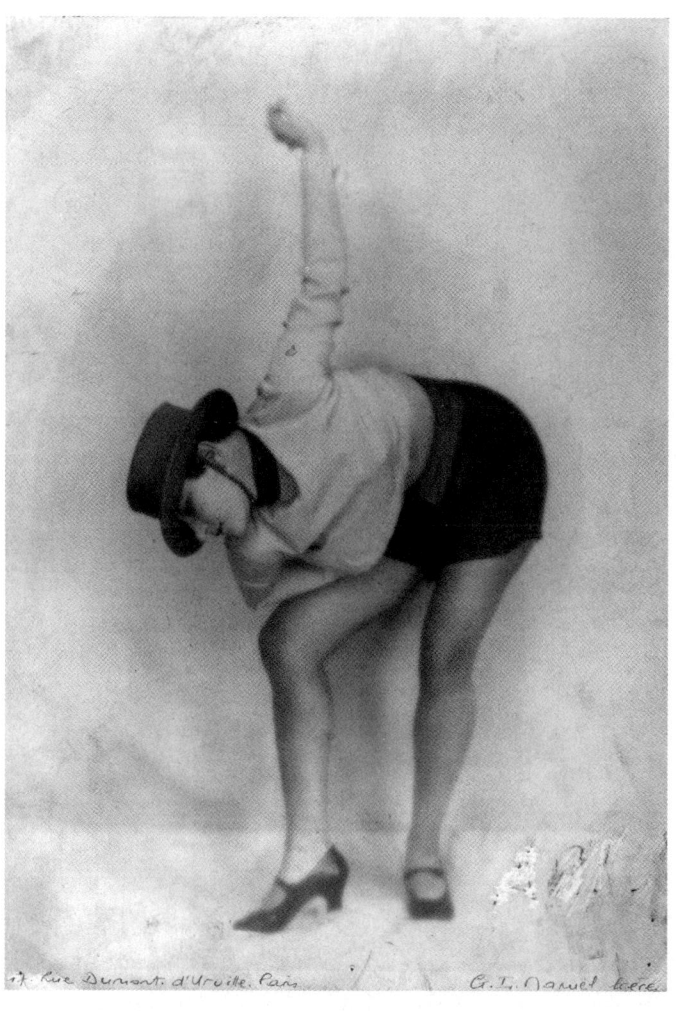

Spanischer Tanz, ca. 1926

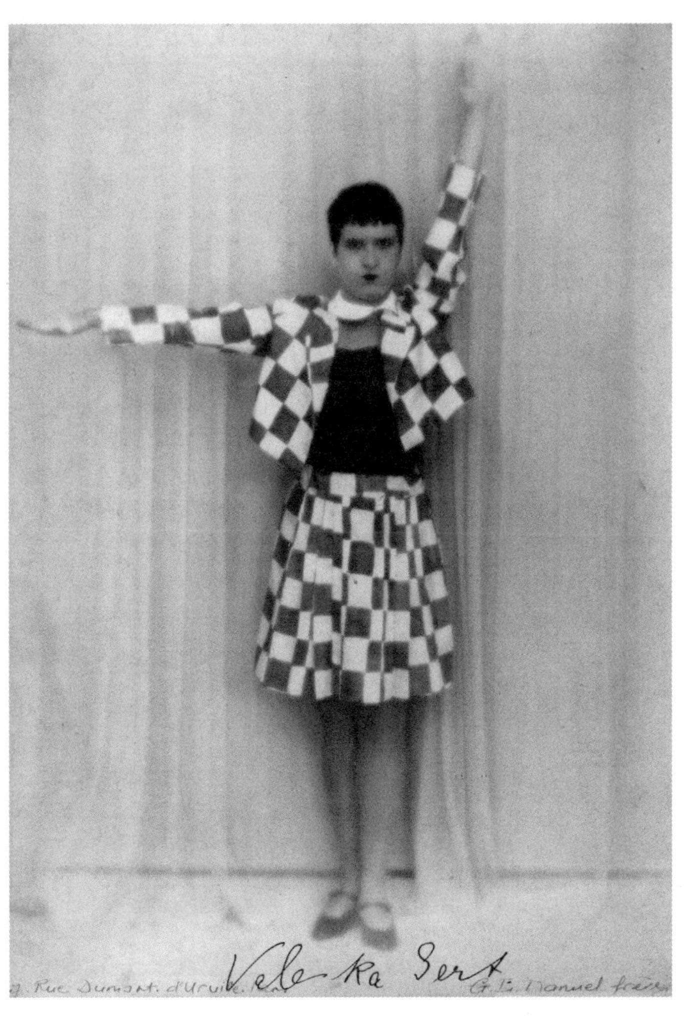

Verkehr, ca. 1926

Bureau International de Concerts C. KIESGEN, 252, Faubourg Saint-Honoré
par entente avec M. de VALMALÈTE, Représentant de Mme VALESKA GERT

COMÉDIE DES CHAMPS-ELYSEES, 15, Avenue Montaigne

Samedi 22 Mars 1930 à 16 heures

(Ouverture des portes à 15 h. 30)

VALESKA GERT

dans ses "GROTESQUES"

PROGRAMME

Matche de boxe
Au Printemps
Gavotte
La Mort
Clown

ENTR'ACTE

Chansonnette
Menuet
Canaille
La Cantatrice
La célèbre pianiste
España

Au Piano Pleyel : Maria KALAMKAROFF

PRIX DES PLACES : Orchestre, 50 et 40 fr.; Baignoires et Loges, 30 fr. la place ; Premier Balcon, 40 et 25 fr.; Deuxième Balcon, 20 et 10 fr. (droits compris).

BILLETS : à la Comédie des Champs-Elysées, 15, Avenue Montaigne et Durand, 4, place de la Madeleine.

Programmzettel aus Paris, 1930

Über die Grenzen

Meckel hatte mir einen Tanzabend in den Comédie des Champs Elysées arrangiert. Da gab es einen schönen Skandal um meine Tänze. Ich konnte das Orchester nicht mehr hören. So laut riefen sie: »Elle est épatante! Formidable!« und »À la porte la vache allemande!« und »La Gueule!« Es war damals ganz neu und schockierend, was ich tanzte. Jetzt machen die anderen das auf brav und populär. Auch die Surrealisten stritten sich um mich. Yvan Goll schrie: »Das ist der wahre Surrealismus!« André Breton rief: »Nein, kein Surrealismus!« Das Publikum brüllte in Sprechchören für und gegen mich. Ich ging an die Rampe und schrie: »Vous êtes des idiots!« Jetzt fingen sie an, das Theater zu zertrümmern, und Direktor Jouvet verlangte, dass ich aufhöre. Ich wollte aber nicht. Er holte die Polizei, die verhaftete einige Krachmacher, und schnell wurde es ruhig. Aber ich war doch recht erschöpft nach der Schlacht.

Eine Menschenmenge stürzte in meine Garderobe. Eine Gruppe Fliegeroffiziere versprach, beim nächsten Mal in der Loge links von der Bühne zu sitzen und zu applaudieren. Yvan Goll zeigte auf eine blutende Wunde in seinem Gesicht und sagte: »Das habe ich für Sie bekommen.«

Elisabeth Castonier schrieb für eine Wiener Zeitung, ich sei Großmutter, Rotkäppchen und Wolf in einer Person. Marietta aus Schwabing betrachtete mich amüsiert, ein kleines Hündchen im Arm. Eine englische Tänzerin nahm sich das Leben, weil ich nichts von ihr wissen wollte. Journalisten aus aller Welt drängten sich um mich, ich hätte den Abend sofort wiederholen müssen, aber Jouvet gab mir sein Theater nicht mehr, und ein anderes war nicht frei. Als ich zwei Jahre später im Théâtre Femina und im Salle d'Iéna auftrat, gab es keinen Skandal mehr, ich war inzwischen anerkannt, hatte mich durchgesetzt. Im Hotel Bagdad tanzte ich für die angloamerikanische Presse neben großen französischen Stars. Cécile Sorel war auch darunter. Sefton Delmer vom *Daily Express* sagte: »Die Deutsche ist die Beste.«

Als ich ihn Jahre später in meiner Berliner »Hexenküche« daran erinnerte, sagte er: »Sie sind noch immer die Beste. Nur in Afrika habe ich eine Tänzerin gesehen, die toll war.«

Eine Pariser Zeitung, ich glaube es war *Paris-Midi,* veranstaltete eine Modenschau im Hotel Georges V. Ich machte die *Tragédienne française* und war stolz, dass die Pariser eine Karikatur auf eine Französin akzeptierten. Meine Bekannte, die mich anzog, schraubte die Glühbirnen aus dem sehr eleganten Zimmer, in das man mich einquartiert hatte, und nahm sie mit. Sie ist jetzt Bilderhändlerin in Paris und wohnt in der schicken Straße Îsle St-Louis.

Der russische Filmregisseur Pudowkin sah mich tanzen, fand mich ungeheuer dynamisch und revolutionär und brachte mich mit dem Kultusminister Lunatscharski zusammen, der gerade in Berlin war. Er engagierte mich, »um die russische Tanzkunst anzuregen«, denn sonderbar, man tanzte in Russland noch immer nur das alte aristokratische Ballett. Lunatscharski versprach, einen Vertrag zu schicken. Eisler, der Pianist, kam aus Moskau: »Eisenstein interessiert sich für Sie, er möchte Fred Hildenbrandts Buch über Sie haben.« Ich gab es ihm, und bald kam ein Brief von Eisenstein, der mich erstaunte. Ich hatte seinen revolutionären Film *Potemkin,* der so aufregend war, dass man kaum auf dem Sitz bleiben konnte, gesehen, dazu der doppelt harte Name: »Eisen« und »Stein«, und da kam ein Brief, wie von einem Rokokomenschen geschrieben, zart, charmant, elegant. Er wollte wissen, ob ich nach Moskau kommen werde. »Ja, ich warte auf den Vertrag.« Bald kam er, sicher hatte Eisenstein etwas dazu getan.

Ich fuhr mit meiner Pianistin nach Russland. Die Eisenbahnwagen gefielen mir, sie waren breiter, molliger und luxuriöser als die europäischen. Ein Schaffner brachte unaufgefordert Tee. Ein Mann aus dem Nebencoupé, der einzige Mitfahrer, fragte, ob ich Halma mit ihm spielen wolle. Er hieß Kohorn, fuhr nach Russland, um Kunstseidenfabriken einzurichten. An der russischen Grenze standen Soldaten mit Gewehren. Ich merkte, dass sie auf uns vorbereitet waren. Ein Dolmetscher stieg zu uns ins Coupé, blieb bis Moskau, wo er von einer Dolmetscherin abgelöst wurde. Wir wurden mit »großem Bahnhof« empfangen. Fotografen, Filmoperateure und Angestellte der VOKS, die die Abende arrangierte, standen da. Sie brachten uns ins Metropolhotel. Das Appartement war voll alter Pracht, nicht alles in Ordnung, manches kaputt, aber so muss es sein, wenn ich mich wirklich wohlfühlen soll. Kamen wir in Deutschland an einer Hundehütte vorbei, sagte Wäscher: »Hier ist ein Haus für dich.«

Kirgisen, Mongolen, Chinesen, europäische Journalisten und Delegierte aller Völker der Sowjetunion schwirrten durch die Gänge des Hotels, es war ein Betrieb wie auf einem großen Bahnhof. Zum Frühstück bekamen wir Kaviar und ungesalzenen Stör, eine große Delikatesse, die ich in Berlin nur bei Schlichter in der Motzstraße gegessen hatte.

Am nächsten Tag war Probe im Stanislawski-Theater. Als ich fertig war, fragte mich ein Chauffeur: »Darf ich Sie zu Herrn Eisenstein fahren? Er möchte Ihnen seinen neuen Film zeigen.« Im Studio empfing mich Eisenstein mit Tee und Kuchen. Er war klein, etwas dicklich, sein Gesicht faszinierend. Wir hatten uns auf Anhieb gern, es war fast sofort Liebe. Zur Probe war er im Theater gewesen, erzählte er lächelnd, um festzustellen, ob ich so bin, wie er es sich gedacht hatte. *Die Generallinie* führte er mir vor. So gut wie *Potemkin* fand ich sie nicht. Als mir Eisenstein sagte, dass er nach Hollywood fahren werde, bat ich: »Zurückkommen, nicht dort bleiben, bitte!«

Am nächsten Tag war mein erster Tanzabend im Stanislawski-Theater. Zuerst blieb das Publikum kühl, dann tobte es so begeistert, dass ich jeden Tanz dreimal wiederholen musste. Ivy Litwinow, Frau des Ministers, schrieb eine Kritik: »Was hat das kritischste Tanzpublikum der Welt in Raserei gebracht? Es ist die Mischung aus echter Klassik und extravagantester Moderne.«

Meyerhold fand, ich sei »die biogenetische Tänzerin«. Ivy lud mich ein. Ich war zu elegant angezogen, es gehörte zum guten Ton, sich in dunkle Wolle zu kleiden, selbst wenn man sich etwas anderes leisten konnte.

»Die modernen Tänzer Moskaus wollen einen Abend für Sie geben«, sagte Ivy.

Ich ging mit ihr und der Kamenewa ins Theater, sie nahmen mich in die Mitte, und ohne dass ich etwas gesagt hatte, flüsterte mir Ivy ins Ohr: »Ich weiß, was Sie denken, Sie haben recht.« Die Tänzerinnen waren ungefähr da, wo ich vor zwölf Jahren angefangen hatte.

Ich gab viele Abende, viel mehr, als geplant waren, auch die Gosbank und andere Organisationen wollten mich engagieren. Aber Erfolge auszunutzen, habe ich nie verstanden. Es liegt nicht in meiner Natur. Ich bin eine Anregerin, ein Pionier, aber keine Ausnutzerin, das überlasse ich den Epigonen. Lange bleibe ich nirgends gern, ich wollte abfahren. Sowie ich mit meiner Pianistin über die Straße ging, wurden wir angebettelt. Alle Frauen trugen Kopftücher. An unseren Hüten, Mänteln und rotgeschminkten Lippen erkannten sie uns als Fremde. Sie baten um Lippenstifte, Schlüpfer, manchmal auch nur um ein paar Kopeken wie die alten Frauen, die uns auf französisch ansprachen und erzählten, dass sie früher jeden Mai in Baden-Baden gewesen waren. Eine alte Frau mit grünlicher Gesichtsfarbe hatte einen großen Hut mit schwarzen Vogelflügeln auf dem Kopf. Sie ging wie ein Gespenst über die Straße.

Wir sahen Lenins Mumie. Das Gesicht war schon ganz klein geschrumpft, ein Auge schräger als das andere. Er glich einer

Wachspuppe. Den toten Piłsudski sah ich später, als ich in Krakau tanzte, im Sarg mit rosa geschminktem Gesicht.

Pfleiderer, Attaché in der deutschen Botschaft, führte mich aus. Als ich ihn auf einem Tanztee nach einer üppigen Blondine im Hermelinpelz fragte, sagte er: »Sie ist die Frau eines Exporteurs, die haben Vorrechte. Die Männer, die hier tanzen, sind Ausländer, Journalisten, Diplomaten, Spione, Geheimpolizei, die Frauen Russinnen.«

Frau Hilger, Legationsrätin, führte mich in einen Keller, in dem mir ein Verkäufer unerhört kostbare Pelze anbot. Ein Nerz war so groß, dass ich mir daraus vier Pelze machen lassen konnte, die Felle waren viel edler als die in Deutschland. Und einen Zobel zeigte er mir! Ach! Verarmte Aristokraten hatten die Pelze verkauft. Ich möchte sie haben, nicht nur, weil sie edel und kostbar sind, sondern auch, weil ich nicht die ganze Gage in Dollars erhielt. Die Rubel musste ich in Russland ausgeben. Aber ich bekam die Pelze nie. Der Händler wollte sie in mein Hotel bringen, weil ich nicht genug Geld bei mir hatte. Er erschien nicht, und erst später wurde mir klar, dass er nicht wagte, ins Hotel zu kommen, weil die Pelze vermutlich »schwarz« waren.

Immer, wenn ich auf Tourneen in fremde Städte kam, war die erste Frage des Konzertagenten: »Soll ich Sie ins Museum führen?«

Ich sagte immer: »Nein.«

»Die anderen Tänzerinnen wollen alle sofort ins Museum gehen«, antwortete der Agent.

In Moskau fragte die VOKS dasselbe.

»Nein, ich will nicht ins Museum.«

»Was wollen Sie sehen? Soziale Einrichtungen?«

»Nein.«

»Das Frauengefängnis?«

»Ja!«, rief ich begeistert.

Darum hielt man mich für dumm und ungebildet, denn als

mich der asketisch aussehende Schriftsteller Tretjakow in Berlin zum Tee besuchte, sagte er erstaunt: »Sie sind ja gar nicht dumm. Im Gegenteil, Sie sind klug. In Moskau hieß es von Ihnen: ›Sie ist so eine richtig dumme Tänzerin.‹«

Also, man führte mich ins Frauengefängnis. Frauen mit grauen Gesichtern hockten in blaugrauen Sackkleidern in einem großen Saal auf ihren Betten. In einem anderen, kleineren Zimmer sangen Frauen, ein Mann dirigierte. Ich wurde mit Sträflingen fotografiert. Eine hatte kleinen Kindern in Hausfluren die Kleider ausgezogen und verkauft, eine andere war Mörderin. Ich kann nicht sagen, dass die Frauen mir unsympathisch waren, im Gegenteil, sie waren mir sympathischer als selbstzufriedene Bürgerinnen. Und als man mir das Gästebuch vorlegte, schrieb ich mit rotem Stift: »Ich habe wieder gesehen, wie wenig mich von Verbrecherinnen trennt.« Man nahm das Buch und reagierte nicht.

Meine Pianistin spielte für die Gefangenen *Ich küsse Ihre Hand, Madame*. Und ich sollte am nächsten Vormittag in einem großen Saal tanzen, aber er stand voll Nähmaschinen, und aus der Matinee wurde nichts. Glücklicherweise, denn bei Tageslicht tanze ich nicht gern.

Wir bekamen eine neue Dolmetscherin. War die ungeschickt! Gleich fragte sie, ob ich ihr für den nächsten Abend zwei Freibilletts verschaffen könne, und dann schimpfte sie auf die Regierung und lobte Trotzki. Ich sagte: »Lassen Sie sich die Billetts von der Stelle geben, die Sie zu mir geschickt hat, und über Politik will ich mich nicht unterhalten, weil ich nichts davon verstehe.« Darauf wurde mir eine neue Spionin, Verzeihung, Dolmetscherin, geschickt. Sie fuhr mit uns nach Leningrad. Die riesengroße Philharmonie war schon eine Stunde vor Anfang überfüllt. Die Leute hingen in Trauben aus den Logen. Mein Auftreten war sensationell, denn nach Isadora Duncan war ich die erste ausländische Tänzerin.

In Moskau hatte man ein paar Tage vor dem Auftreten einen Vortrag mit Lichtbildern über meine Tänze gehalten. In Leningrad erklärte ein Professor, was ich tanzen werde. Er war ein Sprachgenie wie viele Russen, beherrschte zwanzig Sprachen. Aber der Vortrag! – Hörte er denn gar nicht auf? Er redete und redete, ich wurde ungeduldig, das Warten vor einem Tanzabend ist sowieso schlimm genug, das Lampenfieber wird unerträglich. Auch das Publikum konnte es nicht länger aushalten, es schrie: »Aufhören! Schluss!« Das fing ja schön an. Wie sollte ich mit dieser tobenden Menge fertigwerden? Der Saal war so groß. Kann ich mich bis zur hintersten Reihe übertragen? Ich konnte. Sie wurden zuerst ruhig, dann fasziniert, ich machte mit ihnen, was ich wollte. Selbst der *Tod* strahlte bis zur hintersten Reihe aus. Am Schluss standen sie von ihren Sitzen auf, kamen ans Podium und riefen mir die Namen der Tänze zu, die ich wiederholen sollte. *Boxkampf!* Boxen! schrien sie. Auch in Leningrad musste ich mehr Abende geben als geplant war. Nun kam die Oper in Kiew an die Reihe. Ich hatte vor der weiten Reise Angst: Vielleicht kann ich vor Übermüdung nicht tanzen. Aber man beruhigte mich, gab uns Körbe mit delikatem Essen mit, weil im Zug kein Speisewagen war, und ließ uns los. Die Reise dauerte lange, viel länger, als man gesagt hatte. Die Passagiere hatten es sich bequem gemacht, Jacken ausgezogen, kochten Tee und aßen den Proviant. In Kiew gingen wir ins Hotel, wuschen uns und fuhren gleich in die Oper. Ich war so müde und zerschlagen, dass ich den Abend versaute.

Auch in Kiew hatte ich ein Riesenappartement, kaputt natürlich, zuerst war nicht einmal ein Bett drin, die Türschlösser funktionierten nicht. Am nächsten Morgen wachte ich von Stimmen auf. Fünfzehn junge Leute standen an meinem Bett und wollten wissen, was ich mit *Jugend im Mai* gemeint habe. »Ich muss sie sehr schlecht gemacht haben«, antwortete ich, »sonst hätten Sie auch ohne Erklärung verstanden.«

Kaum hatten sie mich verlassen, stand ein kleiner Mann vor mir, über seinem Arm hingen Pelze. Diesmal werde ich sie mir nicht entgehen lassen. So kostbar wie in Moskau waren sie aber nicht. Ich kaufte einen Nutriamantel und einen roten Fuchsmantel für mich, einen Iltispelz als Mantelfutter für Wäscher, meine Pianistin nahm eine Boa.

Zurück nach Moskau. Essenkörbe vergaßen die Arrangeure uns diesmal mitzugeben. Ohne die Mitreisenden hätten wir gehungert. In Moskau holte uns die VOKS vom Bahnhof ab, man war untröstlich, dass wir auf der langen Reise nichts zu essen hatten, und lud uns gleich zu einem fabelhaften Frühstück ein. Überhaupt, so üppiges Essen hatte ich in Russland nicht erwartet. Bei Lilja Brik, der Frau des Textschreibers von Pudowkin, bog sich der Tisch. Nur in Oslo hatte ich so aparte und großzügige Gastfreundschaft erlebt. Da standen auf langen Holztafeln, ohne Tischdecke, riesige geflochtene Holzkörbe mit großen Bergen gebratener Tauben, dazu gab es roten Wein und weißes Brot.

Ich konnte es nicht mehr in Russland aushalten, obwohl jeden Tag neue Angebote kamen und obwohl ich mich inzwischen heftig in Eisenstein verknallt hatte. Aber immer, wenn ich irgendwo bin, denke ich, woanders passiert etwas Neues, Ungeheures, und ich fuhr ab.

In Berlin war es genau umgekehrt, als ich gedacht hatte. Die Konzertdirektion Wolff & Sachs, die mir die meisten Abende vermittelt hatte, sagte: »Es wird immer schwerer, Abende für Sie zu bekommen, Sie gelten als links.«

Hitler war im Anmarsch.

Ich schrieb an Ivy Litwinow, dass ich wieder nach Moskau kommen möchte. Sie riet ab, es sei »doktrinär« geworden, aber: »Ich werde Sie in Berlin besuchen.«

Sie kam mit ihrer Tochter Tanja. Wir fuhren in das ländliche Ostseebad Koserow, wo es nach Lupinen, Gras und Erde roch.

»Sie wollten mich gesund machen, versprachen Sie mir in Moskau.«

Ich konnte sehr oft Menschen gesund machen, weil ich Kraft ausstrahlte. Und wirklich, als Ivy schon wieder in Moskau war, schrieb sie: »Sie haben mich gesund gemacht, ich kann wieder arbeiten und bin Sekretärin meines Mannes geworden.«

Eisenstein kam nach Berlin. Er wollte alle gewöhnlichen und ungewöhnlichen Lokale sehen. Manchmal musste ich draußen warten, weil nur Männer eingelassen wurden, aber er blieb immer nur Minuten drin.

Ich war gelähmt vor Leidenschaft zu ihm und konnte in seiner Gegenwart kaum sprechen. Ihm ging es ebenso. Manchmal lag er in meinem Arm auf der Couch, wir waren stumm und konnten vor Lähmung nichts tun. Mein Mann sagte: Da ist es mir schon lieber, du schläfst mit Wäscher. Eisenstein fuhr mit seinen Mitarbeitern Tisse und Alexandrow nach Paris, ich auch, denn ich sollte einen Abend im Salle d'Iéna geben. Eisenstein schickte mir rote Rosen.

Wir gingen auf den *Magic City*-Ball, wo sich alle Schwulen und Transvestiten von Paris ein Rendezvous gaben. Die gesamte Haute Couture war da, schicker und extravaganter in ihren Abendkleidern als die schickste Frau. Auch die High Society schob sich, maskiert, durch die überfüllten Säle. Dann gingen wir in die Bals musettes, in der Rue de Lappe, da, wo das kleine Volk von Paris verkehrt. Die Männer tanzten in Mänteln, einen Schal lose um den Hals geworfen, Mütze auf dem Kopf. Ich sagte zu meinem Tänzer: »Sehn Sie den kleinen Mann da, meinen Freund, der fährt morgen nach Hollywood.«

»Ah, Cacahuètes (Erdnüsse) verkaufen«, war seine Antwort.

Nachts kam Eisenstein in mein Hotelzimmer, wenn ich schon im Bett lag. Er schnüffelte an meinen Sachen, fasste Strümpfe, Hosen und alles, was da so rumlag, an und stürzte aus dem Zimmer. Vielleicht hatte er erwartet, dass ich ihn vergewaltige, aber ich bin gar nicht auf die Idee gekommen und dachte nur: »Na, tut er nichts?« Weil ich so wenig tat und sagte, habe ich, nachdem er nach Hollywood abgefahren war, das Buch geschrieben: *Mein Weg*. In einem Buch von Marie Seton, das nach seinem Tod herauskam, las ich, ich hätte solch starke Wirkung auf ihn gehabt, dass er paralysiert gewesen sei; aber durch mich sei er dem Leben einen Schritt näher gekommen.

Durch dieses Buch erfuhr ich auch, dass Eisenstein früher bei *Agitprop* gewesen war, und nun erinnerte ich mich: Ganz am Anfang meiner Karriere hatten mich zwei Mädchen aus Moskau besucht und erzählt, meine Tänze hätten sie angeregt, politisches Kabarett zu machen. *Agitprop* hatten sie es genannt.

Ivor Montagu kam aus London, ohne Mantel und Hut, einen Vogelkäfig in der Hand, die Fingernägel schwarz umrandet. Schon damals war es bei besonders fortgeschrittenen Söhnen der High Society schick, schmutzig und verschlampt zu sein. Sie bäumten sich gegen die feine und aseptische Erziehung auf. Montagu fuhr mit Frau und dem Eisenstein-Team nach Hollywood. Ich wollte mit Erna Ruttmann, Walters Frau, nachkommen. Sie hatte in Paris einen Flirt mit Alexandrow angefangen. Als Eisenstein sie aufmerksam anguckte und ich eifersüchtig sagte: »Sie sollen sie nicht ansehen«, lächelte er: »Es ist nur optisch!«

Erna und ich kauften für Hollywood Kleider, lernten reiten und schwimmen, da schrieb Montagus Frau: »Wir fahren nach Mexiko filmen.« Mitten in die Arbeit platzen wollte ich nicht und fuhr nach Berlin zurück. Eisenstein schickte mir ein Buch mit lauter tollen Negertypen, von einem mexikanischen Maler gemalt. Im April 1968 erzählte mir ein russischer Regisseur, dass er nach Eisensteins Tod in dessen Wohnung einen Aufsatz über mich gefunden hat, angefangen, aber nicht beendet.

Kohlkopp

Brecht stellte eine *Rote Revue* mit Helene Weigel, Lotte Lenya, Ernst Busch, Eisler und mir zusammen. Ich parodierte die *Koloratursängerin*, lachte, gluckste, kicherte und schmolz in Tönen und imitierte die konventionellen Bewegungen der Konzertsängerinnen. Als *Märchentante* erzählte ich ein politisches Märchen. Dann folgte mein *Tod.* Mein Erfolg war sensationell, die *Koloratursängerin* musste ich dreimal wiederholen. Das hatte niemand erwartet. Brecht hatte vorher gefragt: »Wie wird wohl ein Arbeiterpublikum auf Ihre exzentrischen und extravaganten Tänze reagieren?«

Aber zum Donnerwetter nochmal, wenn ich mit aller Kraft und allem Elan auftrete, kann ich jeden überzeugen, warum gerade Arbeiter nicht?

Ein junger Mann, der hinter dem Podium geschäftig hin und her lief, fragte mich: »Warum machen Sie kein eigenes Kabarett auf? Ich heiße Silo.«

»Weil ich nichts davon verstehe. Ich bin nur einmal in einem Kabarett, in *Schall und Rauch* bei Reinhardt, aufgetreten.«

»Sie brauchen nichts zu verstehen, nur auftreten, alles andere mache ich.«

Er hatte seelenvolle Augen, arbeitete an der Jungen Volksbühne und flößte mir Vertrauen ein.

»Geld brauchen wir nicht«, sagte er, »so etwas wird heute ohne Geld gemacht. Das Geld kommt durch Verpachten von Garderoben, Toiletten, Zigaretten ein.«

Es war einleuchtend. Schon am nächsten Tag führte er mich in ein großes Bierrestaurant an der Gedächtniskirche.

»In so etwas kann ich nicht auftreten«, sagte ich, »zu groß und zu schlecht geschnitten.«

Dann zeigte er mir das Restaurant Walterspiel in der Fasanenstraße. »Wo soll das Kabarett hin? Das ist ja ein Riesen-Restaurant!«

»Bauen wir! Geld bekommen wir, soviel wir wollen, wenn Wäscher sich verpflichtet, drei Jahre lang Revue- und Kabarettprogramme zu schreiben.«

Als ich Wäscher fragte, schnappte er nach Luft: »Ihr seid wohl verrückt. Ich denke gar nicht daran.«

»Geht nicht«, sagte ich zu Silo, »er will nicht.«

Aber bald hatte Silo schon wieder einen Raum, und der gefiel mir. Er war wundervoll geschnitten, da machte es nichts, dass er zu groß war, es war ein früherer Verkaufsladen für Mercedes-Automobile in der Budapester Straße, gegenüber vom Restaurant Savarin. Die Tür ein Tor, die Längsseiten Glas. »Das viele Glas«, wandte ich ein, »die Straßengeräusche werden uns stören.«

»Wir bespannen die Glaswände mit Wattestoff, dann hört man nichts«, sagte Silo.

»Wie sieht das aus, ringsherum Kilometer von weißer Watte!«

»Wir verkleiden sie mit Stoff.«

»Gut, aber schwarz! Das wird schön teuer werden!«

»Macht nichts«, sagte er.

Ich gab ihm Vollmacht, und er mietete den Raum für drei Monate. Else Ehser, Lily Lohrer, Karl Hannemann, Helmuth Weiss, Jürgen von Alten, Wolfgang Zilzer machten mit. Am Klavier begleiteten uns Günter Neumann und Joseph Kosma. Wäscher und Erich Einegg schrieben die Texte. Ich klebte noch an meiner alten Idee, Extrakte von Klassikern zu spielen. Lily Lohrer war Königin Maria, ich Elisabeth und Helmuth Weiss Lord Leicester. Wir sprachen im Rhythmus von Schiller, aber der Text war modern, ein Streit um unseren Friseur. Lily und ich hatten Trikots an, darüber das Drahtgestell eines weiten langen Rockes, und Weiss trug zu seinem grauen Straßenanzug eine rosa Gazekrause um den Hals. Richtige Dreiminutenzünder waren das; auch Othello präparierten wir so. Während wir probten, saßen die Arbeiter, die Toiletten und Podium bauen sollten, auf dem Fußboden und aßen Schmalzstullen.

»Wird das nicht sehr teuer?«, fragte ich Silo.

»I wo«, antwortete er, »sie arbeiten schwarz und bekommen eine Pauschale.«

Das Podium, ganz in Schwarz, wurde aufgestellt. Hinter dem Podium waren unsere Garderoben: Tisch, Stühle und eine Bretterwand, die Männer- und Frauengarderobe trennte. Eine Vorderwand gab es nicht, jeder, der hinter das Podium kam, konnte sehen, wie wir uns schminkten und anzogen.

Der Boden des Kabaretts war aus Beton. Die Stuhlreihen konnten nicht festgeschraubt werden, man hatte es verboten. Die schwarzen Wände, das schwarze Podium, grüne Glühbirnen, etwas traurig sah die ganze Sache ja aus, wie ein Sarg.

Es kam der Tag der Premiere. Presse hatten wir nicht geladen, wir wollten das Programm erst ausprobieren. Es war ein eiskalter Wintertag. Jedes Mal, wenn das Tor sich öffnete, zog ein eisiger Luftstrom herein. Es wurde proppenvoll, denn alle waren neugierig auf meine neueste Schöpfung. Die Zuschauer behielten Mäntel und Pelze an, es war zu kalt. Fröstelnd warteten sie auf den Anfang. Ich blieb vor Angst in meiner Sprechnummer *Berliner Type* stecken. Nun war es auch in meinem Kopf schwarz. Ich steckte alle an. Es war ein fürchterlicher Alptraum. Um elf Uhr erschien Wäscher, der vorher Theater gespielt hatte. Er ahnte nichts von der Katastrophe, Silo war geschickt genug zu sagen: »Alles geht großartig. Es ist ein Riesenerfolg.« Und Wäscher war der Erste, der mit seinem Text fertigwurde.

Nach dem Programm stürmten die Bekannten mit Trauermienen hinter das Podium, kein Wort des Lobes, es gab auch nichts zu loben. Presse war drin gewesen, obwohl wir sie nicht geladen hatten. Sie schrieben so miserable Kritiken, dass am nächsten Abend kein einziger Zuschauer kam.

Wie sollte es weitergehen? Ohne Publikum kann man nicht spielen. Ich gab jedem Mitarbeiter zwanzig Freikarten. Auf den schwarzen Podiumshintergrund warf ich einen roten Fetzen, die grünen Birnen wurden durch rosa ersetzt, an die schwarzen Wände hefteten wir Fotos und Karikaturen. Die Freigäste kamen, das Programm zündete, wir hatten unsere panische Angst verloren, alle spürten das Originelle, schnell sprach es sich herum, und bald standen die Autos in langen Reihen vor dem Kabarett, das ich Kohlkopp genannt hatte. Es wurde bumsvoll, doch niemand von uns verstand, dass wir von Silo kein Geld bekamen. Else Ehser fragte ihn: »Wo bleibt die Gage?«

Silo: »Wir haben große Schulden, zuerst müssen die Arbeiter bezahlt werden und dann die Stühle, Scheinwerfer und das Baumaterial!« Die Stühle! Sie fielen zur Premiere um, weil sie nicht am Boden festgebohrt waren.

»Und ist nicht alles verpachtet? Von den Pachtgeldern sollten die Unkosten gedeckt werden, erzählten Sie uns.«

Silo: »Die Pächter sprangen ab, sie hatten uns Geld geliehen und wollten es zurückhaben. Ich muss ihnen die Einnahmen geben, es dauert nicht lange, dann ist abbezahlt.«

Wir warteten, niemand bekam Geld. Else Ehser war clever. Sie sagte: »Das Mädchen an der Kasse ist Silos Freundin. Sie machen Schwindel mit dem Geld.«

Ich fragte Silo, ob das Mädchen an der Kasse seine Freundin sei. Er gab eine schnoddrige Antwort, ich ihm eine Ohrfeige und schmiss beide raus. Ich erkundigte mich – zu spät – bei der Jungen Volksbühne und erfuhr, dass er Geld unterschlagen hatte. Er floh nach Paris und wurde so der erste Emigrant.

Alexander Kardan gefiel mir nicht. Ich sagte es ihm. Am nächsten Tag haute er mir eine runter. »Schmeiß ihn raus!«, forderte ich von Wäscher.

»Geht nicht«, antwortete er, »sie packen ihn ins Irrenhaus, wo er gerade herkommt, einen Rausschmiss kann er nicht verkraften.« Also blieb er.

Obwohl auch Wäscher und ich kein Geld bekamen, behandelten die Kollegen uns wie Direktoren. Gingen wir nach der

Vorstellung ins russische Restaurant in der Nürnberger Straße, standen die Kollegen demonstrativ auf und verließen das Lokal. Weil keiner Geld bekam, machte jeder, was er wollte. Hannemanns Lied wurde jeden Tag um eine Strophe länger, ein Bandwurm. Else Ehser sang so viele Lieder, dass es ein »Ehser-Abend« wurde. Günther Weisenborn, der zu uns gestoßen war, brachte die Tänzerin Ruth Anselm als neue Mitarbeiterin. Günter Neumann hatte auch eine Freundin, die singen sollte. Wir hatten nun vier Pianisten, vier Textschreiber und eine unendliche Menge von Darstellern. Sie vermehrten sich wie Mäuse. Immer neue junge Männer kamen, hellblaue Saffianschminkköfferchen in der Hand. Einer wurde mir als Mörder vorgestellt. »Er wird von der Polizei gesucht, nur bei uns kann er unterschlüpfen.« Er war kein Mörder, sondern ein ganz einfacher Chorjunge, man wollte ihn mir interessant machen. Er roch so nach Schweiß, dass niemand neben ihm sitzen wollte. Lily Lohrer schenkte ihm ein Paket mit Puder, Watte und Seife. Er war dankbar und gar nicht beleidigt.

Wir hatten das interessanteste Publikum von Berlin. Wer von ausländischen Intellektuellen nach Berlin kam, ging in den Kohlkopp. Der Maler Emil Orlik wurde Stammgast und malte mich von allen Seiten. Die *Aristokratin* schenkte er mir, ich hängte das große Bild an die schwarze Wand und kann gar nicht verstehen, dass ich es nicht mitnahm, als Herr von Lustig, der Besitzer des Raums, uns rauswarf. Silo hatte schon gesagt, ihm passe unsere Richtung nicht. Aber nach vielem Überlegen denke ich mir, Silo hatte vielleicht niemals die Miete bezahlt und Lustig uns deswegen rausgeworfen. So gute Geschäftsleute waren wir alle nicht, dass wir Herrn von Lustig gefragt hätten, warum wir nicht weiterspielen könnten, denn der Kohlkopp war inzwischen eine Sensation von Berlin geworden. Vor der Vorstellung lagen wir auf dem Fußboden und guckten durch den Schlitz des Vorhanges, der vom Podium herunterfiel, um zu sehen, wer im Saal war. Das Publikum war verrückt und kunterbunt, das gab es nirgendwo anders, gibt es noch immer nirgendwo.

In der Pause verzog sich das Leben hinter das Podium. Es war wie auf einem Jahrmarkt. Ein alter Musikautomat klapperte, Mädchen verkauften Zigaretten, heiße Würstchen, Elfriede saß auf Wäschers Schoß, das Publikum sah, wie wir uns in unseren Verschlägen schminkten.

Den Schlüssel des Lokals gaben wir nachts bei Savarin ab. Dass alle Mitarbeiter ihn am nächsten Tag abholten, wusste ich nicht. Else Ehsers Freundin gab Schauspielunterricht, eine andere Klavierunterricht, und Günther Weisenborn probte seine neue Revue. Weil keiner Geld bekam, machte jeder, was er wollte. Es war Anarchie.

Eines Nachts fiel mir ein, dass wir vergessen hatten abzuschließen. Ich weckte Helmuth, der wütend aufsprang – er litt wie Wäscher am Kabarett –, und rief: »Der Flügel wird gestohlen sein, und ich muss ihn bezahlen.« Er zog sich an und fuhr in den Kohlkopp. Als er zurückkam, erzählte er ärgerlich, Pennbrüder hätten auf dem Fußboden geschlafen.

Aus Cherbourg kam ein Telegramm von Eisenstein. »Ich komme heute nach Berlin. Muss Sie treffen.«

Er war ein bisschen zu lange weg gewesen.

Noch schmutzig von der Autofahrt, sehr müde, kam er in den Kohlkopp.

»Ich möchte mit Ihnen nach Hause gehen«, sagte er.

»Mein Mann ist da, es geht nicht.«

Er glaubte mir nicht und bestand darauf mitzugehen. Wäscher weinte, als ich mit ihm loszog. Im Wohnzimmer lag ernst und streng mein Mann auf der Couch aufgebahrt, ein Buch in den Händen. Durch die Brille musterte er Eisenstein kühl.

»Wollen Sie einen Schnaps?«, fragte er. Eisenstein wollte nicht. Er nahm die Kopie des kleinen Films, den Suse Byk von meinen

Pantomimen gedreht hatte, und verließ die Wohnung. Ich sah ihn nie wieder.

Auch die zweite Kopie des Films verschwand. Miss Berry hatte sie für das Museum of Modern Art in New York gekauft. Ich borgte mir den Film aus, um ihn vorzuführen, ließ ihn irgendwo liegen. Nun habe ich keinen.

Der Kohlkopp schloss. Schade, es war das originellste Kabarett, das es je gegeben hat.

»Wer hat die Schulden bezahlt?«, fragte ich Wäscher, als ich ihn viele Jahre später das letzte Mal vor seinem Tod sah. »Du und Helmuth?«

»Nein, du.«

»Ich?« – Also darum war nichts auf meinem Bankkonto gewesen, als ich es nach 1933 hatte abheben wollen. Ich hatte Silo und auch anderen Leuten Blankoschecks gegeben.

Das halte ich nicht aus

Nun kam Hitler. Als ich von den Rassengesetzen im Radio hörte, wusste ich: Jetzt ist alles aus. Anfang Januar hatte ich noch einen Tanzabend bei Ziegel in Hamburg in den Kammerspielen gegeben. Als ich in der Berliner Philharmonie auftreten wollte – die *Rote Revue* von Brecht sollte wiederholt werden –, hing an der Tür ein Schild: »Verboten!«

Noch ein Auftreten auf dem Münchner Kammerspielball, Pfiffe, und dann war alles aus.

Die deutschen Juden erstickten in einer Flut von giftigen und gemeinen Beleidigungen. Hitler bellte im Radio, Göring röhrte, und Goebbels schrie seifig verlogen. Meine Tante Cilchen und ihr Sohn Erich, ein Zahnarzt, konnten das nicht aushalten. Sie vergifteten sich mit Gas. Auf ihrem Nachttisch lagen zwölf Mark für die Reinemachefrau. Die drohenden Hakenkreuzfahnen, die engen gefährlichen schwarzen Uniformen der SS, die plumpen lauten Schritte der SA, die Überschriften im *Völkischen Beobachter* und im *Angriff,* man konnte ihnen nicht entgehen. An den Mauern klebten Seiten aus dem *Stürmer.* Im *Ewigen Juden* und im *Erwachenden Berlin* hatte man mir eine ganze Seite Text und Fotos gewidmet.

Für die Nazis war ich wenigstens ein Feind, für die heutigen Deutschen bin ich nichts. Man weiß nur noch, dass Mary Wigman den neuen deutschen Tanz geschaffen hat, von mir weiß man nichts. Als die Akademie der Künste in Berlin ein Pantomimenfestival gab, hielt Mary Wigman die Eröffnungsrede, obwohl ich in Berlin war.

Als ich meinen Mann in Erling am Ammersee besuchte, er hatte am Abhang zum See ein Haus, brachte ich vom Schlachter Fleisch, das in den *Völkischen Beobachter* gewickelt war, mit einem großen Foto von mir auf der ersten Seite. Helmuth ließ mich nicht mehr aus dem Haus gehen. Er wurde unruhig, hatte Angst und ließ sich von mir scheiden.

Nun baumelte ich in der Luft. Obwohl ich einen anderen auf eine andere Art liebte, hing ich sehr an meinem Mann. Er war Buddhist und wollte mich leben lassen, wie ich leben musste. Also lebte ich, wie ich wollte.

Ich fuhr nach Berlin und wollte in Willi Schaeffers' Kabarett am Lehniner Platz gehen. Neben der Kasse hing ein Messingschild: »Juden ist der Eintritt verboten!« Ich kehrte um. In anderen Kabaretts und in Kinos waren diese Schilder versteckt angebracht. Gerade Schaeffers hätte ich das nicht zugetraut. Mein Bruder wollte nach Palästina auswandern. Seine Tochter Inge, dreizehn Jahre alt, sollte etwas »Praktisches« lernen, denn: »Wir werden von unten anfangen müssen«, meinte mein Bruder. Er gab sie als Haustochter in einen Haushalt in Hamburg. Sie wurde schwermütig, und als sie den Fußboden mit Lysoform aufwusch, nahm sie einen Schluck aus der Flasche, bekam heftige Schmerzen und rief noch selbst den Arzt. Er ließ sie abholen, nach acht Tagen starb sie, die Nieren arbeiteten nicht mehr.

Der liegt in der Familie, der Wahnsinn, vielleicht waren wir alle zu sensibel für das Leben, und vielleicht war das der Grund, dass meine Mutter und mein Mann mich so schonten. (Mein Mann, solange er mich noch liebte.) Nicht mal zur Beerdigung seiner Eltern hatte mich Helmuth mitgenommen. Ich weiß nicht, wo sie beerdigt sind.

Die Nazis machten die Deutschen zu »Ariern«. Liebe zwischen Juden und Ariern wurde »Rassenschande« genannt. Dafür gab es Gefängnis und ordinäre Beleidigungen im *Stürmer*, der Zeitung von Streicher. Wie das schon klingt: Streicher!

Wäscher und ich mussten aufpassen, dass man uns nicht zusammen sah. Ging ich mit ihm ins Kino, nahm er eine Loge. Ich kam nach Anfang, wenn es schon dunkel war. Aber vielleicht hatte eine Garderobiere inzwischen die Gestapo benachrichtigt

– wir waren sehr bekannt. – Bald würden sie kommen und uns verhaften.

Ging ich mit Wäscher essen, saß ich mit dem Rücken zu den anderen Gästen. Kam der Kellner mit einem Zettel, wurde Wäscher kreidebleich: Vielleicht schrieb der Wirt, ich solle das Lokal verlassen. Aber es war nur eine Bitte um ein Autogramm. Ich stand auf, in der dunklen Rankestraße trafen wir uns wieder. Er kam nur nachts in meine Wohnung, am Tage war es zu gefährlich, aber vielleicht hatte zufällig ein Nachbar durch das Guckloch seiner Wohnungstür gesehen, wie Wäscher meine Wohnung betrat, und vielleicht hatte er die Gestapo antelefoniert und gleich würde sie kommen.

Ich wurde fast wahnsinnig, musste kleine Kinder ansehen, das erleichterte mich, sie wussten von nichts. Ich will weg, schon um nicht Wäscher länger in Gefahr zu bringen.

Die Alhambra in Paris engagierte mich. Vor der Premiere klappte ich zusammen, saß gelähmt in meinem Hotelzimmer. Unmöglich aufzutreten. Der Manager der Alhambra kam, versuchte mich zu beruhigen und erzählte mir, lauter Prominente ließen sich Karten reservieren, um mich tanzen zu sehen. Unmöglich! Ich konnte nicht, fuhr nach London. Dasselbe. Aber nun war ich fast vierzehn Tage von Berlin weg gewesen, vielleicht konnte ich wagen zurückzufahren.

In Berlin waren inzwischen in den Parks Extrabänke aufgestellt worden. Juden und Arier durften nicht mehr zusammensitzen. »Juden« stand an manchen Lehnen.

Wäschers Liebe fing an abzubröckeln. Mit anderen Frauen konnte er lustig und unbeschwert sein, mit mir war es ein Alpdruck.

Ich fuhr nach London, konnte mich zusammennehmen und gab einen Abend im Arts Theatre. Nach der Vorstellung kamen zwei junge Leute in meine Garderobe, ein Engländer und ein Däne. Sie waren begeistert. Unbegreiflich, es war bestimmt keine Spitzenleistung gewesen. Jack, so hieß der Engländer, lud mich zum Lunch in seine Wohnung in Soho. Sie bestand aus drei Zimmern mit fast keinen Möbeln. In einem Zimmer war das Bett, ein Kreuz darüber an der Wand. Im zweiten stand ein Schreibtisch mit Stuhl und im dritten ein Tisch mit zwei Stühlen, sehr kahl und sehr schön. Er telefonierte. Ich hörte ihn sagen: »She is a marvel.«

»Ich werde Tanzabende für Sie arrangieren«, sagte er.

»Sie? Können Sie das?«

Er war Schriftsteller, sehr begabt, schrieb für *Horizon* und ein kritisches Buch über die Public Schools.

»Lassen Sie mich nur machen!«, sagte er.

Zuerst druckte er Reklamezettel mit meinem Lebenslauf. Zehn Jahre älter hatte er mich gemacht.

»Warum? Bin ich nicht alt genug?«

»In England kann man nicht alt genug sein. Wir denken, wenn sich etwas so lange hält, muss es gut sein.«

Er verteilte selbst Zettel, mietete einen Saal im alten Tavistock Theatre in Bloomsbury, dem Literatenviertel. Das war ein Theater, wie es mir gefiel, alt, baufällig. Jack saß an der Kasse. Das Theater wurde voll. Es roch so schön nach Weihrauch. Jack hatte mich vorsichtig und gütig umsorgt, er bewunderte mich ekstatisch, ich konnte tanzen.

»Wo kommen die vielen Menschen her? Alles durch die Reklamezettel?«

»Ich war Chorjunge und hatte etwas mit dem Bischof«, erzählte er. »Ich sagte ihm, er muss seine Gemeinde mitbringen, oder – ich habe ihn erpresst. Sie haben vor dem Bischof und seiner Gemeinde getanzt.«

Sonst war nur noch der Dichter Eliot drin gewesen. Jetzt, viele Jahre später, denke ich, vielleicht war es Schwindel, was er mir erzählt hatte. Er wusste, wie ich alles Bizarre liebe. Jack war sehr eigenwillig. Zum Schluss der Vorstellung wird in allen

Theatern Englands die Nationalhymne gespielt, alle stehen auf, nur Jack blieb sitzen.

Rupert Doone, der Leiter des modernen Group Theatre, arrangierte einen Abend in der Art Gallery of Burlington. Die Tänzerin Margot Fonteyn, Robert Helpmann, der Dichter Auden und ich, wir traten auf. Ich war wieder gelähmt und versagte.

Luise Theiss, eine Journalistin vom *News Chronicle*, lud mich ein. Englische und amerikanische Journalisten fragten mich über Deutschland aus. Ich erzählte, was ich wusste, bat sie aber, nichts davon zu veröffentlichen, weil ich in zwei Tagen nach Berlin fahren will. Sie versprachen es. Am nächsten Tag stand in drei Zeitungen das, was die Nazis »Gräuelmärchen« nannten, mit meinem Namen und mit Fotos von mir. Ich hatte den Journalisten nie erzählt, dass auf dem Kurfürstendamm tote Juden lagen, es stimmte auch nicht. Ratlos schickte ich die Zeitungsausschnitte an Dr. Singer, der den Jüdischen Kulturbund leitete – ich sollte dort einen Tanzabend geben –, und fragte: »Was soll ich tun? Kann ich kommen?« Er schickte die Ausschnitte dem Schutzpatron des Kulturbundes, Hinkel, der konferierte mit Himmler. Er sagte: »Wir wissen, was Zeitungen manchmal schreiben, sie kann zurückkommen.«

»Das ist eine Falle«, warnte man mich. »Sie werden Sie in Deutschland verhaften. Fahren Sie nicht.«

Ich fuhr, schrieb aber vorher an Wäscher und Helmuth, dass ich komme, damit sie nach mir suchen, falls ich verschwinden sollte.

Ich glaubte, an der Grenze würde mich ein SA-Mann anhalten, aber nichts geschah. Nur als ich über den Kurfürstendamm spazierte, sprach mich ein fremder Mann an: »Sind Sie verrückt? In der Ausstellung *Der ewige Jude* hängen Ihre Fotos, und im Propagandaministerium erzählt man sich, dass Sie für Londoner Zeitungen Gräuelmärchen geschrieben haben. Machen Sie, dass Sie fortkommen.«

Helmuth verlangte, dass ich den Abend im Kulturbund absage. »Es ist zu gefährlich«, sagte er.

Ich blieb in Berlin, bis es mit Wäscher nicht mehr ging, bis wir beide den Alpdruck nicht mehr aushalten konnten. Ich fuhr nach London.

In mein Eisenbahncoupé kam ein SA-Mann: »Körperkontrolle!« Er führte mich in eine Holzbaracke, wo mir eine alte Frau befahl, mich auszuziehen. Ich zog mich bis auf die Haut aus, sie fand nichts. Ich konnte weiterfahren, aber der Zug mit meinem Gepäck war weg. Ich wartete auf den nächsten. Grenzkontrolle in England. Ich hatte Stulpenstiefel an, die bis zu den Knien reichten, und war, wie immer, stark geschminkt. Ein Mann in Zivil sagte: »Kriminalpolizei«, durchwühlte meine Tasche, fand Liebesbriefe von mehreren Männern und fragte: »Was wollen Sie in London tun?«

»Meinen Freund Jack besuchen.«

»Wo wohnt er, was tut er, wie alt ist er?«

Als er das Alter, zwanzig Jahre, hörte, sagte er: »Wir lassen Sie nicht durch, Sie müssen zurückfahren.«

Ein Bobby führte mich auf ein Schiff. »Ich stürze mich ins Wasser«, drohte ich. Auf dem Schiff sperrte man mich in eine Kabine, der Bobby hielt vor der Tür Wache. Ich habe eine Haftpsychose bekommen und die ganze Nacht nach ihm gerufen. Mal wollte ich einen Nachttopf, mal Wasser, mal Brot, irgendetwas, bloß damit jemand mit mir spricht. In Ostende wurde ich von der Wasserpolizei empfangen. Sie lasen den Zettel durch, den der Bobby ihnen gegeben hatte.

»Wissen Sie, was drauf steht?«, fragten sie.

»Nein.«

»Verdacht der Prostitution.«

Sie brachten mich in ein Haus, in dem mehrere Zurückgeschickte lebten. Mein Gepäck behielt die Polizei. Die Zurückgeschickten, lauter Verbrecher, gründeten eine »Société des

Renvoyés spécials«. Weil sie mich für eine Verbrecherin hielten, wurden sie zutraulich. Ein Hübscher klappte ein Täschchen in seinem Ärmelstoff auf und sagte: »Hier tue ich Rauschgift rein.« Sie fragten mich, was ich getan hätte.

»Sie kommen nie nach England rein«, sagte einer, »Sie sind zu ungeschickt.« Aber ich kam als Erste rein, durfte Jack antelefonieren, der hatte Beziehungen, ich bekam das Einreisevisum. Als ich die Grenze passierte, war ich so aufgeregt, dass ich stolperte und meinen Fuß verstauchte. Jack verlor Geld, denn er hatte schon einen Saal gemietet und eine Band fest engagiert. Er wollte meinen kaputten Fuß mit homöopathischen Pillen heilen. Das fand ich so blöd, dass ich mich mit ihm verkrachte und nach Berlin fuhr, sowie mein Fuß geheilt war. Ich war schon eine Hexe damals, vielleicht bin ich noch immer eine.

In Berlin war es inzwischen wieder schlimmer geworden. Die Nazis schlugen Fensterscheiben von jüdischen Geschäften ein, die Möbel warfen sie auf die Straße, meinen Vetter Albert hatten sie zum Arbeiten abgeholt. Er konnte es wohl nicht sehr gut, sie schlugen ihn tot.

Wäscher wurde immer nervöser. Und als mir ein Tanzabend in Budapest im Redoutensaal angeboten wurde, nahm ich an. Das Publikum dort war immer wundervoll zu mir gewesen. Ich musste tanzen, sonst verlor ich den letzten Halt. Zum Agenten in Budapest sagte ich: »Ich will auf keinen Fall interviewt werden, sonst steht wieder alles in den Zeitungen wie in London, und ich will nach Berlin zurück.«

Am nächsten Tag stand im *Az Est* fast genau dasselbe Interview wie in London. Nur endete es mit den Worten: »Valeska ging mit Schaljapin den Donaukai entlang und sagte traurig: ›Nun kann ich nie wieder nach Deutschland zurück.‹«

Ich bekam einen Tobsuchtsanfall und schmiss mich auf die Couch. Ich brüllte vor Verzweiflung. Der Manager fuhr sofort in die deutsche Botschaft, wo man ihm versprach, die Interviews nicht nach Deutschland zu schicken, »aber wir wissen natürlich nicht, ob jemand anders sie schicken wird«.

Ich war zerstört, konnte keine Abende geben und fuhr nach Erling zu meinem geschiedenen Mann. Er sagte: »So geht das nicht. Heirate Jack, dann bekommst du einen englischen Pass und passierst leicht die Grenzen.« Das war 1936.

In London fragte ich Jack: »Wollen Sie mich heiraten?«

»Natürlich«, sagte er, denn er liebte mich und meine Kunst.

Unsere Trauzeugen redeten ihm noch ab, als wir schon auf dem Weg zum Standesamt waren. Er blieb hartnäckig und heiratete mich. Dann brachte er mich zu seiner Schwester, einer typischen jungen Engländerin, die glatt in Ohnmacht fiel, als sie mich sah. Sie hatte sich eine junge, hübsche Engländerin zur Schwägerin gewünscht, und da brachte er eine doppelt so alte Jüdin, eine Tänzerin noch dazu. Beide Geschwister waren in Indien geboren, sie besaßen Zuckerplantagen, der Vater war hoher Offizier. Die großmütige Schwester schenkte Jack Geld, und er konnte nun weiter Tanzabende für mich arrangieren.

Wir fuhren nach Paris. Die Hochzeitsnacht verlebten wir in einem Bal musette in der Rue de Lappe, in den Trois Colonnes. Ein Matrose stierte mich an. »Der gefällt mir«, sagte Jack.

»Geduld«, sagte ich, »Sie bekommen ihn.«

Wir verließen das Tanzlokal, der Matrose folgte uns. An der Métro rannte ich schnell die Stufen hinunter: »Madame! Madame!«, rief der Matrose. Ich drehte mich nicht um und fuhr ins Café du Dôme. Als ich spät in der Nacht in unser Hotel Libéria kam, sagte der Hausmeister: »Mr. Henderson war da, ist aber gleich wieder weggegangen.«

Ich ahnte, warum. Jack erzählte am nächsten Tag, was passiert war. »Der Matrose wollte Sie haben, ich schob ihn in ein Taxi, küsste ihn, er erbrach sich. Dann holte ich Geld aus dem Libéria, mietete ein Zimmer in einer Absteige, ging mit ihm zu

Bett, küsste ihn wieder, und wieder übergab er sich. Er schlief gleich ein, den Mund weit offen, er schnarchte. Trotzdem fand ich es wunderbar.«

Das war meine Hochzeitsnacht.

Ich fuhr mit Jack nach Kampen auf Sylt. Er sollte Wäscher und mich beschützen. Jack war groß und hager, hatte ein sehr edles Gesicht und sah wie ein Prophet aus.

Früher hatte ich mit Wäscher in dem kleinen Friesenhäuschen gewohnt, das ich 1929 gebaut hatte. Das ging nun wegen der Rassengesetze nicht mehr. Er wohnte im Kurhaus.

Herr Nann, der Wirt, warnte ihn: »Vorsicht, Gestapo ist angekommen.« Und ein Angestellter der Gemeinde: »Der Obernazi vom Ort, ein Caféhausbesitzer, hat Sie angezeigt. Vorsicht, Gestapo!«

Ständig waren Gestalten mit weißblonden Augenwimpern in unserer Nähe. Sie saßen im Strandkorb nebenan und beobachteten uns mit Ferngläsern von der Düne. Gingen wir spazieren und ich drehte mich um: Da waren sie, nicht abzuschütteln.

In Klappholttal bei Kampen hauste eine SS-Gruppe. Eine Wigmanschülerin tanzte für sie. Zum Dank feierte die SS-Zeitschrift *Das Schwarze Korps* sie als »die« deutsche Tänzerin, bis sich herausstellte, dass sie Halbjüdin war, dann wurde sie stillschweigend beiseitegeschoben.

Wenn Jack mitkommt, dachte ich, kann nichts passieren. Ich bin verheiratet mit ihm, und niemand kann auf den Gedanken kommen, dass Jack nur Bewachung ist. Aber auch Jack konnte diese Gestalten nicht lange ertragen. Er wurde vom Verfolgungswahn gepackt: »Ich halte es nicht länger aus.« Wir fuhren nach London.

Dort traf ich den Dichter Bluth. Ich erzählte ihm eine Filmidee.

»Tippe ich Ihnen«, versprach er.

Er taumelte, als er mir die Tür zu seiner Wohnung öffnete. »Ich bin schlaftrunken, muss erst einen starken Kaffee trinken.«

Er trank, und dann diktierte ich. Es ging gut, und mir fiel allerlei ein.

Am nächsten Tag und an allen folgenden Tagen war es dasselbe. Er taumelte, trank, ich diktierte. Nach drei Wochen war ich fertig und wollte die Durchschläge mitnehmen. Aber was war das? Nichts stand auf den Seiten, nur unzusammenhängende Worte, fein in Blau oder Rot getippt, aber ohne jeden Sinn. Da stand: »Ach!« Dann drei Gedankenstriche, »dann sagte sie:!?–« Reihen von Kommas und Punkten, nichts von dem, was ich in drei Wochen diktiert hatte. Ich war todunglücklich.

»Aber, aber«, beschwichtigte er mich, »ich erinnere mich an alles genau und tippe es aus dem Gedächtnis, morgen können Sie das Manuskript abholen.« Als ich kam, war er nicht zu Hause, am Tag drauf auch nicht, nie. Ich fragte die Wirtin: »Wo ist er?«

»Bluth? Weiß nicht. Der ist äthersüchtig. Jeden Morgen finde ich vor seinem Fenster leere Ätherampullen.«

Also hatte er im Ätherrausch mit seiner Maschine gespielt und gar nicht gehört, was ich diktiert hatte.

Jack mietete in Hampstead eine Wohnung. Magnolienbäume blühten auf der Straße, die Wohnung sah wie eine alte Bühnenkulisse aus, mit Möbeln in verblichenem Rosa, blassem Lila, verwittertem Grün. »Hier bleibe ich nicht!«, schrie ich wütend. »Die Möbel sind viel zu hoch.«

»Ich säge die Beine ab«, beruhigte mich Jack, »die Wirtin ist Russin, Russinnen sind großzügig, sie wird nichts dagegen haben.«

Er kaufte eine Säge und kürzte die Beine der Betten, Tische und Stühle, so dass sie flach auf dem Fußboden lagen. Das gefiel mir. Aber bald machte mich die Sehnsucht nach Wäscher und Berlin krank; ich wollte nicht hierbleiben, wollte weg, und Jack musste zu unserem Schutz mitkommen.

»Das geht nicht«, sagte er. »Ich habe die Wohnung noch nicht bezahlt.«

Als er sah, wie unglücklich ich war, tröstete er mich: »Wir können heimlich ausziehen. Jeden Tag tragen wir einen Koffer zu Fritz Soffurt (unserem Freund), und wenn der letzte Koffer raus ist, verschwinden wir.«

Schweißgebadet – es war ein sehr heißer Sommer – trugen wir die Koffer zu Fritz. Der staunte, wie sie sich bei ihm türmten. Der Reisetag kam, es war nur noch ein Suitcase in der Wohnung, aber wo war Jack? Ich wurde ungeduldig und ging mit Fritz in das Haus. In der Diele stand die Russin, Jack stieg langsam mit seinem Suitcase die Treppe herunter. Ich dachte: Auwei, lief schnell weg und wartete mit Fritz auf der Straße. Es dauerte lange, bis Jack, ohne Suitcase, anraste. »Ich musste ihn als Pfand zurücklassen, bekomme ihn wieder, sobald ich die Miete und die abgesägten Möbel bezahlt habe.« Ich war wütend.

»Wenn Sie schon türmen, dann türmen Sie gut«, rief ich. »Jetzt haben wir in der Affenhitze die Koffer weggeschleppt, alles umsonst.«

Wir fuhren nach Berlin. Mit der *Manhattan* konnte man nach Amerika fahren, hin und zurück innerhalb von sechs Wochen, und erhielt Devisen für diese Zeit. Ich buchte auf der *Manhattan.*

In New York traf ich die Herausgeberin einer modernen Zeitschrift. Sie kannte meinen Namen und arrangierte einen Tanzabend. In einem richtigen Konzertsaal, lauter fremde Menschen um mich herum, keinen Jack, mich zu stützen, ich war in einer solch katastrophalen Verfassung, dass ich den Abend verpatzte. Wo war meine Kraft, Menschen zu überzeugen? Lasch saß ich in der Garderobe, als Klaus und Erika Mann mich besuchten. Klaus sagte, wenig feinfühlend: »Früher fand ich Sie so toll, dass ich nachts von Ihnen träumte, kann es nicht mehr verstehen.« Ich war zu starr, ihm zu erklären: »Früher gab es Hitler nicht, jetzt lebe ich in einem Alptraum, aus dem ich mich nicht lösen kann.«

In einem seiner ersten Bücher hatte Klaus von seinem Idealkabarett geschrieben, das aus Ludwig Hardt, Pamela Wedekind und mir bestehen müsste. Als seine Schwester das Buch neu herausgab, war dieser Satz gestrichen.

Ich fuhr, als die sechs Wochen um waren, nach Berlin. Langsam fing ich an, mich von Wäscher zu lösen, und ging wieder nach London. Jack gab Abende für mich in London in der Convey Hall und in Cambridge und Oxford. Großer Erfolg überall, solange Jack in meiner Nähe war. In der Convey Hall war unter den Zuschauern ein amerikanischer Showproduzent mit seinem charmanten englischen Regisseur. Sie engagierten mich für die Show *It's In The Bag,* die im Saville Theatre uraufgeführt werden sollte, vorher in Manchester zum Ausprobieren. Ich hatte keinen richtigen Manager. Der Amerikaner sah, was mit mir los war; er bot mir eine lächerliche Gage an, von der ich gerade leben konnte, aber Starreklame machte er doch für mich.

Manchester war wirklich so verräuchert, wie man es sich vorstellt. Ich zog in ein kleines schwarzes, echt englisches Haus. Gleich legte ich mich schlafen, um zur Generalprobe gut ausgeruht zu sein. Ich nahm so viele Schlaftabletten, dass ich erst am nächsten Nachmittag aufwachte. Telefon gab es in dem Häuschen nicht. Ich raste ins Theater. Niemand war da, die Generalprobe vorüber. Ich lief ins Hotel zum Regisseur. Der tobte. Er hatte meine Rollen einer anderen Schauspielerin gegeben und wollte sie ihr nicht wieder wegnehmen, aber meine Solonummern *Baby* und *Koloratursängerin* konnte ich ohne Generalprobe machen. Er ließ sie mir.

Nach zehn Tagen war die Premiere in London. Diesmal will ich in der Garderobe bleiben, das Theater nicht verlassen, damit mir nicht wieder dasselbe passiert. Ich wachte auf, als jemand an meiner Tür bummerte. »Haben Sie das Klingeln nicht gehört? Schnell, Ihre erste Szene ist dran!«, rief einer.

Ich lief die Treppe runter und kam gerade zum Schluss der Szene, in die meine *Koloratursängerin* eingebaut war. Der Regisseur zischte: »Ich könnte Sie töten.« Er dachte, ich tue das mit Absicht oder aus Nachlässigkeit.

Ich musste die Premiere ohne Generalprobe machen. Mein Vertrag sollte bis Ende der Show prolongiert werden. Ich gefiel. Aber anstatt mehr Gage zu verlangen, war ich mit weniger einverstanden.

Meist war ich jetzt willenlos und apathisch, zum Widersprechen hatte ich weder Lust noch Kraft. Der Direktor erkannte das natürlich und nutzte es aus.

Ich rückte nach Berlin aus. Mein Bruder bat mich, ihm in Paris ein Durchreisevisum zu verschaffen, denn ich hatte jetzt einen englischen Pass und konnte reisen. In Amerika hatten zwei seiner Freunde versprochen, ihm ein Affidavit zu verschaffen, er wollte in Paris warten, bis es kam. Hans gab mir Geld und schickte mich zu einem hohen Polizeibeamten in Paris. Ich rief ihn an, er besuchte mich im Hotel und wollte gleich mit mir schlafen. Nein, so weit wollte ich nicht gehen. Er war beleidigt und ließ eine Visitenkarte auf dem Tisch liegen. »Conte de Sowieso« stand darauf. Er sei nicht der erste Beste, sollte das sagen. Ein anderer Polizeibeamter war sachlicher, nahm einfach das Geld, und mein Bruder bekam sein Visum. Mit Geld konnte man viel machen.

Nun kam auch Jack. Er brachte mich mit Raymond Duncan, Isadoras Bruder, zusammen. Raymond hatte eine Weberei in der Rue de Seine, kleidete sich griechisch, ging barfuß in Sandalen und hatte einen Reifen in den langen weißblonden Haaren. Obwohl er sich so klassisch anzog, hatte er einen modernen Geschmack. Er gab Jack sein Theater. Es lag versteckt, war klein und primitiv, Jack in meiner Nähe, Geld war nicht zu holen. So gefiel es mir. Jack sagte: »Sie müssen sich wieder ans Auftreten gewöhnen!« Ich tanzte. Wer alles im Theater drin war, weiß ich nicht. Jack sagte es mir auch nicht, er kannte nun schon meinen Tick. Ich musste mir einbilden, allein in einem Stall zu tanzen.

Als die Woche um war, brachte mir Jack eine Einladung zu Yvette Guilbert, die mit ihrem Mann im Theater gewesen war. Wir besuchten sie in ihrer großen prachtvollen Wohnung im Stil der Jahrhundertwende. Sie trug ein langes wallendes Gewand, ihr Mann war Österreicher. Gilbert, ein Freund von James Joyce, war auch im Theater gewesen, Beatrice Wanger, eine Schwester des Hollywooder Filmproduzenten, kam jeden Tag, solange ich auftrat, und versprach, ihrem Bruder über mich zu schreiben.

Ein amerikanischer Manager war auch in der Vorstellung gewesen, gab mir Hin- und Rückreisebillett nach New York auf der Îsle de France und fünfhundert Dollar. Einen Vertrag sollte ich erst in New York bekommen. Mir war alles egal, ich wollte jetzt weg. So weit war ich endlich, jetzt, im Dezember 1938. Erst vom Schiff schrieb ich an meinen ersten Mann, meinen zweiten Mann und an Wäscher, dass ich auf dem Weg nach Amerika sei.

Hollywood

Der Manager holte mich vom Schiff ab, Filmleute standen da, sie baten mich zu lächeln und eine Hand zu heben. Ich konnte nicht lächeln, sooft sie die Aufnahmen auch wiederholten. Der Manager quartierte mich in ein Hotel direkt am Broadway ein. Ich war erstaunt, wie ruhig es war. Die Autos fuhren weich, leise wie auf Hafermehlsuppe, gehupt wurde nicht. Ein Radio war in die Wand eingebaut, ich hörte moderne Tanzmusik und lebte auf.

Am nächsten Tag wurde ich angerufen: »Der Manager hat einen Schlaganfall bekommen, tot, seine junge Frau ist ihm weggelaufen, das hat er nicht ertragen.«

Ich spazierte durchs Village, kam beim Cherry Lane Theatre vorbei. Das war so eine Bruchbude, wie ich sie liebe. Dem Direktor zeigte ich die Bücher, die über mich erschienen waren. Er engagierte mich als »Grand Guignol« des Tanzes. Schon am ersten Tag saß eine Frau im Zuschauerraum, die mich managen wollte. Snyder hieß sie. Zuerst führte sie mich zu Meyer Davis, einem der berühmtesten Bandleader. Ich machte ihm die *Koloratursängerin* vor. Er sagte: »Entweder wird sie eine Sensation oder ein Flop. Dazwischen gibt's nichts.«

Mrs. Snyder machte einen Managervertrag mit mir, ließ mich die modernsten amerikanischen Tänze lernen, damit ich sie parodiere, und gab mir Geld für Kleider, denn ich war, wie ich ging und stand, aus Paris abgefahren. Ich reise am liebsten ganz ohne Gepäck, dann fühlt man sich leichter.

Mrs. Snyder bekam Knochentuberkulose, ging ins Hospital und starb.

Mein Bruder kam mit seiner Frau. Wie viele, glaubte er, dass es in Amerika nur Millionäre gäbe. Er stellte sich am Times Square auf und wartete auf die erstbeste alte Frau. Er reichte ihr seinen Arm und führte sie über die Fahrstraße. »Vielleicht ist sie Millionärin und macht mich zu ihrem Erben, weil ich ihr geholfen habe.«

Ja, er glaubte an Märchen, aber so leicht ist es nicht, in Amerika zu Geld zu kommen. In New York war es sehr schwer, einen Job zu bekommen, darum siedelte er ins reiche Texas über nach Fort Worth. Zuerst wurde er Vertreter einer Versicherung. Das war schwere Arbeit. Er hatte noch keinen Wagen und musste in der glühenden Hitze die Straßen entlanglaufen, um einen Abschluss zu machen. Dann wurde er Packer in einer großen Getreidefirma. Und weil er noch immer an Märchen glaubte, kam er jeden Morgen zu früh ins Geschäft. Und wirklich, an einem Morgen stand ein kleiner Mann vor ihm, der sagte: »Ich bin Ihr Chef, und wer sind Sie? Ein Mann, der seine Arbeit so gern macht, dass er zu früh kommt, ohne dafür bezahlt zu werden, so einen Mann brauchen wir. Sie hören von mir.«

Mein Bruder bekam einen besseren Job, stieg immer höher, bis er schließlich Mitdirektor einer der größten Getreidefirmen von Texas wurde. Er kaufte sich eine wunderbare Villa, Cadillac und Ford.

Ich glaube immer an das große Wunder, wache keinen Morgen auf, ohne dass ich denke: Heute kommt das Unerwartete, etwas ganz Tolles. Ich schrieb an Salka, die Frau des Regisseurs Berthold Viertel, der in Hollywood lebte. Sie wollte mich mit Chaplin zusammenbringen, sobald ich nach Hollywood käme. In New York lernte ich Natascha Lytess, eine spätere Lehrerin von Marylin Monroe, kennen. Ich freundete mich mit ihr so gut an, wie ich mich mit Frauen anfreunden kann. Das heißt, es blieb ziemlich kühl. Natascha wollte in Hollywood Alexander Granach und Christiane Grautoff in *Wilhelm Tell* sehen. Wieder *Wilhelm Tell*.

In Amerika reist man schnell entschlossen. Ich kaufte ein Billett für den American Bus im Busdepot in der 42. Straße. Das war die billigste Linie, nicht modern, wie der Greyhound, aber dafür wurden nachts Pullmanbetten aufgestellt, man lag in Fahrtrichtung und guckte aus dem Fenster. Sehr elegant waren die Wagen nicht, obwohl die Sessel gepolstert waren, altertümlich, aber gemütlich. Der Wagen füllte sich mit jungen Leuten, die nach Hollywood wallfahrteten. Der Wagen war kaum losgeschnurrt, da fingen sie schon zu singen an, Spirituals und Volkslieder. Unser Negerschaffner bot Coca-Cola und Schokolade an. Der Wagen schaukelte sehr, man hatte mich davor in New York gewarnt, aber schon in Chicago machte es mir nichts mehr aus. In so einem Bus ist man der Natur viel näher als in der Eisenbahn.

Wir hielten an einsamen Bars, gaben unsere Essmarken ab und erhielten die Gerichte, die wir aussuchten. Da hockten wir zwischen Tramps, Arbeitern, Weißen, Negern, Indianern, alles bunt durcheinander, wir tranken kalte Milch, die viel besser schmeckte als die in Europa, und aßen heiße Würstchen zwischen zwei Brötchenhälften oder Tomatensuppe mit Crackern. Aus Jukeboxes tönten die Stimmen von Bing Crosby, den Andrew Sisters und den Ink Spots, meinen Lieblingen. Es gab auch Bars mit einer Jukebox für jeden Sitz, man warf einen Nickel ein und hörte nur das, was man hören wollte.

Der Bus schaukelte weiter. Vor Hütten spielten Indianerkinder mit Holzpuppen. Große Viehherden weideten, Cowboys lehnten an Bäumen, sie trugen wirklich wie im Film große Hüte und Schuhe mit hohen Absätzen, die Hosen waren so prall gespannt, dass sie fast aus den Nähten platzten. Saßen wir in der einsamen Lunchbar, dem einzigen Haus weit und breit, standen sie draußen vor dem großen Glasfenster, pressten ihre Gesichter gegen die Scheibe und starrten uns an. Es war ihre tägliche Sensation.

Wir fuhren durch endlose Kakteenfelder, durch Wiesen und Wälder. Man konnte stundenlang die Augen schließen. Wenn man sie öffnete, war es noch immer dieselbe Landschaft. Sie ist nicht abwechslungsreich wie in Europa, wo man Felder, Wälder,

Hügel in schnellem Wechsel genießen kann. Aber die riesige Weite ist viel aufregender. Man riecht das Abenteuer.

In Kansas City hielt der Bus. Der Wagen wurde gewechselt, wir hatten einen halben Tag Fahrtpause, gingen in ein Hotel, um zu ruhen. Die Zimmertüren standen weit offen. Jede Türöffnung war bis in Augenhöhe mit einem Cretonnestreifen bespannt; der Streifen war zu schmal, man konnte darüber hinweg die Menschen zusammengeknäuelt in ihren Betten liegen sehen. Die Betten standen ganz nahe am offenen Fenster, aber auch das nützte wenig, es blieb unerträglich heiß, das Hotel hatte keine Klimaanlage.

Auf den Straßen schlichen in Zeitlupe Männer, große Texashüte auf dem Kopf. Die Bars wurden exotischer, Indianerinnen, Mexikanerinnen schaufelten Eis aus großen Tonnen in Waffeltüten. Und was gab es für wunderbare Eisarten! Bananeneis mit Marshmallow und Schokoladensauce, mindestens zehn verschiedene Sorten, Buttercrunch, Toffee, Pistaccio, Ananas, Rumcherry und natürlich Erdbeere, Kirsche, Schokolade, Vanille. Nach den gemütlichen Drugstores und dem Eis sehne ich mich. Die Sandwiches waren gut, man konnte auch Doppeldecker kaufen, da liegen zwei belegte Sandwiches übereinander und zwischen jeder Scheibe ein Salatblatt.

Der Bus fuhr durch die Wüste von Arizona. Es wurde zum Ersticken heiß. Ich lag im oberen Bett und bekam Angstzustände, rief den Negerschaffner, der mich massierte. Seine Handfläche war hart und rau, vielleicht war er früher Holzfäller oder Steinklopfer gewesen, aber nie in meinem Leben hat mich jemand so sanft und zart berührt wie dieser Neger. Ich wurde ruhig. Er entfernte sich von meinem Bett wie eine Amme, die dem Säugling die Flasche gegeben hat. Alle paar Minuten kam er zurück und fragte mich, wie es mir gehe.

»Ich kann nicht einschlafen, wenn Sie dauernd kommen.« Er hatte sich parfümiert.

Am nächsten Morgen tauchten am Weg die Drive-ins auf. Das sind runde oder viereckige Pavillons mit einer Bar. Aus dem hell erleuchteten Glasdach steigt steil wie eine Rakete der Name des Besitzers: »Tom's« oder »Fred's«. Strahlenförmig parken Autos um den Pavillon. Mädchen in kurzen Hosen stellen zusammenklappbare Tische an die Autos. Das Radio spielt, man isst, trinkt und fährt weiter. Je mehr man sich Kalifornien nähert, umso toller werden die Lichtreklamen. Ganze Häuser waren violett, orange und grün angestrahlt. Senkrechte und waagerechte Plakate wechselten, von Farben beleuchtet, die ich bisher noch nie in Lichtreklamen gesehen hatte, lindenblütengelb, taubenblau und hellrot. Es roch nach Asien. Die »Foodmarkets« waren blitzend weiß beleuchtet, wie für eine Filmaufnahme präpariert. Blutrote Zahlen krachten aus schneeweißen viereckigen Pappen, die an langen Schnüren von der Decke hingen; die Preise der Lebensmittel.

Wir fuhren durch endlose Orangen- und Zitronenhaine und dann, ja dann waren wir in Los Angeles. Der Negerschaffner hatte meinen Koffer gepackt, ich drückte seine sanfte Eisenhand.

In Hollywood mietete ich ein todschickes und billiges Appartement; großes Schlafzimmer mit zu vielen und zu hohen Fenstern, eine Wohnküche, das Plättbrett sprang aus der Wand, Badezimmer und ein Raum, den man *closet* nannte. Er barg die Kleider. Schränke waren unmodern. Und das alles kostete nur vierzig Dollar im Monat. Der Rezitator Ludwig Hardt wohnte im selben Haus. Nur ich konnte nie ausschlafen, die Sonne weckte mich am Morgen. Die schwarze Brille, die ich nachts trug, störte mich.

Zuerst stürzten sich alle Emigranten auf mich, Leopold Jessner, Alexander Granach, Felix Bressart, Richard Révy. Sie dachten, jetzt kommt das Laster, aber sie trafen eine Mimose, die sich nicht einmal anfassen ließ.

Ich besuchte Walter Wanger, den Filmproduzenten. Beatrice, seine Schwester, hatte mich angemeldet. Ich hatte nichts Richtiges anzuziehen und kaufte mir einen apfelgrünen Hosenanzug. Ich dachte, in Hollywood kann man sich anziehen, was man will. Ja, Kuchen. Wer noch nichts erreicht hat, muss sehr »well groomed« sein. Erst später kann man sich Extravaganzen erlauben. Im Bus war ich hingefallen, weil er so geschaukelt hatte. Meine Beine waren aufgeschlagen, ich trug einen dicken Verband. Man sah ihn durch die Hosen. Ich hatte einen Sonnenbrand, mein Gesicht war geschwollen, die Augen blinzelten wie kleine Schweinsäugelchen. Als mich Walter Wanger sah, knickte er zusammen und sagte: »Sie sind nicht der Typ.« Ich war schneller draußen, als ich drin gewesen war.

Mit Lubitsch ging es mir ebenso. Er ließ mich in seinem Wagen abholen. Meine Wunden waren noch nicht geheilt, und in meiner Verlegenheit sagte ich lauter Sachen, die man nicht sagen darf. »Mir gefallen die amerikanischen Schauspieler nicht, sie sehen wie Ansichtspostkarten aus.« Das habe ich aus purster Angst gesagt, nur um überhaupt irgendetwas zu reden, aber Lubitsch war böse, und auch hier war ich sehr schnell wieder draußen. Man behandelte mich wie einen normalen Menschen, dabei bin ich nicht normal. Wenn ich zu Wäscher sagte: »Die anderen Tänzerinnen sind ja nicht wirklich verrückt, sie tun nur so.« Dann sagte er: »Ach so, und du bist wirklich verrückt?«

Ich besuchte Klaus Mann, der in einem kleinen Haus, an einen Berg geklebt, wohnte. Ich hatte ein Treatment für einen Film über die »Vereinigten Staaten von Europa« geschrieben, von Amerika aus sieht man erst richtig, dass Europa mit seinen vielen kleinen Ländern einem Flickenteppich gleicht. Das war noch nicht aktuell und Klaus Mann nicht interessiert.

Eine furchtbar reiche Frau, Mrs. Fritz, lud mich ein. Anna May Wong, die chinesische Filmschauspielerin, wohnte bei ihr. Da ist plötzlich meine apfelgrüne Hose, ich weiß nicht, wie es gekommen ist, aufgegangen, runtergerutscht, und ich stand im Freien, denn ich hatte nichts drunter. Humor schien niemand zu haben.

Die Leute sagten: »Sie haben so viele Beziehungen.«

Aber in einer Woche war ich alle los. Salka Viertel musste auch davon gehört haben – Hollywood ist ein Dorf –, sie lud mich zum Lunch in die Kantine von MGM und sagte: »Ich glaube, es ist besser, Sie fahren wieder ab.« Das tat ich und fuhr nach New York zurück.

In Deutschland hatte ich ein animalisches Leben gelebt. Ich bin weder in Theater noch Konzerte gegangen, nur ab und zu ins Kino. Ich wurde von meinem Mann und von Wäscher vorwärts oder rückwärts geschubst, ich ruhte in mir selbst, um auf der Bühne zu explodieren. Ich wusste nicht, wie viel Geld mein Mann verdiente und ob er überhaupt etwas verdiente, ich wusste nicht, was Wäscher verdiente, ich wusste nicht, wie viel ich verdiente. Ich habe den tollsten Schmuck gehabt, geerbt, geschenkt bekommen, Smaragde, Rubine, Perlen, Brillanten. Ich hatte Ketten, Armbänder, Ringe, Ohrringe, Broschen. Ob der Schmuck gestohlen worden ist, ob ich ihn verloren habe, ich weiß es nicht, und es hat mich auch nicht interessiert. Er ist jedenfalls weg. Andere Menschen haben mich nicht interessiert, ich habe nur für meine Kraft gelebt. Denn aus meiner Kraft kam der Rausch, und auf den wartete ich immer.

Als ich aus Deutschland wegging, war ich allein auf mich gestellt, denn meine drei Männer blieben in Europa. Jeder hatte einen Grund. Weder wusste ich, wie man Geld verdient, noch wie man die richtigen Kontakte schließt. Kontakte schließen gehört in Amerika zum Karrieremachen. Natürlich waren in den USA viele Menschen, die mich von der Bühne kannten, aber ich kannte sie nicht. Ich wusste auch nicht, dass es viele Organisationen gibt, von denen prominente Künstler Geld bekamen. Zum Beispiel die New School of Social Research. Eine

Tänzerin, viel unbekannter als ich, hielt einen Vortrag über Tanz, bekam eine Fellowship und hundert Dollar die Woche, ihr Mann, ein sehr berühmter Regisseur, ebenfalls. Schließlich riet mir jemand, zum National Refugee Service zu gehen. Mein Geld war zu Ende. Der Service gab mir sieben Dollar wöchentlich, das waren soviel wie vierzehn Mark. Auch hier verstand ich nicht, meine »Prominenz« ins Spiel zu bringen.

Für vier Dollar mietete ich ein kleines Dachzimmer, mein Leben spielte sich auf dem Bett ab. Von Schuhsohlen reparieren konnte nicht die Rede sein, obwohl ich vom vielen Spazierengehen Löcher in den Sohlen hatte. Drei Dollar wöchentlich gab ich für Essen und kleine Nebenausgaben aus. Morgens trank ich in der Cafeteria eine große Tasse sehr guten Kaffee für fünf Cents, für fünf Cents bekam ich zwei Brötchen und ein kleines Stück salziger ranziger Butter. Für zwei Cents kaufte ich die *New York Times.* Sonntags kostete sie zehn Cents, war aber so dick, dass ich den Händler fragte, ob er mir nicht für zwei Cents davon geben könne. Er sagte: »Nein, ich verkaufe sie nur im Ganzen.«

Ich fühlte mich sehr glücklich bei diesem Frühstück, ja, ich war berauscht vor Glück. Das große Abenteuer schien nahe. Jeden Tag kaufte ich einen Kopf Salat, mittags aß ich eine Hälfte, abends die andere, dazu Brot. Natürlich hatte ich großen Hunger, denn ich ging jeden Tag schwimmen, das kostete nichts. In Bibliotheken las ich politische Bücher, dadurch habe ich erst richtig Englisch gelernt.

Zuerst versuchte ich bei Macy's und Woolworth einen Job zu bekommen, füllte die Antragsformulare aus, wurde aber nicht engagiert. Vor Hunger ging ich auf den Strich. Es war leicht für mich, ich werde sehr oft auf der Straße angesprochen, auch in Amerika. Aber gleich beim ersten Mal fiel ich rein. Ein Mann nahm mich in sein Hotelzimmer mit. Dann sagte er: »Geben Sie mir das Geld wieder, oder ich telefoniere die Fremdenpolizei an.« Er hatte schon den Hörer in der Hand. Er bekam sein

Geld zurück. Es blieb bei dem einen Versuch, ich habe kein Talent für diesen Beruf.

Ich ging zu einem Arzt und erzählte ihm, dass ich furchtbaren Hunger habe. Er schrieb ein Attest, »sie ist völlig unterernährt«. Ich gab es dem Refugee Service und erhielt einen Papierbogen, auf den alle Nahrungsmittel getippt waren, die ich für das Geld kaufen konnte. Es war vor allem Buttermilch und weißer Käse. Vor beidem ekle ich mich, ich blieb also bei Salat und Brot.

Im Juli war es entsetzlich heiß in New York. Ich lag matt wie eine Fliege auf dem Bett, war nass vor Schweiß und ging in die Cafeteria von Stewards, aß ein Toffee-Eis. Der rothaarige Schriftsteller Weinberg – er schrieb englische Untertitel für französische Filme – setzte sich zu mir. Ich fragte ihn, ob es in Amerika richtige Fischerdörfer gibt so wie in Europa. »Ja, Provincetown, an der Spitze von Cape Cod, eine Siedlung von portugiesischen Fischern, es ist der Ort, der am nächsten zu Europa liegt.« Nun wusste ich, wohin ich fahren musste.

Provincetown

Per Anhalter kam ich nach Boston, von dort mit dem Schiff nach Provincetown. Der Ort entzückte mich schon, als ich ihn vom Schiff aus sah. Niedrige Bungalows auf Holzpfählen standen um eine Bucht, leicht und elegant wie Windhunde. Im Hafen schwankten auf leicht bewegtem Wasser rote und grüne Schiffe.

Wir legten an einer breiten Brücke aus dunklem Holz an, einem Wharf. Gleich ging ich in das Dorf, das aus zwei langen Straßen bestand, der Commercial und der Bradford Street. Sie laufen parallel um die Bucht herum und sind durch kleine Dorfsträßchen verbunden, die von Laubbäumen gesäumt sind. In der Bradford Street sah ich ein Schild: Zimmer zu vermieten. Ich ging in einen Keller, da saßen beim Nachmittagskaffee die Besitzer des Hauses, Mr. und Mrs. Enos. Er war früher Kapitän gewesen, jetzt arbeitete er in den großen Fischspeichern, schnitt Fische auf und nahm die Därme raus. Enos und Frau waren dick und gemütlich. Noch ehe ich das Zimmer gesehen hatte, wusste ich: »Hier bleibe ich.« Sie zeigten mir Haus und Garten. Große dichtblättrige Obstbäume wuchsen auf wild wucherndem Rasen.

»Er muss geschnitten werden«, sagte Enos. Ich fand den Rasen, gerade wie er war, so schön. In einer Ecke wuchsen Tomaten, Möhren, Kohl und Salat. Auch einen Misthaufen gab es und gackernde Hühner. Richtiges Land! Nie hätte ich geglaubt, dass es in Amerika etwas so Urwüchsiges gibt.

»Was ist in der kleinen Hütte?«, fragte ich.

»Gartengerät und altes Gerümpel.«

»Da will ich wohnen!«, rief ich.

»Es regnet durchs Dach«, sagte Herr Enos.

»Macht nichts«, sagte ich bittend.

»Wo willst du mit dem Gerümpel hin?«, fragte Frau Enos.

»Ach bitte, geben Sie mir die Hütte, sie ist genau richtig für mich. Ich werde sie mir ganz allein zurechtmachen, die Wände anmalen, und haben Sie nicht einen Tisch, einen Stuhl und einen alten Petroleumkocher?«

Herr Enos war von meinem Eifer angesteckt und meinte: »Ja, das werden wir schon finden. Und, sehen Sie, neben der Hütte ist eine Dusche.«

»Sogar eine Dusche!«, rief ich entzückt. »Dann ist ja alles da und, dass es ins Haus reinregnet, macht mir gar nichts. In New York wohnte ich in einer Dachkammer, es regnete oft durch die Dachluke, das hat mich überhaupt nicht gestört, im Gegenteil, es erfrischte mich, wenn es heiß war.«

Enos lachten.

»Was kostet es?«

»Fünfundzwanzig Dollar im Monat.«

Ich war einverstanden und ging sofort an die Arbeit. Ich räumte die Gartengeräte, das alte Fahrrad, die Bretter und den verrosteten Eisenofen raus. Herr Enos gab mir einen Topf mit blauer Farbe, und ich strich die Wände an. Wunderbar sah es aus. Nun ein Bett hinein, und gleich heute Nacht kann ich in meinem Häuschen schlafen. Zwar roch es stark nach frischer Farbe, aber die drei Fensterscheiben waren zerbrochen, ich nahm sie aus dem Rahmen. Nun konnte die gute Landluft hereinströmen und der Farbgeruch wird mich nicht stören. Am nächsten Morgen wachte ich aus tiefem Schlaf sehr früh auf. Es war still, die Luft rein und duftend. Ich hatte mitten in der Natur geschlafen! Frau Enos brachte den Katalog von einem Versandhaus aus Boston. Ich sollte Stoff aussuchen, denn Gardinen müssten an die Fenster, meinte sie. Ich wählte einen roten Kattun, mit kleinen weißen Segelschiffchen bedruckt.

Und nun brachte Herr Enos einen Petroleumkocher. Zuerst wollte er nicht brennen; hässlicher, dicker Rauch stieg in meine Nase. »Frau Enos!«, rief ich kläglich. Sie kam und zeigte mir, wie ich die Schraube drehen musste, damit das Feuer ruhig und blau brannte. Es dauerte viele Tage, bis ich es lernte.

Herr Enos hatte mich sehr gern. Wenn seine Frau die Geduld mit mir verlor, sagte er: »Lass man, Gert ist ein nettes Mädchen.« Und dann wurde Frau Enos wieder ruhig. Jeden Tag brachte er Kabeljaus, Heringe und Flundern aus seiner Fischfabrik mit nach Hause, und immer gab er mir ab. Oder ich ging auf den Wharf, wenn die Fischer mit ihrer Beute anlegten. Sie verschenken Fische aus Aberglauben. Man verkauft dann mehr. Die Aale wollten sie gleich wieder ins Wasser werfen, weil man Aale in Amerika kaum kauft. Sie gaben mir welche und eine Menge Kabeljau. »Cod« heißt Kabeljau. Ich zog einen Draht durch die Köpfe der Fische und schleifte sie hinter mir her durchs Dorf. »Huh! Schlangen!«, riefen die Passanten angeekelt.

Ich briet oder kochte die Fische mit Milch und Curry. Oder ich räucherte sie. Im Garten stand eine große alte Tonne, auf den Boden häufte ich Sägespäne, zündete sie an, bis sie schwelten, und quetschte oben in die Tonne ein altes Drahtgeflecht hinein, auf das ich die Fische legte. Eine alte rostige Metallplatte kam zuoberst. Sie schloss nicht ganz, aber das war gut, denn so konnte der Rauch an allen Seiten herausquellen. Genug Rauch blieb in der Tonne, um die Fische goldbraun zu räuchern. Weil ich sie nicht für den Export brauchte, genügte mildes Räuchern, sie waren viel saftiger als die, die man in Läden kriegte. Alle delektierten sich an meinen Fischen. Ich hätte einen Beruf daraus machen können, dann besäße ich jetzt große Räucherfabriken überall in Amerika.

Im Bungalow mir gegenüber wohnte Mrs. Harris, eine ungefähr fünfzig Jahre alte, etwas dickliche Frau. Ungepflegt saß sie auf der Schwelle ihres Hauses und stierte vor sich hin. Glücklich sah sie nicht aus. Vielleicht war ihr der Mann mit einer schönen jungen Frau weggelaufen, vielleicht war die Tochter auf Abwege geraten. Dieses stumme Leiden ging mir auf die Nerven. Was war los mit ihr? Ich wollte sie in Bewegung bringen. Was sie brauchte, war ein Abenteuer.

Ich ging zu Joe, dem Schwiegersohn unseres Wirtes. Er war Seemann. »Joe«, sagte ich, »wir müssen Mrs. Harris aufheitern, ich habe eine Idee. Wollen wir ihr einen anonymen Liebesbrief schicken?« Joe hatte Humor, holte Briefpapier und einen Kugelschreiber. Ich diktierte: »Dear Madam, schon mehrere Male sah ich Sie auf der Straße. Ich bewundere Ihre stattliche Gestalt, die braunen Augen und Ihr liebes Gesicht. Darf ich Sie kennenlernen?« Unterschrift: Myron Brown.

Ich steckte den Brief in den Kasten. Am nächsten Tag stürzte eine verwandelte Frau aus dem Bungalow. In der Hand schwenkte sie den Brief. Ich trank gerade Kaffee mit Joe. »Sehen Sie, was ich bekommen habe!«, schrie sie. »Einen Liebesbrief! Er bewundert meine Figur!«

Sie gab Joe den Brief, den er zögernd las, als sei ihm der Inhalt neu. »Lesen Sie nur, Valeska«, sagte er verschmitzt, »solche Briefe bekommen Sie nicht.«

Mrs. Harris warf mir einen triumphierenden Blick zu. »Warum hat er mich nicht einfach angesprochen?«, fragte sie nachdenklich.

»Vielleicht ist er schüchtern«, meinte ich, »oder vielleicht wartet er irgendwo auf Sie, vielleicht in der Atlantic Bar.«

Mrs. Harris verschwand. Nach zwei Stunden kam sie zurück. Sie war im Schönheitssalon gewesen. Die unordentlichen Zotteln waren zu glänzenden Locken geworden, Gesicht geschminkt, Augen schimmerten. Sie ging in die Atlantic Bar.

Am nächsten Morgen fragte ich sie: »War er dort?«

»Nein«, antwortete sie langsam, »aber vielleicht saß er im Flagship.«

Abend für Abend ging sie aus, und immer trauriger sah sie aus, wenn sie zurückkam. Ich konnte es nicht mehr mit ansehen. So ernst hatte ich das ja gar nicht gemeint. Ich machte mir

Vorwürfe, konnte nicht mehr schlafen, Appetit hatte ich auch keinen mehr. Wie sie fiel ich zusammen. So ging das nicht weiter. Ich musste uns helfen. Im Garten wuchsen Nelken. Ein paar schnitt ich ab und band einen Strauß mit roter Seide, legte ihn auf die Schwelle ihres Häuschens. Am nächsten Morgen rief sie aufgeregt: »Er war da, hier sehen Sie die Blumen. Ich hätte sie nicht einmal bemerkt, wenn der Milchmann mich nicht darauf aufmerksam gemacht hätte. Er muss wirklich sehr schüchtern sein«, fügte sie träumerisch hinzu.

Am Abend ging sie wieder in die Atlantic Bar, sah jung und hübsch aus. Diesmal folgte ich ihr mit Joe. Mrs. Harris saß allein an einem Tisch, angespannt, mit blitzenden Augen. Da war ja der Cop, der mich auf der Commercial Street angehalten hatte, weil mein Badeanzug zu weit ausgeschnitten war. Er trug jetzt Zivil, flirtete mit mir, forderte mich zum Tanzen auf.

»Wollen Sie Spaß haben?«

»Was gibt's?«

»Sehen Sie die dicke Frau drüben? Ich schrieb ihr einen anonymen Liebesbrief, und nun wartet sie jeden Tag auf den Mann. Gehen Sie zu ihr, und wenn Sie fragt, wie Sie heißen, sagen Sie: Brown.«

»Okay«, lachte er und ging rüber zu ihr.

»Ich bin es«, sagte er.

»Wie heißen Sie?«

»Brown.«

Mrs. Harris schnellte vom Sitz. Wirklich, er war es. Schon wollte sie verzweifeln, da kam er. »Setzen Sie sich«, sagte sie mit trockener Stimme. Er setzte sich und legte gleich den Arm um ihre Taille. Sie wehrte sich nicht. Er bestellte ein Bier, trank und zahlte. Sie sprachen kein Wort. Nach wenigen Minuten standen sie auf und gingen zum Ausgang. Das Leben ist kurz. Kathleen Harris war eine einfache Frau. Im Vorbeigehen flüsterte mir der Schutzmann ins Ohr: »Wir gehen zu ihr nach Hause.«

Provincetown war voll von jungen Mädchen und Männern, alle gleich angezogen. Sie trugen Schlosserhosen aus grobem blauem Dunham, die Hosenbeine hochgekrempelt, eins kürzer als das andere. Die Hemden flatterten über den Hosen, dazu Latschen oder Mokassins.

Man fuhr im Bus an den Strand, wenn man keinen Wagen hatte. Ich ging zu Fuß, weil es billiger war und weil es mir mehr Spaß machte. Der Weg führte an Hügeln vorbei, die mit Hagebuttensträuchern und Blaubeerbüschen dicht bewachsen waren, mit Brombeeren, Erdbeeren und Giftefeu. Ich duckte mich zwischen die Blaubeerstauden und pflückte die prallen blauen Beeren, die viel größer sind als die in Europa. Dann ging ich in ein Dünental, zog Schuhe, Hosen und den rot-weiß gestreiften Pullover aus, rein in den Lastexbadeanzug.

Ich lief an den Rand des Atlantischen Ozeans. Noch zögerte ich, da stand ein großer junger Mann vor mir und fragte: »Soll ich es Ihnen vormachen?« Er sprang ins Wasser, feige wollte ich nicht sein, dazu war er zu hübsch, ich sprang ihm nach und tauchte unter. Nachdem wir geschwommen hatten, liefen wir zum Strand zurück und warfen uns auf den heißen Sand.

Dollen Oberkörper hatte der Mann, Rücken im Profil schmal wie ein Messer, die Oberschenkel langgestreckt, sehr edel. Gute Rasse. Er hörte intensiv zu, als ich ihm von meinen Plänen erzählte. »Ich will eine neue Art von Groteskfilmen machen, eine Groteske, die aus übersteigerter Leidenschaft stammt.«

»Und ich gehe auf die Dramatic School in New Haven, will lernen, wie man Theaterstücke schreibt. Bis jetzt habe ich für die Regierung gearbeitet, das ist mir zu langweilig.«

»Ich muss gleich Geld verdienen«, sagte ich zu Irving (so hieß er), »das bisschen, das ich hatte, ist aufgebraucht. Wie bekommt man einen Job?«

»Ich suche auch einen, mein alter Herr meint, wenn ich eine Reise machen will, soll ich sie selbst bezahlen.«

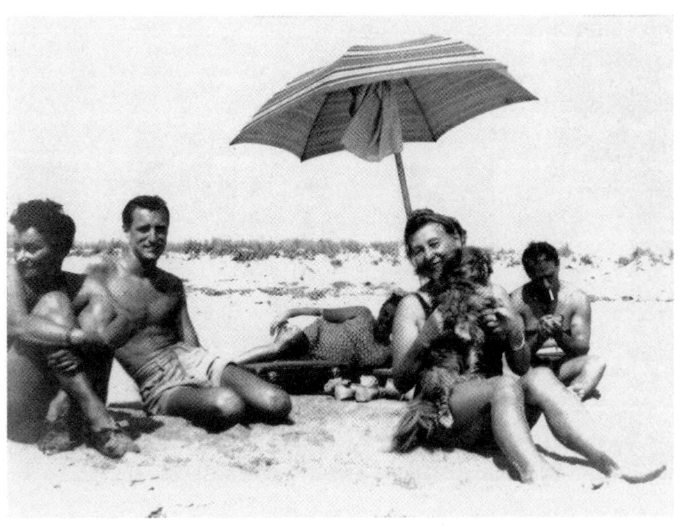

Valeska Gert, George Mangini, Lee Krasner, Mizzi Hofmann, Jackson Pollock am Strand in Provincetown, 1941

Irving war in Trinidad geboren, sein Vater Kakao-Importeur. Ich ging mit Irving Blaubeeren pflücken, verkaufte sie in Bäckerläden. Irving rechnete: »Wir haben nur dreißig Cents in der Stunde verdient, das lohnt sich nicht, ich suche einen anderen Job.«

Am nächsten Tag besuchte er mich in meiner Hütte, aß meine Fischsuppe, fand sie delikat und fragte, ob ich Geschirr waschen will, auch für nur dreißig Cents die Stunde, aber freies Essen dazu, acht Stunden täglich, macht zwei Dollar vierzig.

»Natürlich will ich Teller waschen, das ist der klassische Anfang in Amerika für jeden, der Millionär werden will.«

»Okay«, sagte Irving, »ich werde es der Wirtin sagen. Ihr Restaurant liegt auf dem Weg zum Strand, es heißt The Moore's, Sie haben es bestimmt schon oft gesehen. Ich werde Portier im Lobsterhouse, helfe Autos parken und breche morgens leeren Whiskyflaschen die Hälse ab.«

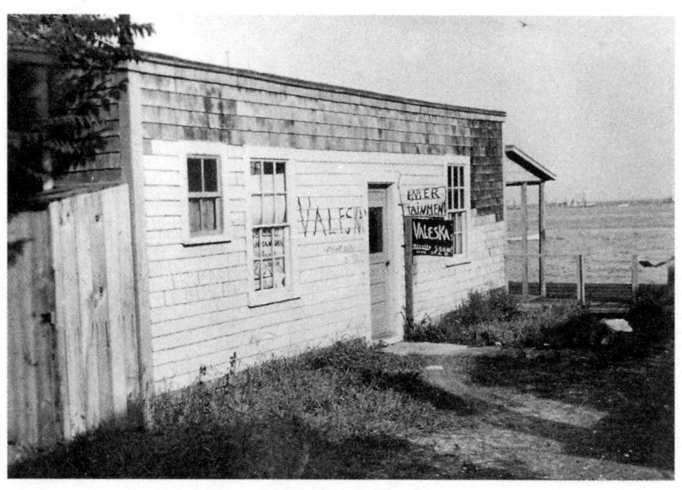

»Valeska's« in Provincetown, »Different food, different entertainment«: der Vorläufer des »Ziegenstalls« in Kampen

»Ulkige Arbeit.«

»Es ist Gesetz, damit nicht falscher Whisky in echte Flaschen gegossen wird.«

Am Nachmittag besuchte ich in rosa Shorts The Moore's. Die Wirtin lachte, als sie mich sah: »Wollen Sie wirklich Geschirr waschen?«

»Natürlich.«

»Gut, kommen Sie morgen um zwölf Uhr. Dreißig Cents und freie Verpflegung.«

»Ich weiß, Irving hat mir alles erzählt. Ich werde pünktlich sein.«

Vor Aufregung konnte ich nicht schlafen, genau wie vor einem Tanzabend. Mein Mann hatte mich sehr verwöhnt. Zusammen mit einem Mädchen und seiner Tante Jenny – ihr weißer Scheitel endete im kleinen Dutt – führte er unseren Haushalt. Ich kümmerte mich um nichts.

Ich stand viel zu früh auf, ging an den Strand, um mich im Meer abzukühlen, und schwamm. In meinem Lampenfieber vergaß ich, wo ich in den Dünen meine Kleider ausgezogen hatte. Ich ging im Badeanzug in die Küche von Moore's. Mein Badeanzug war hinten und an den Seiten tief ausgeschnitten. Die Wirtin sagte: »Bringen Sie Bluse und Hosen von meinem Sohn!« Das Mädchen, das Gemüse geputzt hatte, brachte mir einen Jungenanzug. Dann lehnte ich lässig gegen die Wand, ich war zwei Stunden zu früh gekommen, konnte die schiefen Blicke des Küchenpersonals nicht aushalten und fragte die Wirtin: »Kann ich etwas tun?«

Sie gab mir einen Besen, ich fegte die Küche. Dann lehnte ich mich an die Wand und gab dem Koch Rezepte für Currygerichte, die er kühl entgegennahm. Endlich war es zwölf Uhr geworden. Ich atmete auf, denn nun ging es los. Ich wusch mit Hingebung und Geschwindigkeit. Noch eine zweite Abwaschfrau war inzwischen angekommen. Als sie mein Tempo sah, wurde sie feindlich. Ich wollte sie für mich gewinnen, machte Witze, lächelte sie an. Nichts half, ich war ihr zu schnell. Vielleicht dachte sie, ich wolle sie aus ihrer Stellung drängen. Nichts lag mir ferner. Meine Arbeit so gut wie möglich zu machen, war mein Ziel. Ich lebte in Tellern. Kam eine Kellnerin ohne schmutzige Teller in die Küche, war ich enttäuscht. Ich war zum Waschen engagiert und ich wollte waschen. Fast mit Verachtung beobachtete ich, wie langsam die andere Frau wusch.

Hat sie keinen Ehrgeiz, wäscht sie etwa nur, um Geld zu verdienen? Wenn Autos vorfuhren, sah ich keine Menschen, nur noch mehr schmutzige Teller. Ich war besessen, wie früher vom Tanzen. Der Besessene ist besessen von allem, was er tut.

In der Küche war es sehr heiß und nicht immer gab's etwas zu tun. Das Essen, das ich bekam, war gut, aber knapp. In acht Stunden verdiente ich zwei Dollar vierzig. Sollte ich keine besser bezahlte Arbeit finden? Ich bekam Mut. Angefangen hatte ich mit Geschirrwaschen, wie es in Amerika üblich ist, nun wollte ich aufsteigen.

»Ich komme morgen nicht wieder!«, sagte ich zur Wirtin.

»Warum nicht? You did very well.«

Sie wollte mir fünf Cents mehr für die Stunde geben, aber ich blieb bei meinem Entschluss und kam nicht wieder.

Hans Hoffmann, der Maler aus München, brauchte für seine Malschule ein Aktmodell. Er unterrichtete im Abstraktmalen. Ich kletterte auf den Hügel, auf dem sein Atelier stand, setzte mich auf die Bank vor dem Haus, blickte ins Tal, das bayrisch aussah, und wartete. Er kam bald und engagierte mich für eine Woche, drei Stunden täglich, fünfmal in der Woche, Gehalt zwölf Dollar fünfzig, alles zusammen. Ich nahm an.

Doch ich wusste nicht, wie anstrengend es ist, drei Stunden in derselben langweiligen Pose zu sitzen. Ich hätte oft Pausen machen können, aber man schwieg. Die Schüler bewunderten mich und fanden, ich sähe wie ein Gauguin aus. Als drei Stunden um waren, guckte ich die Bilder an. Hatten die Schüler mein kantiges Wesen erkannt? Nur Drei- und Vierecke waren auf der Leinwand. Warum hatten sie meinen schwungvollen Körper nicht in Kreisen und Kugeln aufgelöst? Ich wurde schnell berühmt, viele fremde Besucher kamen ins Atelier, warfen scheinbar gleichgültige Blicke auf mich und verschwanden. Ein alter Maler fragte: »Wollen Sie mir am Nachmittag zwei Stunden Modell stehen? Einen Dollar die Stunde.«

Die Gage steigt, ich nehme an.

Am Nachmittag ging ich in die Arts Association. Am Eingang stand ein Plakat: »Malen Sie die Nackte für fünfundzwanzig Cents!« Die Nackte war ich. Ich hatte gedacht, der Alte braucht mich für sich selbst, aber so ganz öffentlich? Was sollte ich tun? Einfach weglaufen konnte ich nicht. Der Mann sah recht arm aus. Drinnen war ein großer Konzertsaal mit vielen Stuhlreihen und einem großen Podium.

»Gehen Sie ins Zimmer hinter dem Podium, ins Künstlerzimmer«, sagte der Maler, »kleiden Sie sich aus, ich rufe, sobald der Saal voll ist.« Ich zog mich aus, und er rief: »The crowd is in!«

Ich sprang aufs Podium. Es war wie ein Tanzabend, nur war ich nackt. Ich guckte das Publikum an, es sah nicht aus, als sei es zum Zeichnen gekommen. Ein paar alte Damen nahmen den Zeichenstift aus der Tasche, bewegten ihn tastend in der Luft, bevor sie zum Strich ansetzten. Aber die anderen saßen da wie Konzertbesucher, sie taten nichts. Ein Mann in der ersten Reihe gefiel mir. Aber in solch einer Situation kann man nicht flirten, man ist zu exponiert. Dann kam ein Maler, den ich vom Wharf kannte. Er störte mich immer, wenn ich auf dem Holzboden saß und mich sonnte. Jetzt wollte er mich nicht erkennen. Ich nickte ihm zu, er reagierte nicht. War er schockiert? Ist Tellerwaschen anständiger, nur weil man angezogen ist?

Der alte Maler rief: »Change!« und ich änderte meine Pose. Ich machte Bewegungen aus meinen Tänzen, die Heilige mit gefalteten Händen, zum Himmel gerichteten Blicken, die Dirne, ein Stück Elend unter der Maske der Verführung. Ich fühlte, wie erstaunt die Zuschauer waren. Wusste ich nicht weiter, drehte ich ihnen den Rücken zu, bis der Maler »Change!« rief.

Am nächsten Tag sollte ich wiederkommen, aber ich wollte nicht. Da ging ich lieber weiter in die Hoffmannschule, da wurde ich von nur 25 Schülern gemalt. Einer hieß Fritz. Sein Vater hatte ein Beerdigungsinstitut in New Orleans, der beste Freund war Tennessee Williams. Tennessee war damals ein zierlicher, zarter junger Mann. »Let's have a coke, folks«, sagte er, als er zu Fritz und mir in den Wagen stieg. Das fand ich sehr forsch. Wir fuhren an die Bretterbar am Eingang zum Wharf. Schon von Weitem roch es wie am Times Square, Ecke 42. Straße, nämlich nach billigem Fett. Außer Coke konnte man an der

Bar Hamburger kaufen, gebackene Muscheln in Tüten und Hot Dogs mit Relish. Das ist eine gehackte, grasgrüne würzige Masse.

Irving verliebte sich in Tennessee, der merkte nichts, bis ich es ihm erzählte. Sie wurden sehr gute Freunde.

Als ich am Strand lag, sprach mich ein kleiner brünetter Mann an. In Amerika spricht man sich schnell und selbstverständlich an. Er fragte: »Habe ich Sie nicht in Paris in der Comédie des Champs Elysées tanzen sehen?«

»Kann sein«, nickte ich.

»Was machen Sie hier?«

»Ich stehe Aktmodell.«

»Warum treten Sie nicht auf?«

»Wo?« Ich bin hilflos ohne Manager.

Myron, so hieß der Mann, war Reklamefachmann, aber er hatte die Seele eines Dichters und wollte mir helfen.

»Ich spreche mit Francis Bell«, schlug er vor, »ihr gehört der White Whale. Das Lokal ist immer leer, alle gehen ins Flagship, weil es viel aparter eingerichtet ist. Die Wände sind aus dunklem Holz. Von der Decke hängen Netze, und die Bar ist ein umgestülptes Boot. Hinter ihr steht der schwammige Wirt in weißer Seidenbluse mit langen weiten Ärmeln und gießt die Getränke ein.«

Myron ging zu Francis Bell und erzählte ihr, dass ich die Erfinderin der modernen Tanzpantomime sei, die auch die amerikanischen Tänzerinnen, Angna Enters zum Beispiel, stark beeinflusst habe. Sie engagierte mich, ohne dass ich ihr eine dieser schrecklichen »Auditions« geben musste, die in Amerika jeder Manager und Direktor selbst von Arrivierten verlangt. Sie müssen nur ein halbes Jahr nicht auf der Bühne gestanden haben, dann sind sie auditionreif.

Das Lokal wurde zum Bersten voll, tagelang vorher musste man einen Tisch reservieren. Tennessee kam jede Nacht. Er fand mich fabelhaft, besonders mein *Japanisches Theater* packte ihn. Ich parodierte die *Töchter der Revolution*, eine reaktionäre Gruppe, den Text schrieb Irving. Ich machte die *Wasserscheue* nach einer Idee von Williams. Ich fühlte sofort, dass er mehr Theaterbegabung als Irving hatte. Tennessee fragte: »Warum machen Sie nicht in New York Ihren eigenen Nightclub? Wir kommen alle und machen Reklame. Geld dafür bekommen Sie, soviel Sie wollen.«

Herbergssuche

Der Sommer ging zu Ende. Ein Hurrikan wurde angekündigt. Mit einem Schlag leerte sich Provincetown. Man floh, nur ich nicht, denn ich kannte die Gefahr des Hurrikans nicht. Aber der Sturm bog bei Boston um, Provincetown blieb verschont. Einige Tage später war Labor Day, da wären sowieso alle abgefahren. Myron kam noch einmal nach Provincetown zurück und nahm mich in seinem Wagen mit, als er nach New York fuhr.

Unterwegs muss ich mich erkältet haben, meine rechte Backe schwoll. Ich ging zu einer Zahnärztin. »Zu spät zum Ziehen«, sagte sie. »Der Zahn muss ausgeschnitten werden. Gehen Sie zu einem Kieferoperateur. Hier ist seine Adresse.« Der Arzt narkotisierte mich, schnitt den Zahn aus und gab mir Pillen mit. »Haben Sie Freunde?«, fragte er. »Es ist besser, Sie schlafen bei ihnen.«

Ich fuhr nach Brooklyn zu Dr. Cheim (der sich inzwischen das Leben genommen hat). Ich glaube nicht an Pillen und schluckte sie nicht. Am nächsten Morgen hatte ich eine zweite Zunge, so geschwollen war mein Zahnfleisch. Ich konnte nicht sprechen, nur lallen. Dr. Cheim holte den Kieferspezialisten. Beide sagten: »Es ist besser, Sie gehen in ein Hospital. Haben Sie Geld?«

»Nein, ich habe alles ausgegeben, und das, was ich übrigbehalten hatte, gab ich der Zahnärztin und Ihnen gestern für die Operation.«

Dr. Cheim rief das Kings County Hospital in Brooklyn an. Zuerst kam ein Arzt, der mich untersuchte, dann kamen zwei Sanitäter, die ein grünes Stück Leinwand auf die Erde senkten und mich rauflegten. Sie hoben die Leinwand an den Griffen hoch und trugen mich aus dem Haus. Draußen vor der Tür standen viele Menschen, wie immer, wenn ein Leichen- oder Krankenwagen wartet. Einer fragte: »Ist es ein Junge oder ein Mädchen?« Ich hatte einen Bubi-Haarschnitt. Dann schoben die

Sanitäter meine Bahre in den Wagen, so, wie man Brot in den Backofen schiebt. Nun befand ich mich in einem jener Krankenwagen, die ich bis dahin mit prickelndem Grauen angeschaut hatte. Die Sonne schien, die Zweige der Bäume schaukelten, und ich musste an den Film *Erde* von Dowschenko denken. Da wird ein offener Sarg durch die Straßen getragen, die Zweige reichen in den Sarg und berühren das Gesicht des Toten. Das Leben grüßt den Tod. Beide sind ein und dasselbe.

Ich fühlte das Leben ganz stark und fragte den Arzt, der mit mir fuhr, ob er mir etwas zu essen geben könne. Er antwortete nicht, vielleicht dachte er, ich spreche im Fieberdelirium. Wir hielten am Kings County Hospital. Zwei Männer trugen meine Sänfte in ein Zimmer im Erdgeschoss. Zwei Krankenschwestern betrachteten mich, sagten nichts und verschwanden. Ich hatte Durst, wollte Wasser, bekam keins. Ein Arzt untersuchte mich, auch er sagte kein Wort. Ich wurde weitergerollt. Der nächste Arzt fragte mich etwas, ich antwortete lallend. Endlich schob mich eine Schwester in ein Zimmer. Vier Betten standen an jeder Seite und zwei im Mittelgang. Das Hospital war überfüllt. Ich hatte Hunger, die Schwester brachte Milch. Rechts von mir lag eine alte Frau, teilnahmslos. Links eine Frau mit eiterndem Ohr. Ihr war schwindlig. Ein Mädchen hatte sich den Körper mit kochendem Wasser verbrüht, zwei hatten einen Autounfall gehabt. Ich war in die Unfallstation geraten. Grausige Nächte. Kranke schrien, als ob man sie morde, sie steckten die anderen Frauen an, auch die Frauen in meinem Zimmer brüllten. Es war wie im Viehstall. »Seien Sie ruhig!«, schrie ich, »Der Lärm ist unerträglich! Sie sind gar nicht krank, Sie tun nur so, damit Sie Versicherungsgeld bekommen!« Ich hatte richtig geraten. Die »Autounfälle« verstummten. Aber eines Nachts wurde ein wirklich schlimmer Unfall eingeliefert. Eine Frau. Ein Auge war ausgelaufen, ihr Gesicht kreideweiß. »Ich komme, um zu sterben«, sagte sie.

Man senkte eine blinde Italienerin ins Bett, sie brüllte. Vielleicht dachte sie, man werfe sie in einen Abgrund. »Lady! Lady!«, schrie sie. Vielleicht war es das einzige englische Wort, das sie kannte.

Sieben Ärzte untersuchten mich jeden Tag, ich muss sehr krank gewesen sein. Einmal rollte man mich in einen Saal. Um die lange Tafel saßen ringsherum Ärzte, sie sprachen miteinander, aber nicht mit mir. Ich wurde weggerollt.

Die alte Frau im Bett rechts von mir schwand dahin, ihre Haut vergilbte. Ein Mädchen stellte Essen auf ein Brett, das über ihr Bett gelegt wurde, die Kranke war viel zu schwach, danach zu greifen. Das Essen wurde unberührt abgeholt. Ein Ehepaar samt Priester besuchten sie und legten ein Bündel alter Zeitungen auf die Bettdecke.

»Sie kann nicht lesen, ist zu schwach«, sagte ich. »Bringen Sie ihr Suppe oder Milch, sie hat lange nichts zu sich genommen.«

»Ach, wir sind ja gar nicht verwandt mit ihr«, meinte die Frau, »wir wohnen nur im selben Haus und heute morgen kam ein Telegramm, es geht zu Ende.« Die Kranke verstand jedes Wort, ein Schatten huschte über ihr Gesicht. Der Priester faltete die Hände und sprach ein Gebet. Sie gingen. Ein Glasbehälter mit langem Schlauch wurde neben das Bett der Sterbenden geschoben. Der Arzt stach eine Nadel in ihr Fleisch, Flüssigkeit floss aus dem Glas in die Adern. Die Frau sah sehr ernst aus, sie wusste, was kommt.

Zwischen diesen vielen Kranken konnte ich unmöglich schlafen. Und wie sollte ich ohne Schlaf gesund werden? Das Hospital war überfüllt, meine Krankheit würde schwinden, vielleicht wäre man froh, mich loszuwerden.

Ich bat den Arzt, mich zu entlassen. »Gut«, sagte er, »aber Sie müssen sich zu Hause sofort ins Bett legen und Ihren Arzt holen.«

Er entließ mich. Nachdem ich mehrere Stunden auf meine Kleider gewartet hatte, konnte ich endlich gehen.

Zuerst ging ich in den Drugstore gegenüber vom Krankenhaus. Ich aß mich satt. Dann fuhr ich im Bus nach Hause. »Nach Hause!« Ein Witz! Mein Zimmer war inzwischen wieder vermietet worden. Der Arzt hatte gesagt, ich solle mich sofort ins Bett legen, aber ich hatte keins. Ich kletterte treppauf, treppab, bis ich ein Zimmer fand. Als ich meinen Koffer aus dem alten Zimmer abholen wollte, erklärte die Wirtin: »Den Koffer bekommen Sie erst, wenn Sie die Geldtasche herausgeben, die Sie gestohlen haben.«

»Ich habe keine Tasche gestohlen.«

»Doch! Hier sind drei Zeugen.«

Drei alte Damen nickten: »Ja, wir haben die Tasche in Ihrer Hand gesehen.«

Die Wirtin fiel vor mir auf die Knie und flehte: »Geben Sie mir die Tasche zurück, haben Sie Erbarmen, ich bin eine arme Frau.«

Sie muss verrückt sein. Was soll das Theater? Ich war in einer hübschen Klemme. Bezeugen die alten Herrschaften, dass sie die Tasche in meiner Hand gesehen hatten, kriege ich Gefängnis.

»Ich komme morgen wieder!«, sagte ich. »Behalten Sie meinen Koffer bis dahin. Die Tasche finden Sie bestimmt.«

Als ich am nächsten Tag wiederkam, öffnete mir eine alte Dame die Tür und wisperte: »Sie hat die Tasche in der Kommode ihres Sohnes gefunden. Er ist Säufer und stiehlt, wenn er zu viel getrunken hat.«

Ich bekam meinen Koffer und telefonierte Irving an.

Der rief aufgeregt: »Wo waren Sie? Ihre Wirtin wusste es nicht.«

»Ich war im Kings County Hospital.«

»Warum ließen Sie mir nicht Bescheid sagen?«

»Ich sah grauenhaft aus, total verschwollen. Phlegmone hatte ich.«

»Valeska, ich erzählte einer Malerin von Ihrem Nightclub-Plan. Sie will ihn finanzieren. Wollen Sie heute zum Tee zu ihr gehen?«

Na ja, eigentlich sollte ich im Bett bleiben, aber das mit dem Geld war wichtig. Ich ging mit Irving zur Malerin. Sie hieß Marjorie. »Ich möchte gern Geld in ein originelles Kabarett stecken, wie viel brauchen Sie?«

»Dreihundert Dollar.« Meine Ahnungslosigkeit war mein Glück. »Dreihundert Dollar? Kann man mit so wenig Geld einen Nightclub aufbauen? Wie wollen Sie das machen?«

»Ganz einfach, keiner, der mitmacht, bekommt Gage, alle werden am Gewinn beteiligt.«

»Ach so.«

»Haben Sie schon einen Raum gemietet?«

»Nein, aber ich will gleich einen suchen.«

»Gut, klingeln Sie mich sofort an, wenn Sie etwas gefunden haben.«

Ich ging auf Lokalsuche. Die Sekretärin im Real Estate in der Grove Street guckte in eine Liste. »In der Morton Street, Ecke Bleecker Street ist ein Keller zu vermieten. Da war schon früher mal ein Nachtlokal drin, der Besitzer machte viel Geld.«

»Wo ist die Bleecker Street?«

»Am Rande von Greenwich Village, im italienischen Viertel.« Sie nahm einen Schlüssel vom Haken und ging mit mir in die Morton Street, eine Taschenlampe in der Hand, denn das elektrische Licht war abgeschaltet. Viel konnte ich beim Schein der kleinen Lampe nicht erkennen, aber was ich sah, gefiel mir enorm. Der Hauptraum war klar geschnitten, wunderbar proportioniert. Ich wusste, hier werde ich Erfolg haben. Erfolg hängt stark von den richtigen Proportionen ab.

Rechts vom Eingang stand ein kleines Podium, gut für Auftritte, links ein altes Klavier. Dahinter, eine Stufe höher, auf einem Podest eine Bar mit einem großen Spiegel als Rückwand.

Ein kleiner Gang führte in die Garderobe und in die ländliche Küche. Der Boden der Küche war aus Stein und hatte ein Abflussloch. Herd, Brattische, Grill, elektrische Kühlschränke, alles war da. Das Lokal war früher ein Speakeasy gewesen und darum so üppig ausgestattet. An den Hauptraum grenzte ein kleinerer Raum mit Bänken ringsherum an den Wänden. Auch zwei Toiletten gab es. Das Lokal war wohl sehr alt, es erinnerte mich an La Bollé am Boulevard Michel in Paris, wo Oscar Wilde seinen Namen in die grobgekalkten Wände eingekratzt hatte.

Nie hatte ich irgendwo einen so vollkommen geschnittenen Raum gesehen. Ich liebte ihn auf den ersten Blick. Sofort telefonierte ich Marjorie: »Kommen Sie downtown, ich habe ein ideales Lokal gefunden. Aber kommen Sie schnell, ich habe Angst, jemand schnappt es mir vor der Nase weg!«

»Wie lange steht es leer?«

»Zehn Jahre!«

»Na, dann wird es nicht gerade jetzt vermietet werden, aber ich komme.«

Ich holte sie vom Ausgang der Untergrundbahn am Christopher Place ab und führte sie in den Keller. Auch sie fand ihn sehr schön und fragte die Sekretärin nach dem Mietpreis.

»Fünfzig Dollar monatlich.«

Das war sehr billig, doch Marjorie handelte noch zwanzig Dollar ab. »Aber Sie müssen die Reparaturen bezahlen«, verlangte die Sekretärin als Gegenleistung. Es können nicht viele Reparaturen sein, dachte ich, und auch Marjorie hatte keine Ahnung.

»Schreiben Sie den Vertrag gleich aus«, drängte ich die Sekretärin. Marjorie gab ihr zehn Dollar Anzahlung.

»Das ist billig«, stellte Marjorie fest, als wir draußen waren. »Jetzt möchte ich Ihre Mitarbeiter kennenlernen, und dann mache ich einen Vertrag mit Ihnen.«

Schnell musste ich ein Ensemble zusammentrommeln, damit sie unterschrieb. Bei Freunden hatte ich eine Sekretärin kennengelernt, die zur Bühne gehen wollte. Hedy hieß sie, hatte einen kleinen Buckel, schön war sie auch nicht, jung auch nicht, und ob sie Talent hatte, wusste ich nicht. Aber warum sollte man aus ihr nicht eine Nightclub-Künstlerin machen?

Irving wollte auch mitmachen. Und in Provincetown hatte ich einen indischen Tänzer mit schönem Körper, aber ungewöhnlich großen Füßen getroffen. Ihn fragte ich und Ruth, die Freundin von Günther Weisenborn, die schon in Berlin im *Kohlkopp* mitgemacht hatte. Sie garnierte jetzt Hüte in einer Hutfabrik. In jeden Hut wurde ein anderes Etikett hineingeklebt, aber es waren immer dieselben Hüte, die in jeder Straße andere Preise hatten, billiger oder teurer, je nachdem, ob sie in der Fifth Avenue oder am Union Square verkauft wurden.

Am nächsten Tag erschienen alle bei Marjorie. Ihr Anwalt war da und sagte: »Wer einen Nightclub führt, steht mit einem Fuß im Gefängnis. Dieses Gewerbe ist mit Gangstern und Racketeers durchsetzt.«

Am Tag drauf telefonierte Marjorie: »Ich habe kalte Füße bekommen, ich mache nicht mit.«

Nun hatte ich Mitarbeiter, aber kein Geld. Dem Besitzer des Kellers gab ich fünf Dollar und bat ihn um den Schlüssel, damit ich das Lokal reinemachen und einem anderen Geldmann zeigen konnte. Bei Kerzenlicht fegte ich, nahm Spinnweben ab und tötete die großen Schwaben und Kellerasseln, die herumkrochen. Alles ist größer in Amerika, auch das Ungeziefer. Jetzt musste ich Geld auftreiben, um Farbe zu kaufen. Mir fiel ein, dass Milly, die Frau des Arztes Cheim, etwas von einem reichen Arzt erzählt hatte, der vielleicht Geld gibt. Ich fuhr zu ihm. Seine Frau, eine Russin, hatte ein leidendes Gesicht.

»Ich will es mir überlegen«, meinte der Arzt, nachdem ich ihm meinen Plan entwickelt hatte. Er brachte mich nach Hause.

Bevor er ins Auto stieg, gab er mir fünfzig Dollar. Im Wagen wurde er frech. Ich schubste ihn zurück: »Nein, nein, Sie irren sich, ich wollte ein ernsthaftes Geschäft mit Ihnen machen.«

»Na gut«, sagte er. »Zu zweien würde ich so ein Lokal finanzieren. Da trifft man nette Mädchen, nicht wahr?«

Ich muss einen zweiten Geldmann finden. Zuerst aber ging ich zu Consolidated Edison, deponierte zwanzig Dollar und bat, sofort elektrischen Strom anzuschließen. Dann kaufte ich schwarze Emaillefarbe und strich die Wände an. Ich brauchte Lampenschirme, kaufte Draht, bog ihn zu Gestellen, zerschnitt meine Tanzkostüme und bespannte die Gestelle mit buntem Chiffon. Ein Schirm war halb blau, halb grün, ein anderer rot mit weißen Tupfen und einer halb rot, halb blau. Ich stülpte die Schirme über die Birnen, es sah surrealistisch aus, die Geisterlampen hoben sich zart von der blanken schwarzen Wand ab. Der Raum war fertig für den zweiten Geldmann, aber erst muss ich ihn finden.

Auf dem Tanzabend des Tapdancers Draper, dem Neffen der Diseuse Ruth Draper, über die ich einmal in der *Weltbühne* eine schlechte Kritik geschrieben hatte, traf ich einen Grafiker aus Berlin.

»Gehn Sie zu Nierendorf, der hat die Katakombe in Berlin finanziert.« Ich rief Nierendorf an, er kam sofort in den Keller und sagte: »Ja, das hat Atmosphäre.«

Er wollte den Club zusammen mit dem reichen Arzt finanzieren. »Ich werde Sie beide zusammenbringen«, sagte ich, »aber bitte seien Sie optimistisch, damit ich den Arzt nicht verliere, auch wenn Sie es sich inzwischen anders überlegt haben sollten.«

Er versprach, mindestens optimistisch zu sein. Dasselbe Versprechen nahm ich dem Arzt ab. Als wir uns im Café Éclair in der 72. Straße trafen, machten sie sich gegenseitig Mut. Beim Anwalt am nächsten Tag saß der Arzt bereits da. Er war mit Frau und Sohn gekommen und sah feierlich aus. Irving kam mit seinem Freund, einem Leutnant bei der Navy. Aber Nierendorf, wo war der? Das Telefon läutete. Er sagt ab, bestimmt. Bevor ich antworten konnte, nahm der Arzt den Hörer aus meiner Hand und rief schnell in den Apparat: »Wir kommen zu Ihnen!« Ohne auf Antwort zu warten, hängte er ab. Er war inzwischen scharf auf das Projekt geworden. Wir fuhren gleich zu Nierendorf, der bleich wurde, als er uns sieben sah. Ihm blieb nichts anderes übrig, als den Vertrag zu unterschreiben. Wir waren in der Überzahl. Am nächsten Tag rief er mich an: »Valeska, ich weiß einen viel netteren Menschen als den Arzt, ich bluffe ihn aus dem Vertrag und sage ihm, mir gefällt die Sache nicht, ich mache nicht mit.«

Es muss geklappt haben, dachte ich, als mir Nierendorf am nächsten Tag zweihundert Dollar brachte. Ich bezahlte hundertfünfunddreißig Dollar für Kabarett- und Restaurantlizenz. Als ich im dusteren Keller, farbbeschmiert, die schwarzen Wände mit bunter Schrift bemalte, inspizierte ein robuster Polizeibeamter das Lokal.

»Was soll das werden?«, fragte er barsch.

»Ein Nightclub.«

»Wer ist der Besitzer?«

»Ich.«

»Sie?«

Er war sprachlos. Besitzer von Nightclubs sehen anders aus. Es sind Geschäftsleute, die eine dicke Zigarre im Mundwinkel rollen und mit Trinkgeldern für die Polizei um sich werfen. Und da stehe ich verworfenes Geschöpf, eine Künstlerin, die ihre Wände selbst anstreicht. Schlimmer kann es gar nicht kommen. Skandal!

»Was für ein Nightclub?«

»Oh, etwas sehr Künstlerisches.«

Er schüttelte den Kopf: »Die Lizenz bekommen Sie nie.«

Er ließ mich in höchster Angst zurück.

Ein Beamter der Feuerpolizei kam und sagte: »Die Drähte müssen in Kabel gelegt werden, und Feueraxt, Löscher und Feuerhaken brauchen Sie auch.«

Dann untersuchte er die Kühlschränke und fragte, ob ich sie alle benutzen wolle.

»Nein, nur einen.«

»Besorgen Sie eine Lizenz für ihn, und für die anderen, die Sie nicht benutzen wollen, auch eine. Aber ich sage Ihnen gleich, sie ist schwerer zu bekommen als die Lizenz für den Kühlschrank, den Sie laufen lassen wollen.«

»Das ist aber kompliziert.«

»Wenn ich raten darf, schließen Sie alle Kühlschränke an.«

»Sie sind so groß, es wird ein Vermögen kosten, ich muss sparsam sein.«

»Ja«, meinte er, »sparsam kann man nicht sein, so ein Club kostet viel Geld.«

»So, also man muss Geld haben, um Geld zu verdienen.«

Nun erschien jemand von der Baupolizei. Mit einem Stock klopfte er die Decke ab. Die Stille war unerträglich. Er klopft wie der Arzt, wenn er mein Herz untersucht. Ob er etwas Krankes findet? Er schweigt. Endlich öffnet er seinen Mund: »Besorgen Sie drei Ventilatoren, sonst bekommen Sie die Lizenz nicht.«

Er ging.

Nun erschien ein Beamter von der Gesundheitspolizei. Der forderte einen Sterilisator zum Geschirrwaschen. Ich brauchte viel mehr Geld, als ich geglaubt hatte. Gut, dass ich das nicht vorher gewusst hatte, ich hätte nie den Mut gehabt anzufangen.

Ich ging mit Irving in die Bowery. Da gibt es außer der Heilsarmee und dem Asyl für Obdachlose eine Reihe von Läden, wo man Restaurantbedarf, alt oder neu, kaufen kann. Irving suchte die Läden einer Straßenseite ab, ich die der anderen. Am Ende der Straße trafen wir uns, tauschten Erfahrungen aus und kauften da, wo es am billigsten war. Wir schleppten die schweren Gegenstände selbst in den Keller, um Transportkosten zu sparen.

Irving schenkte mir eine alte Matratze. Fein! Die ersparte mir vier Stühle. Ich benähte sie mit rotem Wachstuch und legte sie dicht ans Podium, die erste Sitzreihe. Von Bekannten bettelte ich Tische und Stühle. Ich bekam Bridge-, Nacht-, Küchentische, große, kleine, viereckige, runde, nicht einer passte zum anderen. Nichts soll in meinem Lokal zusammenpassen, nicht Gläser, Tassen, Teller, auch die Künstler nicht. Auf die Tische legte ich bunte Reste von Wachstuch, darauf stellte ich rote und grüne Kerzen. Ich nannte das Lokal »Beggar Bar«, weil alles zusammengebettelt war.

Der wichtigste Inspektor kam, der vom ABC Board: »Was bedeutet die Matratze? Petting Partys?«

»I wo! Die Leute hinten sehen besser, wenn die in der vordersten Reihe liegen.«

»Was sehen sie besser?«

»Die Vorstellung.«

»Was für eine Vorstellung?«

»Sehr künstlerisches Kabarett.«

Er sah mich ungläubig an und ging.

Ich war unruhig. Und richtig, der ABC Board verweigerte mir die Alkohollizenz, das war ein Todesurteil. Die meisten Nightclubs behaupten sich nicht, obwohl sie Alkohol verkaufen, und ich, ich darf nicht mal das. Welcher Amerikaner geht in so ein Lokal? Aber ich hatte mich in die Idee verbissen und gab nicht auf.

Pearl Harbor wurde bombardiert. Alle amerikanischen Kriegsschiffe waren kaputt. Das war ein Schock. Auch für Nierendorf, denn er kam sofort zu mir und kündigte an, dass er nicht weiter mitmachen wird. Im Krieg sei ihm das zu riskant.

»Haben Sie nicht in den Zeitungen gelesen, dass in London alle Lokale überfüllt sind?«

● VALESKA GERT'S ●
● "BEGGAR BAR" ●
3 MORTON STREET
Cor. Bleecker Street (zw. 6. u. 7. Ave.)
Subw. Sheridan Sq. or West 4th St.
KABARETT
mit Valeska Gert, Kadidja Wedekind,
Levurne, Heinz Wartenberg etc.
Minimum 55c - - - Wochenende 75c

Auch die jüngere Tochter des Dichters Frank Wedekind trat in Valeska Gerts New Yorker Kabarettlokal »Beggar Bar« auf; Anzeige aus dem *Aufbau*

»Nein, ich traue mich nicht, in solcher Situation ein Kabarett allein zu finanzieren.«

»Allein? Ist Ihr Freund nicht dabei?«

»Nein.«

Zuerst hat er den reichen Arzt rausgegrault, weil er die Sache allein machen will, und jetzt lässt er mich im Stich. Feiner Mann. Ich tobte vor Wut. Ihn packte die Angst, und er fragte: »Wie viel brauchen Sie?«

»Noch zweihundert Dollar!«

Dann hätte ich von ihm im Ganzen vierhundert Dollar bekommen.

Niemand konnte mit so wenig Geld ein Nachtlokal aufmachen, das war mir inzwischen klar geworden. Er gab mir das Geld. Ich eilte zur Polizei, um die verschiedenen Lizenzen abzuholen. Aber die Ämter hatten noch keine Bewilligung gegeben, obwohl ich gekauft hatte, was sie verlangten. Ich ging in die Cityhall, wo der Bürgermeister LaGuardia regierte, und wich nicht, bis alle »permits« ausgeschrieben waren. Dann brachte ich sie in das Polizeirevier in der Charles Street. Am nächsten Tag kam ein Brief: Alle Nachbarn protestierten gegen die Eröffnung eines Nachtlokals. Ein »hearing« sollte angesetzt werden. Ich wartete auf den Termin und hörte nichts. Der robuste Polizeioffizier verschleppte mit Absicht.

»Sie haben Beziehungen!«, ermunterte mich jemand. »Die Frau vom russischen Botschafter, die kann Ihnen bestimmt die Lizenz verschaffen.«

Ich schrieb an Ivy Litwinow, die jetzt in Washington lebte. Sie antwortete: »Valeska, wie kann man so naiv sein? Wie kann ich Ihnen eine Alkohollizenz besorgen? Aber bitte, besuchen Sie mich. Am Dienstag werde ich in New York sein.«

Als ich sie besuchte, saß sie gerade in der Badewanne. Sie war sehr dick geworden, aber reizend wie immer. Ich schrieb auf ihren Rat hin an LaGuardia.

Sofort am nächsten Tag kamen zwei Inspektoren. Die erste Frage war: »Wozu ist die Matratze?« Ich erklärte es, und drei Tage später kam ein Brief von der Polizei mit dem Datum des Hearings. Ich musste alle Nachbarn bitten, nicht zur Verhandlung zu erscheinen. Sicher konnte ich sie umstimmen. Ich stand mit Irving vor dem Eingang der Bettlerbar, da kam ein Polizist, einen Zettel in der Hand, und wollte ins Nebenhaus gehen. Vielleicht brachte er den Nachbarn eine Vorladung zum Termin. Ich bat ihn, mir den Zettel zu zeigen, und wirklich, da standen die Namen der Nachbarn. Ich klingelte an allen Türen. Alle erzählten dasselbe. Ein Schutzmann habe gesagt: »Wollen Sie als Einzige nicht gegen das neue Nachtlokal protestieren?«

Nur zwei Frauen hatten einen Grund: »Ein betrunkener Mann kam aus dem Keller und griff ein kleines Mädchen an.«

»Das Lokal ist noch gar nicht eröffnet«, erwiderte ich, »niemand ist drin außer mir, und ich greife keine kleinen Mädchen an.«

Die andere Frau brüllte hysterisch: »Wir wollen diese anständige Straße nicht durch solch ein Lokal verschandeln lassen. Da gibt es wieder Mord und Totschlag. Und ich habe die Macht, es zu verhindern, denn hinter mir steht die katholische Kirche und die Manufacturers Hanover Trust Company.« Das ist eine der großen Banken Amerikas.

Ich überzeugte und siegte. Nicht eine Nachbarin erschien zum Termin, ich erhielt die Restaurant- und Kabarettkonzession. Schnell ein großes Eisenplakat vor den Eingang: »Eröffnung heute!«

Zwei junge Männer fragten: »Können wir helfen? Wir sind Maler.«

»Ich male selbst, aber Kellner brauche ich. Und einen Mann für die Herrentoilette und eine Frau für das Frauen-WC. Es gibt nämlich eine Polizeiverordnung, dass in den Toilettenräumen eine Frau und ein Mann sein müssen. Die Toiletten sind so klein, dass sie vor den Türen sitzen und die Vorstellung sehen können. Sie bekommen gratis Essen und Trinken und Trinkgelder natürlich auch.«

Als ich vom Einkauf zurückkam, war das Plakat verschwunden, die Nachbarn hatten den Krieg erklärt.

Bettlerbar

Am Abend war der Keller überfüllt. Ich hielt einen Vortrag und erzählte, wie schwer es ist, so ein kleines Lokal aufzubauen. Ich mokierte mich über Polizei, Inspektoren und die vielen Formalitäten.

Ein Emigrant aus Deutschland spielte Klavier, und seine Frau, eine üppige Brünette, bog ein Akkordeon auseinander und wieder zusammen. Ich schmiss die *Tragödin* hin, und als Gegenstück dazu quiekte, gluckste und lallte ich das *Baby.* Der indische Tänzer hob seine Arme zu eckigen Linien, Irving bediente das Grammophon, es quietschte. Ich musste lachen, der Tänzer dachte, ich mache mich über ihn lustig, rannte weg und kam nicht wieder. Sandwiches und Kaffee waren billig, damals dachte ich noch, eine Bettlerbar muss billig sein. Die Gäste aßen und tranken viel, die farbige Köchin war dauernd beschäftigt. Sicher ist viel Geld eingegangen! Wie staunte ich, als nur sieben Dollar fünfzig in der Kasse waren. »Wie kommt das?«, fragte ich die beiden Maler, die serviert hatten.

Joe sagte: »Sie wollten Toilettenfrau und -mann haben. Ich klingelte zwei Freunde an, die konnten sich nicht entschließen, dann klingelte ich wieder zwei an und wieder zwei, keiner sagte zu, aber am Abend kamen alle. Es waren nur Toilettenmänner und -frauen in Ihrem Kabarett.«

Die Köchin sagte: »Ich sehe, hier ist kein Geld drin, ich gehe.«

Wo sollte ich nun Publikum herbekommen? Vor der Eröffnung war immer jemand drin gewesen, die Baupolizei, die Gesundheitspolizei, wenn wenigstens die kämen. Ich hatte einen Einfall: Die Polizei hat viele Beamte in Zivil. Ich telefoniere sie her. Zuerst rief ich die Intelligence-Abteilung an: »In der Morton Street ist ein neues Lokal, die Besitzerin Deutsche, sie pirscht sich an Matrosen und Soldaten, ist bestimmt ein Nazispion.«

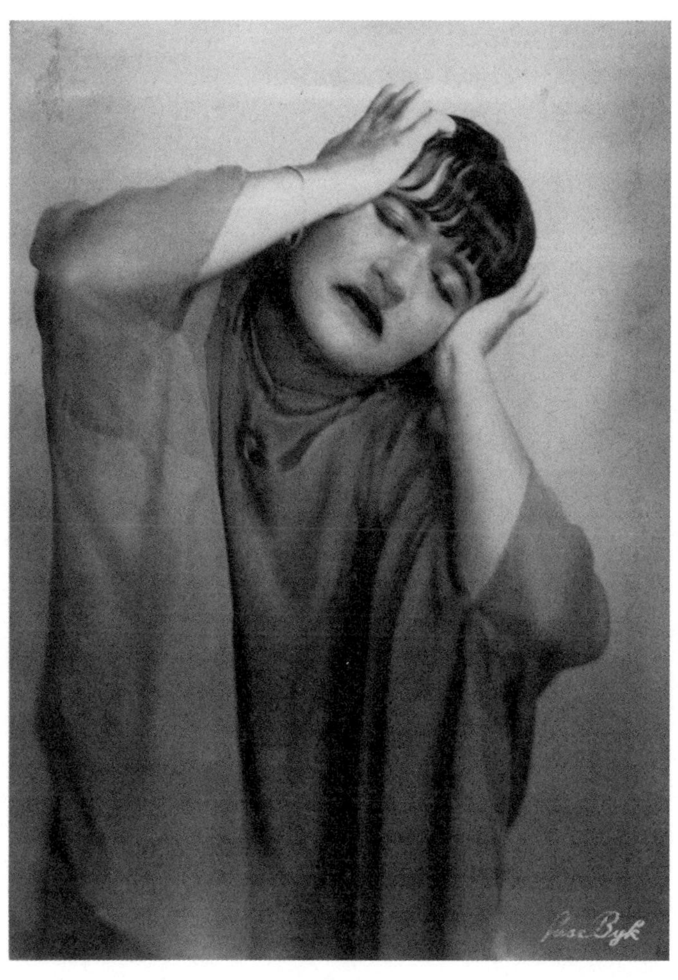

Tragödie, 1929

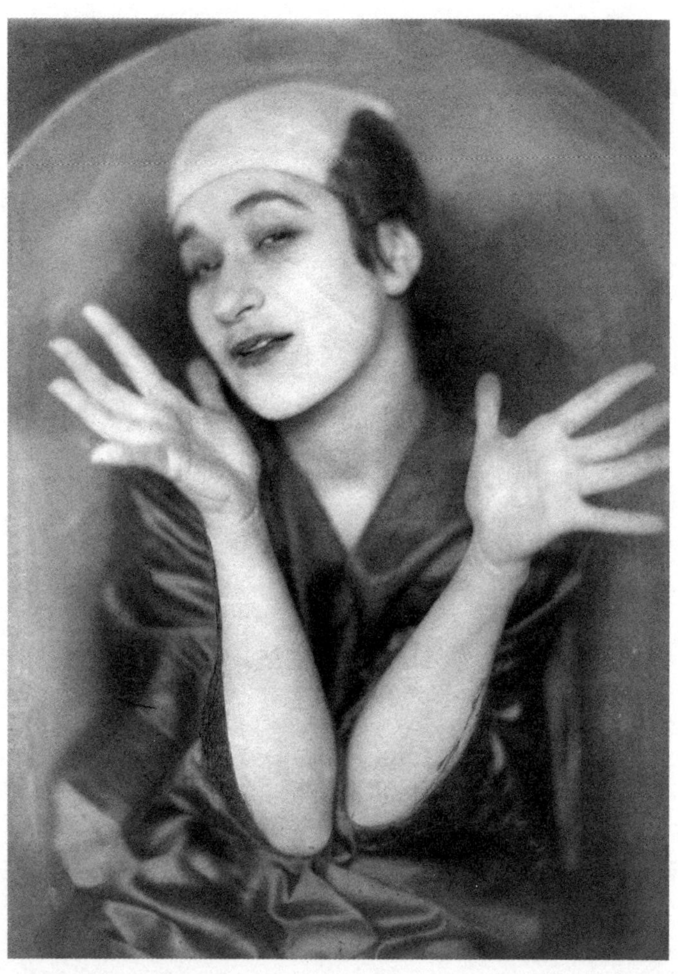

Japanische Groteske, ca. 1918

»Okay«, sagte der Mann am anderen Ende des Drahtes. Dann klingelte ich die Abteilung für Rauschgiftbekämpfung an: »In der Beggar Bar werden Marihuana-Zigaretten geraucht.«

»Okay.«

Dann kam die Abteilung Mädchenhandel dran und alle die vielen Departments, die es auf der Polizei gibt.

Am Abend war das Lokal voll von Beamten in Zivil. Ich erkannte sie am spähenden Blick, und die Polizisten kamen nicht nur einmal, nein, sie kamen wochenlang, monatelang, ich glaube, ich bin sie nie ganz losgeworden. Ich bereitete mit ihnen das Ende meines Kabaretts vor.

Ein Schauspieler stellte sich vor.

»Können Sie kochen?«

»Nein.«

»Gut, Sie sind als Koch engagiert.«

Bei mir muss jeder alles lernen, da ist es besser, wenn er ganz unbelastet von Beruf – sozusagen unschuldig – ist. Am Abend erschien er mit einer Hebammentasche. Was hatte er vor? Der Kaffee, den er kochte, war ungenießbar, miserabel. Allerdings hatte er auch nicht behauptet, dass er kochen kann. »Wenigstens ist er nicht zurückgeschickt worden wie Ihrer gestern«, verteidigte er sich hohnlächelnd. Das stimmte. Ich streue immer etwas Salz in den Kaffee, wie ich es in Karlsbad gelernt hatte. In meiner Aufregung hatte ich einen Esslöffel Salz hineingetan, der Gast sagte: »Ungenießbar.«

Hedy, die Sekretärin, wurde jeden Tag subtiler und sicherer in der Darstellung ihrer Typen, aber sie wurde auch immer eingebildeter. Und bald war sie ein richtiger Star mit allen affigen Angewohnheiten. Auch demütigte sie mich. Sie wollte sofort und bar bezahlt werden. Dazu ging nicht genug Geld ein, ich musste alles selber machen. Die anderen wollten mir nicht helfen, ich wusch Geschirr und Fußböden, das war eine Riesenarbeit. Auch die Treppe zum Keller musste gescheuert werden.

Ich war abends so müde, da dachte ich: Ach was, es ist besser, der Fußboden ist grau und ich behalte Kraft für den Abend. Und nun tat Hedy etwas, was mich zur Raserei brachte: Vor dem Publikum staubte sie den Stuhl ab, den sie für ihre *Reiche Frau* brauchte. Man lachte. »Hedy«, sagte ich, »wenn Ihnen der Stuhl zu staubig ist, machen Sie ihn hinter der Szene sauber, oder, besser noch, Sie helfen mir am Nachmittag beim Reinemachen.« Natürlich kam sie nicht, aber auf die Lacher wollte sie nicht verzichten. Die Stimmung zwischen uns wurde gespannt, sie nahm einen anderen Job an und kam nur noch am Wochenende.

Es wurde Winter. Die Zentralheizung funktionierte nicht, die Türen hatten Ritzen, es zog. Um zehn Uhr nachts wurde die Heizung ganz abgestellt, der Portier heizte nur für das Wohnhaus. Und jeden Tag lief ich zu meinem Hauswirt, Herrn Rossano, und flehte ihn an, länger zu heizen: »Die Gäste laufen weg, sie frieren so.«

Auch der Pianist und seine Frau wollten nicht länger bleiben. »Es ist kalt und ungemütlich, wer weiß, ob es je besser wird.« Eine französische Malerin, die bunte Tänzerinnen auf die schwarzen Wände und die Spiegel hinter der Bar gemalt hatte, schickte ihre Freundin Monika, ein pikantes Mädchen mit haushoch aufgetürmten schwarzen Haaren. Aber auch sie hielt es nicht lange aus. Nun war ich wieder allein, ohne Mitarbeiter, ohne Publikum, ohne Geld.

Da, endlich, wurde es Frühling, die strenge Kälte ließ nach. »Kaufen Sie Heizrohren auf Abzahlung«, riet ein Gast, denn ab und zu kam wieder einer. Ich kaufte einen eisernen Heizkörper und schloß ihn an die Gasleitung an. Nun wurde es schön warm, und ich gab ein Inserat in die Emigrantenzeitschrift *Der Aufbau.* Leichten Herzens konnte ich Gäste empfangen. Niemand brauchte zu frieren. Ich fragte den Refugee Service, ob er mir Sänger oder Sängerinnen schicken könne.

»Ja, gerade ist eine Sängerin aus Deutschland angekommen, nur weiß ich nicht, ob sie schon auftreten wird, ihr Mann, ein berühmter Arzt, ist gerade gestorben.«

Bald telefonierte es: »Ich bin Esmeralda. Der Refugee Service erzählt mir, dass Sie eine Sängerin brauchen. Natürlich komme ich, ich muss gleich Geld verdienen. Einen Pianisten bringe ich auch mit, er heißt Witt, spielt leicht und elegant französische und Wiener Schlager, nur sanft behandeln muss man ihn, er ist schwer herzkrank. «

Esmeralda hatte einen altmodischen europäischen Velvetmantel an, ihr Gesicht war von einem glitzernden Netz eingerahmt, das von einer kleinen Kappe herunterfiel. Sie sah wie ein müdes Zirkuspferd aus. Beim Singen lächelte sie demütig, ihre Hände griffen in die Luft, als ob sie Harfe spielte. »Bewegen Sie sich nicht so viel«, beschwor ich sie, »es passt nicht zu Ihrem Typ. Seien Sie herb, hochmütig, sadistisch!« Sie hatte die Nase eines Geiers. »Und bitte ziehen Sie ein einfaches schwarzes Kostüm an, Ihre prunkvollen Gewänder passen nicht in den Keller. Und singen Sie nicht diese sentimentalen kitschigen Lieder, es sind zu viele Deutsche im Keller, die verstehen die Texte, singen Sie französisch, das verstehen die meisten nicht.«

Esmeralda ging an die Tische und klagte über ihr trauriges Schicksal. Die besorgten Gesichter der Gäste wurden noch trauriger. Das Lokal ähnelte immer mehr meinem Kohlkopp, so wie er am Eröffnungstag ausgesehen hatte. Nur die Gäste waren noch trauriger. »Sie haben mich missverstanden, Esme, ich bat Sie, ernster zu singen ohne dieses demütige Lächeln, aber wenn Sie fertig sind mit Ihren Liedern, müssen Sie lachen und lustig sein. Ich wollte kein Klageweib aus Ihnen machen. Der Raum ist klein, unsere Stimmung überträgt sich sofort. Und hören Sie auf, von Ihrem tragischen Schicksal zu erzählen, jeder hat eins, nicht nur Sie.«

Sie wurde wütend und beklagte sich bei den Gästen über meine Rohheit. Ich erkannte es an den schiefen Blicken.

»Esme, was mir schadet, schadet dem Lokal, und was dem Lokal schadet, schadet Ihnen.« Sie hasste mich. Mit der Zeit gewöhnte sie sich, sadistisch zu sein, und wie Hedy war sie eine verkannte Königin.

»In so einer primitiven Höhle muss ich auftreten«, hörte ich sie sagen, »ich gehöre in den Waldorf-Sertraum.«

Ich blies meine Künstler auf, bis sie platzten.

Der Ruf der Beggar Bar verbreitete sich, er drang ins amerikanische Publikum. Zuerst überfluteten uns die Maler und Dichter, Didi Model, Oronzo, Bodenheim und Rose Guildoe. Maxwell Bodenheim war einst ein wirklicher Dichter gewesen, jetzt nur noch eine Ruine. Später wurde er ermordet. Auch Guildoe war ein echter Dichter. Maßloses Trinken hatte beide ruiniert. Während wir auftraten, schnitt Bodenheim Grimassen, und Guildoe sabberte vor sich hin. Sie rezitierten aus ihren Werken, dann schliefen sie ein. Das war mir am liebsten, da konnten sie nicht stören. Jede Nacht, bevor ich die Bar schloss, zog ich sie an ihren Beinen die Kellertreppe hoch und schob sie auf die Straße. Auch ein dicker Ex-Boxer wählte mein Lokal zum Pennen. Er schnarchte laut und pfeifend. Guildoes Nase tropfte. Am Anfang machte mir das Spaß, aber dann bekam ich genug. Schluss mit dem Asyl für Obdachlose! Jeder, der pennt, schnarcht oder bettelt, wird rausgeschmissen.

Das Publikum wurde jünger, Künstler kamen, die ihre Karriere noch vor sich hatten. Auch Tennessee Williams zeigte sich endlich. Er hatte einen Preis für sein erstes Theaterstück erhalten, trotzdem brauchte er Geld. Er wurde Aushilfskellner und rezitierte seine Gedichte, ein Bein auf den Stuhl gestellt. Bei einer Abrechnung lagen wir uns in den Haaren. Er muss viel mehr Geld eingenommen haben, als er mir gab. Ich durchsuchte ihn und fand Geld in einer zweiten Tasche. Da erschien Fritz, der Sohn des Beerdigungsfachmanns aus New Orleans, half seinem

Freund Tennessee, nahm eine Feueraxt aus der Ecke und wollte meinen Kopf spalten, doch Iwan, aus dem russischen Haus der Romanoff, sprang mir zu Hilfe, entwand dem Maler die Axt und rettete mein Leben. Iwan wusch Teller bei uns. Fritz gab nicht auf. Er warf mir eine Coca-Cola-Flasche an den Kopf, die Flasche ging kaputt, mein Kopf blieb ganz.

Die Beggar Bar wurde berühmt. Die Gangster kamen, zuerst die Söhne der italienischen Racketeers, die in der Bleecker Street wohnten und wirkten. Sie bestellten nichts, oder wenn sie bestellten, bezahlten sie nicht. Sie aßen Erdnüsse und spuckten die Schalen auf den Fußboden und machten solchen Krach, dass unsere Chansons nicht zu hören waren. Sie zerbrachen Gläser und drohten, mit den Scherben die Pulsadern der Gäste zu zerschneiden, sie zertrümmerten Scheinwerfer und warfen Gläser in die Spiegel. Die Gäste gingen, das war natürlich die Absicht der jungen Gangster, sie wollten mich ruinieren. Als sie, wie Ungeziefer, jede Nacht wiederkamen, rief ich die Polizei. Die Cops kamen mit Gummiknüppeln in der Hand. Nun wurde es ganz schlimm. Jede Nacht flitzten die Gangs in den Keller, und sowie ich die Polizei antelefonieren wollte, rissen sie die Schnur vom Hörer und schmissen mich zu Boden.

»Valeska! Das Gas strömt aus!«, schrie Esme. Ich stand auf und zog den Schlauch wieder über das Rohr.

Große Mülltonnen mit Fischgedärmen fielen mit Donnergepolter die Kellertreppe runter. Die Treppe war versperrt, bis ich zusammen mit den Kellnern die Tonnen auf die Straße gezogen und die Därme fortgeschafft hatte. So ging das jeden Abend; hörte ich das Poltern der Tonnen, griff ich zu Schippe und Besen.

Benny war Stammgast. Er poussierte mit den Kellnerinnen und dem chinesischen Garderobenmädchen. »Benny«, sagte ich, »das hier ist ein Kabarett, gratis gibt's nichts.«

»Haha«, lachte er. »Sie müssen mich bezahlen, ich beschütze Sie.«

»Vor wem? Ihre Freunde zertrümmern jede Nacht mein Lokal, vergraulen die Gäste. Und wer zerschlägt draußen die Lichtreklame, so dass es stockdunkel wird und aussieht, als ob wir geschlossen haben?« Ich drängte ihn aus dem Keller.

»Na warten Sie!«, drohte er. »Jetzt werde ich die Beggar Bar total zerstören.«

Am nächsten Tag brauchte ich die Kellertür nicht aufzuschließen, sie stand weit offen. Alle Schubfächer waren rausgezogen, die Schranktüre aufgerissen, Kaffee, Zucker, Zigaretten, lauter Kostbarkeiten im Krieg, waren verschwunden.

Eine meiner Kellnerinnen hieß Manon. Sie hatte ein schmales Madonnengesichtchen, aschblondes Haar fiel im Scheitel lang bis auf die Schultern. Sie war sehr jung. Nach einer Woche verschwand sie. Ein brutal aussehender Mann trat schnell durch die Tür und fragte grob: »Wo ist Manon? Sie hat zweihundert Dollar aus meiner Hosentasche gestohlen, während ich im Badezimmer war.«

»Ich weiß nicht, wo sie ist.«

Dann kamen drei primitive, untersetzte Männer. Auch sie fragten nach Manon. Huh, dachte ich, die sehen aber gefährlich aus. Ich muss sehr liebenswürdig sein, sonst morden sie mich.

»Wollen Sie eine Coke?«, fragte ich einschmeichelnd. Sie nickten und warfen einen Dollar auf die Theke. Ich steckte ihn in meine Ledertasche. Die Männer sahen ihr nach, als ich sie unter die Bar legte. »Heute gehe ich ohne Tasche nach Hause«, sagte ich zu Esme.

Die Männer gingen, aber schon zwei Minuten später kamen sie zurück, als ob sie draußen etwas verabredet hätten. Sie knipsten den Lichtschalter neben der Tür aus. Eine Seite des Lokals wurde dunkel.

»Sind Sie verrückt?«, fragte ich.

Sie richteten einen Revolver auf mich. Ich tat, als ob ich nichts merkte, drehte mich langsam um und ging, scheinbar gleichgültig, an die Tische. »Sie haben einen Revolver in der Hand«, flüsterte ich, aber keiner der Gäste schien zu verstehen, gleichgültig blickten sie in die Luft. Ich muss die Polizei holen. Da fiel mir ein: Vorhin waren es drei Männer gewesen, jetzt nur zwei. Wahrscheinlich stand der dritte draußen Schmiere. Ich blieb im Keller. Einer der Räuber band sein Taschentuch vor das aufgedunsene Gesicht, stellte sich neben das Klavier und spielte mit dem Revolver. Esme stand neben dem Klavier, Rücken zum Eingang, sie konnte den Mann nicht sehen. Der zweite, ein Mann mit eiskalten Augen, befahl der Sängerin: »Setzen Sie sich und legen Sie die Hände auf den Tisch. Und ihr anderen, haltet die Hände hoch. Dies ist ein stick-up. Nichts passiert, wenn ihr mir euer Geld gebt.« Den Hut hatte er tief über das Gesicht gezogen, den Hut des anderen Mannes hielt er in der einen Hand, den Revolver in der anderen, so ging er sammeln. Alle gaben ihm ihr Geld, sogar die Soldaten, die am Ausgang saßen. Aber ihnen gab der Gangster einen Dollar. »Von Soldaten nehme ich nichts«, sagte er patriotisch.

Esme hatte blitzschnell ihren kostbaren Schmuck in die Strümpfe gerollt. Als der Gangster zu mir kam, fragte ich ihn: »Erkennen Sie mich nicht? Ich bin die Besitzerin der Bar, ich habe kein Geld.« Er holte meine Ledertasche aus dem Schubfach unter der Bar. Dann verschwanden beide. Die Tasche fand ich vor dem Eingang wieder.

Der Dollar, den sie mir vorhin für den Coke gegeben hatten, war weg, auch meine Puderdose, nur die Rationierungsmarken waren noch drin. Die Gäste gingen ohne zu bezahlen, nachher rühmten sie sich, Geld in einer zweiten Tasche versteckt zu haben. In Amerika ist man auf solche Überfälle vorbereitet. Die Gangster schienen Amateure zu sein.

Als ich mit dem spanischen Kellner, einem Maler, abrechnen wollte, stotterte er: »Die Gangster haben mir das Geld abgenommen.«

»Das ist nicht wahr«, schrie Esme, »ich sah, dass er an Ihnen vorüberging und nichts nahm.«

Ich griff in seine Hosentasche, und da war das Geld.

Ich ging mit Esme zu George's, Ecke Seventh Avenue. »Da sind sie«, rief Esme aufgeregt. Und wirklich! Eben kamen die drei Gangster durch die Tür. Entweder hatten sie einen neuen hold-up vor, oder sie wollten gemütlich ihre Beute vertrinken. Ich rutschte vom Barhocker, die Polizei zu holen. Aber die Gangster hatten mich erkannt und folgten mir. Ich tat, als ob ich etwas vergessen hätte, und ging in die Bar zurück.

Kaum waren die Gangster weg, riefen zwei Polizisten: »He, Valeska!«

»Eben waren die Gangster hier«, sagte ich, »wie schade, dass Sie zu spät kommen!«

»Wollen Sie uns suchen helfen? Vielleicht sind sie noch in der Nachbarschaft?« Ich stieg zu ihnen, wir fuhren von Bar zu Bar, die Gangster fanden wir nicht.

Am nächsten Tag ging ich ins Polizeipräsidium, die Beamten legten mir die Verbrecherbücher vor. Ich fand viele meiner Gäste, die Gangster nicht. »Anfänger«, sagte ein Polizist verächtlich. »Sie sind keine Jüdin?«, fragte er dann.

»Doch, warum?«

»Sie sind so mutig.«

»Haben Sie noch nie von Makkabäern gehört? Das waren Juden, die kämpften.«

»Wer könnte hinter dem hold-up stehen? Haben Sie einen Verdacht?«

»Ja, Benny.«

Als ich am nächsten Tag Geschirr wusch, hörte ich Schritte auf der Treppe. Ich wollte nicht in der Mausefalle gefangen werden, lief aus dem Keller und drückte mich an die Seitenwand der Kellertreppe. Zwei Männer hatten Benny in ihrer Mitte. Es waren Detektive, sie verhörten mich: »Warum, glauben Sie, steht Benny hinter dem hold-up?«

»Weil er drohte, mein Lokal zu zerstören, wenn ich ihm kein protection money gebe. Einmal hat er das Fenster zu einem Juwelierladen eingedrückt, sich die Hand dabei verletzt und erzählte uns, es sei eine Liebeswunde. Von Dennis, dem Garderobenjungen, erpresste er Geld, indem er mit einem Revolver schlenkerte.«

»Sahen Sie das selbst?«

»Ja.«

»Verletzung des Sullivan-Akts. Wollen Sie ihn anzeigen?«

»Nein, ich will ihn nicht ins Gefängnis bringen, mir genügt's, wenn er nicht wieder in den Keller kommt.«

Benny versprach es, und er hielt sein Versprechen. Nachdem er eingezogen worden war, schrieb er aus Camp Louisiana: »Valeska, jetzt bin ich Soldat und Gentleman. Und ich muss Ihnen sagen, ich habe große Sehnsucht nach der Beggar Bar.« Einmal, als er Urlaub hatte, kam er in den Keller und riss beim Verlassen das eiserne Treppengeländer aus.

An die schwarzen Wände der Bar hängte ich an lange Schnüre gelbe und rote Plakate, Spezialitäten draufgekritzelt, die es gar nicht gab, denn Zutaten waren im Krieg knapp geworden. Ich servierte nur Kaffee und Sandwiches oder Knackwurst mit Kartoffelsalat. War auch egal, was die Gäste bestellten, sie bezahlten ein »Minimum«, eine Art Eintrittsgeld. Sie mussten mindestens einen Dollar fünfzig bezahlen, am Wochenende zwei Dollar. Freitags, sonnabends, sonntags war es so überfüllt, dass ich viele Aushilfskellner und Garderobieren engagierte. Sie saßen aufgereiht vor der Bar, sehr hübsch waren sie alle.

Was geht hier vor? fragte sich die Polizei, Alkohol verkauft sie nicht, was verkauft sie? Warum kommen die vielen Gäste? Doch nicht, um sich dieses Kabarett anzugucken! Hat sie ein Bordell? Verkauft sie Rauschgifte? Ist sie eine Spionin?

Meine Saat war aufgegangen.

»Warum kommen Sie her?«, fragte der Kriminalbeamte einen Gast.

»Weil ich es reizend finde.«

»Die Bettlerbar wird, wenn Sie Alkohol verkaufen, eine Goldmine«, drängten meine Gäste. Also stellte ich wieder einen Antrag und bat um die Konzession. Ein Inspektor vom ABC Board erschien und wollte meine Corporation Books sehen. Ich war froh, dass ich welche gekauft hatte, und legte sie stolz auf den Tisch.

»Da steht ja nichts drin!«, sagte er erstaunt.

»Muss etwas drinstehen?«

»Natürlich! So ein Buch kann man in jedem Papierladen kaufen, es ist zum Einschreiben da.«

»Was soll ich einschreiben?«

»Wann die Aktionäre tagen, zum Beispiel.«

»Niemand tagt.«

»Nicht? Besprechen die Aktionäre die Geschäfte nicht?«

»Wir haben keine Aktionäre. Da sind bloß Herr Nierendorf, Irving und ich. Wir besprechen nichts. Ich mache, was ich will.«

Ich war dem Weinen nahe. Da hatte ich die Bücher gekauft, wie man mir gesagt hatte, nun war das auch nicht genug. Wie sollte man es diesen Beamten recht machen.

Ich erhielt einen Brief vom ABC Board. »Wir geben Ihnen keine Alkohollizenz, denn Sie haben kein Bona-fide-Restaurant, und Sie sind keine öffentliche Notwendigkeit.«

Bums. Ich musste also weiter arbeiten wie ein Pferd. Ohne Alkohol kann ich nicht soviel Mitarbeiter engagieren, wie ich brauche. Es wurde so voll, dass sich die Menschen quetschten, einer saß auf dem anderen, und doch, wenn sie nicht tranken, ging nicht viel ein.

Mein Tag verlief so: Um zehn Uhr stand ich auf, ging in den Keller und beantwortete Briefe. Ich frühstückte und heizte den Ofen, um warmes Wasser zum Geschirrwaschen zu bekommen. Jedes Mal explodierte er, bevor er richtig brannte. Ich fegte auf. Dann überschwemmte ich den Steinboden der Küche mit viel Wasser. Meist war das Abflussrohr am Boden verstopft, der Gummisauger weg, verlegt oder gestohlen, ich musste das Loch mit den Händen ausräumen. Im Abwaschtisch standen Berge von schmutzigem Geschirr von Gästen und Angestellten. Nun kamen die Herren- und die Damentoilette dran. Mancher hätte sie wohl nicht benutzt, hätte er gewusst, wer die reinigt.

Ich scheuerte die Kellertreppe. Im Winter musste ich den Schnee wegschaufeln, nach großen Schneefällen war der Eingang zugeschneit. Bei sehr starkem Schneesturm blieb das Lokal geschlossen, niemand ging aus. Manchmal stand Regenwasser in Pfützen vor dem Eingang. Ich leerte sie mit Eimern aus.

Dann wischte ich Tische, Bar, Aschenbecher ab. Zuweilen schlich eine große Ratte langsam an mir vorbei. Das war das Unheimlichste: Sie fürchtete sich nicht vor mir. Ich sang laut, um sie wegzuscheuchen, aber sie hatte sich an mich gewöhnt und blieb. Das Rattennest muss direkt über der Küche gewesen sein, ich hörte die Tiere quietschen. Eine wurde so frech, dass sie nachts, als das Lokal bumsvoll war, in den Hauptraum ging und sich neben das Klavier stellte. Und ich durfte nicht einmal brüllen, sonst wären die Gäste weggelaufen, ohne zu bezahlen. Waren sie fortgegangen, lag so viel Schmutz, Papier, Asche auf dem Fußboden, als hätte ein wilder Maskenball getobt. Reinemachefrauen waren rar im Krieg, sie wurden von den großen Lokalen weggeschnappt, und die Männer waren mit Krieg beschäftigt.

Nach dem Aufräumen ging ich in den Papierladen, Servietten, Strohhalme und Pappe für die Menüs zu kaufen, etwas fehlte immer. Dann zum Schlachter, in den Delikatessenladen, zum Hardware. Ich hätte mir die Waren schicken lassen können, aber dann hätte ich stundenlang warten müssen. Der Keller war alt und morsch. Immer war irgendetwas kaputt. Die Jagd nach Handwerkern kostete mich manchmal den ganzen Nachmittag. Die schmutzige Wäsche warf ich einfach auf den Boden der chinesischen Wäscherei und rief »Wäsche«, dann lief ich raus.

Rationierungsboard, Steuerbüro, Post, alles Stationen der Arbeit. Natürlich nicht alles zusammen an jedem Tag, aber an jedem Tag so viel davon, dass ich immer gehetzt war. Ich machte die Arbeit von zehn Menschen. Nur eine Stunde am Nachmittag hielt ich frei für Schwimmen, dicht neben meiner Wohnung war ein Schwimmbassin. Privatleben hatte ich nicht. Auch für Irving hatte ich keine Zeit mehr, dabei war er so wichtig für mich gewesen. Ich hatte ihn sehr gern. Er kam immer seltener und musste schließlich zum Psychiater gehen.

Am Abend vor der Eröffnung fegte ich meist die Kellertreppe ein zweites Mal, schon geschminkt; fast immer musste ich knietief durch Müll, Pappkartons, zerbrochene Flaschen waten, die meine Nachbarn auf die Treppe geschmissen hatten. Ich war eben eine Fremde, ein Eindringling, während sie schon zehn oder zwanzig Jahre im Lande waren, alte Amerikaner, sozusagen mit der Mayflower angeschwommen.

Ich kochte Zwiebel- oder Erbsensuppe, machte Kartoffelsalat, zündete Gasheizung und Kerzen an, schrieb neue Menükarten, die alten wurden von Gästen als Souvenirs mitgenommen. Ich stellte Gläser auf die Bar. Ein Vertreter hatte mir Eierkognak und Boonekamp verkauft. Er sagte: »Diese Getränke dürfen Sie auch ohne Lizenz verkaufen, den Eierkognak gibt es sogar in Konditoreien, und Boonekamp gilt als Medizin.« Und so schmeckte er, wie eine fürchterliche Medizin. Mit dem europäischen hatte er nur den Namen gemein. Ich warnte die Gäste: »Sie, der schmeckt wie Hustenmedizin für Pferde!« Sie wurden neugierig, bestellten und konnten nicht einmal schimpfen. Ich hatte gewarnt.

Das verdammte Telefon. Immerzu klingelte es, Tischreservierungen. Oder Gäste fanden die Bar nicht, ich sollte beschreiben, wo sie war. Oder ein Kellner-Künstler sagte ab, ihm sei so schlecht. Na ja, wenn man auf einer wilden Party war, dann hat man Katzenjammer!

Dann kamen die ersten Gäste. Es war wichtig, sie zu fesseln. Unterhielt ich mich mit ihnen, blieben sie. Guckten sie aber nur ins Lokal und sagten: »Wir suchen jemand« und kehrten um, blieben auch die nächsten nicht, denn zu vorgerückter Stunde erwartet jeder, dass schon jemand im Keller ist. Niemand will der Erste sein, und erst viel später, wenn sich niemand wundert, dass es leer ist, sammelt sich Publikum. So wichtig sind die ersten Gäste und so ein zartes Gebilde ist ein alkoholfreies Lokal.

Dann kam der Kellner, wenn er überhaupt kam. Hatte er am Abend zu viel Geld verdient, blieb er so lange weg, bis er es ausgegeben hatte. Meist fand ich Ersatz, doch manchmal bediente ich selbst. So war das im ersten Jahr. Später hatte ich Kellner in Hülle und Fülle. Es schien so, als ob jeder einmal Kellner in der Beggar Bar gewesen sein wollte.

Esme war immer unpünktlich. In der Nacht hatte sie einen reichen Mann oder ein schönes Mädchen kennengelernt und mit ihnen bis zum Morgen gefeiert. Dann verschlief sie natürlich.

Zu Beginn des Abends hielt ich eine Rede. »Sind Sie so blutarm, dass Sie Alkohol brauchen, um in Stimmung zu kommen? Wer vital ist, braucht keinen Alkohol. Sehen Sie die Löwen, die Tiger! Die strotzen vor Vitalität. Und doch trinken sie keinen Whisky. Sie essen nichts als rohes Fleisch. Das können wir Ihnen ebenfalls bieten. Essen Sie Tatar, und Sie werden vital wie ein Raubtier sein!«

Manchmal hielt ich Vorträge über Religion, Politik und zukünftiges Theater. Ich machte Pantomimen und sang, auch deutsch. Möchte gern wissen, was in Deutschland passiert wäre, hätte ich im Krieg englisch gesungen. Die Amerikaner sind großzügig und wirklich international. Ich machte eine Hundertjährige vor dem Radio. Der Interviewer bringt ihr bei, was sie zu sagen hat, dann aber, bei der Live-Sendung, sagt sie genau das Gegenteil von dem, was er sie gelehrt hat. Ihre letzten Worte sind: »Heil Hitler!«

Mit Esme zusammen improvisierte ich ein Zwiegespräch, das nie zu Ende ging. Wir schlossen mit den Worten: »Fortsetzung morgen.« Das war etwas für die humorliebenden Amerikaner. Sie kamen am nächsten Tag wieder, um den Schluss zu hören. Sie hörten ihn nie, uns war keiner eingefallen. Wir machten Vorstellungen von abends acht bis drei oder vier Uhr morgens, Silvester die ganze Nacht durch. Manche Amerikaner sagten: »You have the best entertainment of New York.«

Die Reihenfolge wurde improvisiert. Dem deutschen Maler Hans Richter gefiel die »leichte Hand«. Manchmal traten Gäste auf, und die kamen bestimmt als Stammgäste wieder, die einen Boogie-Woogie auf dem Klavier gespielt oder einen Song gesungen hatten.

Nachdem wir abgerechnet hatten, ging ich zum Delikatessenladen in der Seventh Avenue, der die ganze Nacht geöffnet hatte. Ich nannte den Laden mein Romanisches Café. Auf dem Weg zum Christopher Place stoppte mich einmal eine Bande junger Rowdies. »Wir wollen keine Fremden hier im Viertel. Entweder Sie geben das Lokal auf, Valeska, oder wir töten Sie.«

In meinen Taschen war die Einnahme des Abends. Furcht hatte ich merkwürdigerweise nicht, ich kämpfte mich durch die Bande durch und lief zum Kiosk, um die *New York Times* zu kaufen. Auch Zeitungen bekam man die ganze Nacht. Ich war zerrauft und abgekämpft und wunderte mich nicht, als ein Mann sagte: »You look like a dog.« Ich ging in den Delikatessenladen und aß ein Sandwich mit warmem Schweinebraten. Der Mann folgte mir, lächelte noch immer, sagte etwas zum Verkäufer, legte Geld auf den Ladentisch und ging. Der Verkäufer schob mir eine

Dose Dog's Food zu und sagte: »Der Herr schenkt sie Ihnen.« Ich war also wirklich auf den Hund gekommen.

Jeden Montag war die Bar geschlossen, und immer fand sich jemand, der sie mieten wollte: Werde mich schön hüten. Die veranstalten Rauschgiftorgien, und ich bin verantwortlich. Als Pat, ein Stammgast, 21 Jahre alt wurde, erbte sie drei Millionen Dollar. Sofort machte sich ein kleiner Mann mit schwarzem Schnurrbärtchen an sie heran und verkaufte ihr Rauschgift. Sie verfiel ihm, ich erfuhr es erst später.

Als ich eines Montags ins Apollokino in der 42. Straße gehen wollte, stoppte mich der Mann an der Sperre: »Sie dürfen nicht ins Kino gehen!«

»Warum?«

»Fragen Sie nicht, Sie wissen genau, warum.« Ich wusste es nicht. Als ich darauf bestand, eingelassen zu werden, schickte er mich zum Manager. »Ich bin die Besitzerin der Beggar Bar«, sagte ich, »warum lässt mich der Mann nicht ein?«

»Besitzerin?«, fragte er, die letzte Silbe betonend.

»Ja, natürlich.« Er ließ mich durch. Ich trug Bubikopf, schwarze Hosen, eine kurze Kamelhaarjacke, er hat mich wohl für einen Strichjungen gehalten, den er nicht im Kino haben wollte.

In New York auf dem Broadway und in der Nähe des Broadways gibt es sehr große Kinos, die von zehn Uhr vormittags bis in die Nacht hinein spielen. Sie sind luftgekühlt, und wenn es draußen zum Ersticken heiß ist, ist es innen so kalt, dass man friert. Ich blieb manchmal den ganzen Tag im Kino, um der Hitze zu entfliehen.

Weil die Kinos so groß sind, können sie auch große Stargagen bezahlen. So sah ich dort Sinatra, Danny Kaye, die Ink Spots und Armstrong auftreten. Die vorderen Reihen des Parketts waren von Teenagern besetzt, die immer aufgeregter wurden, je näher das Auftreten ihres Idols rückte. Erschien Danny Kaye dann, reichte ihm ein Mädchen ihren Kamm, den er langsam durch die goldblond gefärbten, ondulierten Haare strich und vielsagend mit bonbonrosa geschminktem Gesicht lächelte. Mit tiefem Blick gab er den Kamm zurück, den das Mädchen küsste und in ihre Tasche steckte. Kam im Song das Wort »love« vor, brüllten alle. Oder die Mädchen reichten Liebesbriefe auf die Bühne. Die Sänger lasen sie laut und steckten sie ein.

Alles hatte damit angefangen, dass der Manager von Frank Sinatra ein Dutzend Teenager engagierte, sie mit auf Sinatras Tourneen nahm. Da mussten sie schreien, in Ekstase geraten, bis auch die anderen Teenager ihre Hemmungen verloren und mitkreischten. Seitdem ist es schick, zügellos zu jubeln, zu weinen, zu brüllen, wenn ein Idol auftritt.

Ich lernte Ilse, die große Kabarettistin aus Berlin, kennen. Sie machte mir auf so charmante Weise den Hof, dass ich mich zum ersten Mal in meinem Leben tödlich in eine Frau verliebte. Die B. B. wurde mir schnuppe. Esme musste mich zur Ordnung rufen. Ilse lud mich ein, legte Schallplatten auf. Wie immer, wenn ich die richtige Musik höre, wurde ich wild, tanzte toll. Ilse muss das für ein Signal gehalten haben, sie zog sich aus und tanzte mit. Das war zu viel, mir wurde schlecht, ich musste mich auf die Couch legen. Mimi, Ilses Freundin, flößte mir Brandy ein und brachte mich nach Hause. Nie wäre sie auf den Gedanken gekommen, dass ich ihr gefährlich werden könnte, ich hatte alle Annäherungsversuche abgewehrt, aber nun sah sie, was los war, wurde eifersüchtig und machte mich vor Ilse lächerlich. Ich hatte mich wie ein Pennäler bei seiner ersten Liebe benommen, sah Ilse nie wieder und konnte sie nicht mehr leiden.

Meine Mitarbeiter

Dantes Kopf war kahl. Er trug eine schwarzgeränderte Brille, schwarzen Pullover, kellnerte und sang mit eunuchenhaft süßer Stimme Opern in französischer Sprache. Er stand im Nebenzimmer und sang durchs vergitterte Fenster zu uns, die wir im Hauptraum saßen.

Winny, Negerin, groß, üppig, rassig wie eine prachtvolle Stute, zwängte ihre Fülle in ein enges, kurzes, hellblaues Kleid, wickelte einen hohen orangefarbenen Turban um den Kopf, rückte den Tisch in die Mitte des Raumes, setzte sich drauf und sang mit leiser, zarter Stimme französische Chansons. Dann tanzte sie mit frechen Hüftbewegungen an den Tischen vorbei. »This is it«, sagten die Männer.

Mme Pumpernickel kam aus einer Stadt im Mittelwesten, aus Syrakus. Sie hieß eigentlich Helen Leighton und stammte aus einer alten Bankiersfamilie. Sie war ein Riesenzwerg, für einen Zwerg zu groß und für eine normale Frau viel zu klein. Ursprünglich hatte sie Konzertpianistin werden wollen, doch dazu waren Talent und Körper zu klein. Sie ging zum Varieté. Zwei Männer spielten Ball mit ihr und warfen sie zum Schluss auf einen Klavierschemel, dann spielte sie den Minutenwalzer von Chopin, exakt und schnell wie ein elektrisches Klavier. Als sie älter wurde, wollte niemand mehr sie werfen, sie gab Klavierstunden und spielte, wo sich Menschen und ein Klavier zusammenfanden, Chopin und Bach. – Manchmal sang sie alte Kirchenlieder, auch bei uns in der B. B. Wenn die kleine Frau schnell und brillant loslegte, war jeder verblüfft. Vom Sinn der Musik verstand sie nichts, sie war ein kleiner dressierter Affe mit dem Gehabe eines Paderewski, besaß eine enorme Menge von alten Hüten, in einem langen Leben gesammelt, einen Tirolerhut mit Gamsbart, ein altdeutsches Barett, eine Holländerhaube, einen Heiligenschein, der zitterte, wenn sie spielte. Am liebsten sah ich sie mit einem gretchenhaften Goldnetz, von dem am langen Stängel eine rote Rose auf ihren Nacken fiel. Die Robe, in die sie sich am liebsten hüllte, war lang, weit, aus braunem Samt. Sie sah falsch-feierlich aus und sehr drollig. Ich hatte mit ihr eine Nummer als Löwenbändigerin einstudiert. Im schwarzen, tief ausgeschnittenen Paillettenkleid spielte sie mit einer Peitsche und setzte sich auf die Knie von den schönsten Jungen. Für die war das ein »Thrill«. Auch Pumpernickel wurde größenwahnsinnig. »In die Carnegie Hall gehöre ich«, hörte ich sie geifern, »und nicht in diesen Keller. Ich bin eine große Künstlerin«, zwitscherte sie giftig, »dies hier sind Kabarettisten, aber keine Künstler.«

Esme sang mit ihrer schönen dunklen Stimme: »J'attendrai!« Sie war schlank, groß und zuletzt immer in schwarze Tailleurs gekleidet, wirkte wie die Femme fatale aus einem Roman. Ihr Verbrauch an jungen Mädchen und femininen Männern war enorm. Ihre Anbeter warteten jede Nacht und starrten sie so lange an, bis sie sich an ihren Tisch setzte. Dazu musste Esme allerdings vorher gehört haben, wie enorm reich sie waren. Das hörte sie von mir, ich konnte es nicht für mich behalten. Dann war ich schnell einen Gast los, denn Esmes erotische Beziehungen endeten rasch und mit Krach und Katastrophen. Jeder musste etwas zu ihrem Lebensunterhalt beitragen. Ein Gast empfahl ihr einen Manager, einer versprach, ihr spanischen Sprachunterricht zu geben, von anderen erhielt sie Einladungen zu Dinners, Kostümentwürfe, Texte für Songs. Ja, und einmal hörte ich sie zu einer Töpferin sagen: »Haben Sie nicht einen zerbrochenen Krug für mich?« Immer war Esme teuer und elegant angezogen, sie bekam eine gute Gage und hatte es nicht nötig, sich wie ein Geier auf Beute zu stürzen, aber vielleicht hatte sie einen unüberwindlichen Jagdtrieb, und das könnte ich verstehen.

Hedy, die Sekretärin, war schwer zum Arbeiten zu bewegen. Sie zierte sich erst, wie wohl früher auf ihren bürgerlichen Privatpartys.

»Hedy«, sagte ich, »das ist jetzt Ihr Beruf! Ich kann Sie nicht immer zwanzig Minuten bitten.« Manchmal spielte sie Verstecken, schloss sich in der Toilette ein oder lief auf die Straße. Ich fand sie in einem Hausflur. »Hedy, muss Ihr Bürovorsteher Sie auch erst jagen, bevor Sie einen Brief tippen?«

Dass ich meine Kraft vergeudete, war allen schnuppe. Und manchmal, wenn ich aufs Podium sprang, den Kopf zurückwarf und zum großen Schwung ansetzte, dann schob sich Eddy an mich heran und flüsterte: »Valeska, die Salami geht aus.« Ich musste während meiner Vorstellung an die Salami denken, konnte mich nicht konzentrieren und raste in den Delikatessenladen. Zum Glück waren die Läden auch nachts geöffnet.

Und ununterbrochen läutete das Telefon. Kellner, Künstler, Gäste wurden an den Apparat gerufen. Esme wartete stets auf einen Anruf. Nur mit halbem Ohr hörte sie dem kleinen Tänzer zu, der ihr etwas ins Ohr flüsterte. Sowie ich rief: »Esme, das Telefon!«, veränderte sie sich geschwind. Bob, der sie anrief, verlor seinen Wert, weil er sie sehen wollte. »Heute nach der Vorstellung?«, hörte ich sie fragen. »Nein, danke, Bob, ich bin schon vergeben.« Und sie schritt, Triumph in den kokainglänzenden Augen, die Hände in den Taschen ihres Tailleurs vergraben, mit langen Schritten durch den Raum, setzte sich neben den süßen Tänzer, schraubte ihre Stimme eine Tonlage tiefer und fragte, den Arm um seinen Hals gelegt: »Liebling, wollen wir heute morgen zusammen frühstücken?«

Mme Pumpernickels bester Freund war der Kellner Eddy. Im alten beigefarbenen Mantel, ein grünes Jägerhütchen mit Gamsbart keck auf dem aschblonden Haar, käsig weiß das Gesicht, so kam er das erste Mal in den Keller. Er hungerte und ging ziemlich erfolglos auf den Strich. Ich engagierte ihn, er schlug einen Wollschal lose um den Hals und servierte im Pullover. Das war neu für Amerika. Auch in ihm war ein Schauspieler verborgen. Er entwickelte aus dem Servieren eine Nummer, denn jeder beobachtete ihn. Das Tablett auf dem Kopf, meist ließ er es samt Tassen und Tellern fallen, tänzelte er von Tisch zu Tisch. Er schminkte sich nun auch, und zwar heftig. Gäste beklagten sich, sie fanden es widerlich. Sollen sie doch weggehen, wenn es ihnen nicht gefällt. Meine Beggar Bar war mein Spielzimmer, ich hatte es nicht nur geschaffen, um Geld zu verdienen, sondern um Spaß und Freude zu haben.

Eine distinguierte Blondine sagte: »Es ist so nett bei Ihnen, aber wenn ich das nächste Mal auch neben einem Neger sitzen muss, komme ich nicht wieder.«

»Dann bleiben Sie lieber weg, es ist sehr wahrscheinlich, dass Sie das nächste Mal neben einem Neger sitzen werden. Dies hier ist ein demokratisches Lokal.«

Eddy erzählte seinen Gästen Märchen von seinem Vater, der Seiltänzer gewesen war. Als er (der Vater) einmal in Dallas in die Höhe sprang, verfehlte er das Seil, so dass es ihn in zwei Teile spaltete. Eddy hatte viel Schick. Wenn das Geschäft ruhig war, strickte oder nähte er Kostüme für Pumpernickel.

Sie tanzte hektisch vor ihm auf und ab und wollte ihm zeigen, wie man so ein Kleid arbeitet. Eddy ließ sich nicht stören und sagte ruhig: »Ich nähe genauso, wie ich es von meiner Großmutter gelernt habe.« Manchmal tanzte er einen Wiener Walzer mit ihr, er wickelte sich eng in einen lila Taftfetzen, kämmte seine jetzt weißblond gefärbten Haare tief in die Stirn und walzte. Pumpys Babyfüßchen zappelten in der Luft.

Nicht immer war er so nett zu ihr. Er gönnte ihr keinen Erfolg. Während ihre Fingerchen in brillanten Passagen die Tasten auf und ab liefen, fegte er das Lokal, um die Aufmerksamkeit auf sich zu lenken. Er fegte wie eine Hexe aus dem Märchen im Rhythmus ihres Spiels. Natürlich lachten alle. Wir spielten grausam mit Pumpernickel. Beim leisen Pianissimo schmetterte der Pianist Witt ein Tablett zu Boden. Es klirrte. Dante setzte den altmodischen Ventilator in Bewegung, er knarrte und rauschte. Dann sprang Pumpy vom Klavierstuhl und schrie mit wutverzerrtem Gesicht: »Das sind Sie, Valeska, und niemand anders.« Manche Gäste waren böse auf uns und verließen den Laden. Entweder wir platzten vor Übermut, oder wir zerfraßen uns vor Hass. Und nur, wenn ich müde war, wurde es langweilig und atmosphärelos wie in anderen Lokalen. Aber das passierte selten.

Eddys gefährlichster Rivale war Punchio. Als Hedy einmal, beifallsumrauscht, vom Podium schritt, sprang er, den ich nie vorher gesehen hatte, auf die Bretter. Mit grandioser Geste forderte er den Pianisten auf, *Cocktails for Two* zu spielen. Und nun sang er, den viel zu weiten Mantel graziös zusammenhaltend, bezaubernd, subtil, faszinierend. Er öffnete den Mantel, das Futter hing in Fetzen herunter, er nahm den Hut ab, eine Glatze! Zuerst Zauberer, jetzt Bettlergreis. Punchio war vor noch nicht langer Zeit ein berühmter Conférencier gewesen, Master of Ceremonies, wie man in Amerika sagt, gefeiert wie Sinatra. Er liebte eine schöne Mulattin, sie verschwand mit seinem Kind. Aus Kummer soff er. Stets kam er zu spät zu seinen Auftritten, niemand engagierte ihn mehr. Schließlich bettelte er, schlief in Mills Hotel in der Bleecker Street für 25 Cents. Und wenn er auch diese 25 Cents vertrunken hatte, legte er sich auf den Boden in Hausfluren oder auf eine Bank am Washington Square, bis die Cops ihn wegjagten.

Punchio kam jeden Abend, bei uns fühlte er sich wohl. Wir bewunderten ihn, und die Gäste gaben ihm viel Geld. War er müde, verschwand er in der Toilette. Kam er heraus, sang er mit neuem Elan. Vermutlich hatte er Morphium gespritzt. Manchmal war er so berauscht, dass er nicht aufhörte zu singen. Ich schlug ihn knock out, um ihn zu stoppen. Stolz bin ich darauf nicht. Es ist leicht, einen Betrunkenen, der noch dazu schlecht ernährt ist, hinzuschlagen. Eine Lady sollte nicht zu brutal sein.

Sang Punchio, kribbelte es Eddy in allen Gliedern. Halb hinter einer Säule verborgen, öffnete er den Mund und tat so, als ob er sänge, aber man hörte nichts. Er bewegte sich im Takt zu Punchios Liedern, niemand beachtete ihn, dazu war Punchio zu faszinierend.

Ein kleines schwarzlockiges Mädchen bot sich als Kellnerin an: »Ich will ein Buch schreiben und Typen studieren. Wie heißt der Sänger in Mantel und Hut? Er interessiert mich, aber freitags kann ich nicht kommen, ich bin fromme Jüdin und halte die Feiertage.«

Punchio und Gina wurden unzertrennlich. Sie behauptete zwar immer noch, dass sie Punchio nur studiere, aber manchmal sah ich beide, eng umschlugen, im dunklen Hausflur. Punchio wohnte jetzt bei zwei Rabbinern, Freunden von Gina. Zum Dank reinigte er ihnen die Wohnung, und Ella, das rothaarige Mädchen mit der weißen Haut, saß traurig da. Vorher hatte sie den Raum erleuchtet, jetzt verdunkelte sie ihn. Jede Nacht war sie gekommen, Punchio zu sehen, und hatte ihm viel Geld gegeben.

Punchio ist inzwischen wieder ein reicher Mann geworden, besitzt eine Prachtvilla in Long Island. Das schrieb mir Gina aus Jerusalem, sie haben inzwischen geheiratet, leben aber nicht mehr zusammen. So tief fallen und wieder so hoch steigen, das kann man nur in Amerika. Ein baumlanger Neger setzte sich ans Klavier und spielte wild und aufreizend zum Tanz. Die Gäste schnellten von ihren Sitzen und jitterbugten wie besessen. Ihn muss ich haben. Witt, unser Pianist, war krank, er wollte nach Connecticut fahren, sich erholen. Der Neger – er nannte sich »der Mann mit den hundert Fingern« – sagte zu.

Am Sonnabend spielte er wieder wie der entfesselte Urwald, aber um elf Uhr erklärte er: »Ich muss gehen.«

»Unmöglich. Wer soll unsere Chansons begleiten?« Er blieb ungerührt. »Dann kriegen Sie kein Geld«, drohte ich. Er stellte sich in die Mitte des Raumes und wollte eine Rede halten. Er rechnete mit meiner Feigheit und mit dem sozialen Geist des Publikums, das sich immer hinter den stellt, den es für den sozial schwächeren hält. Ich pflanzte mich neben ihm auf, um ebenfalls zu reden. Das also geht nicht, sagte er sich, lehnte sein Gesicht an die Wand und weinte. Ich lehnte mein Gesicht neben seins und weinte auch. Auch dieser Trick war ihm misslungen. Aber der dritte gelang. Er setzte sich ans Klavier und spielte unendlich monoton, langweilig und einschläfernd. Aus dem feurigen Hengst war ein lahmer Ackergaul geworden. Er hypnotisierte. Die Köpfe der Gäste fielen schwer herab. Einige rafften sich auf und gingen gähnend. Manche waren so müde, dass sie zu zahlen vergaßen. Ich sah im Halbschlaf, wie sich das Lokal leerte. Ich muss mich zusammenraffen, sagte ich mir, dreiviertel schlafend. Was er jetzt tut, ist viel schlimmer, als wenn er überhaupt nicht spielt. Ich gab ihm sein Geld und bat ihn flehentlich, zu gehen. Der »Mann mit den hundert Fingern« grabschte das Geld und lief eilig davon.

Antoine, der fabelhafte Friseur aus dem Village, sang in der B. B., nicht um Geld zu verdienen, das hatte er nicht nötig. Er sang aus echter Leidenschaft. Er fühlte seine Lieder innig, fast religiös. Fasziniert beobachteten wir, wie sich die dünne, resonanzlose Stimme aus seiner Kehle löste. Ab und zu bildete sich ein Ton, klangvoll und klar. Dieser Ton erschien uns kostbarer als die ganze Arie eines berühmten Tenors. Er hauchte tschechische und Wiener Lieder. »Es muss was Wunderrrbarrres sein, von dir gelibbbt zu werden.« War er fertig, schaute er sich triumphierend um, als wolle er sagen: »Na, wie habe ich das gemacht?« Auch er wurde schnell größenwahnsinnig und mietete die Carnegie Hall. Er hatte das Geld dazu.

Am Tage vor seinem Debüt ließ ich mir von ihm die Haare schneiden. Er klagte: »Ich muss mich erkältet haben, meine

Stimme ist weg.« Also auch sein einer einziger Ton war verschwunden. Was würde das Publikum sagen? Aber der Amerikaner mit seinem Sinn für Humor liebt solche Typen, jeder wollte den stimmlosen Friseur hören, der große Saal war ausverkauft. Antoine nahm den rasenden Beifall für Ernst, beschloss, seinen Beauty Parlour aufzugeben und sich ganz der Kunst zu widmen.

Kadidja, eine Tochter Frank Wedekinds, sang Bänkellieder in knallroter Bluse und hohen schwarzen Stiefeln. Einmal kam sie nicht. Ich war erstaunt, denn sie war zuverlässig. Zu Hause am Telefon lag ein Zettel: »Die Sängerin kann nicht kommen, ihr Mann ist gestorben.« Ich war entsetzt. Kadidjas Mann war ein junger Mensch, ich hatte nie gehört, dass er an einer unheilbaren Krankheit litt. Es muss ein Unglücksfall gewesen sein, der ihn so früh dahingerafft hat, oder aber, war es etwa Selbstmord? Er flirtete mit Esme. Hatte er sich mehr in sie verliebt, als ihm gut war? Ich rief Esme an. »Esme, haben Sie heute Kiehl gesehen?«

»Ja, warum? Der Kerl macht mich verrückt, ich habe ihn die Treppe runtergeschmissen«, schnarrte sie.

»Esmeralda, Sie haben ein Menschenleben auf dem Gewissen.«

»Um Gottes willen! Was ist los?«

»Kiehl hat sich das Leben genommen.«

»Entsetzlich. Woher wissen Sie das?«

»Ich fand einen Zettel neben dem Telefon: ›Kadidja kann nicht kommen, ihr Mann ist gestorben.‹«

»Sie müssen sofort telefonieren, Sie sind der Boss. Vielleicht können Sie ihr helfen.«

»Ich? Ach, ich habe Angst vor frischen Witwen und Waisen! Was soll ich sagen?«

Das Telefonfräulein in Kadidjas Hotel verband mich sofort. Das erstaunte mich. Ließ sie sich nicht verleugnen?

»Wie geht's, Kadidja?«

»Gut.«

Gut! Das war roh. »Aber wie geht es Ihrem Mann?«

»Auch gut«, sagte sie etwas erstaunt.

»Sicher? Wann haben Sie ihn zum letzten Mal gesehen?«

»Gerade jetzt.« Und ich hörte sie lachend fragen: »Dir geht's doch gut?«

Was sollte das alberne Theater? Warum wollte sie mich beschwindeln, es würde doch alles rauskommen.

»Kadidja, machen Sie bitte kein Theater. Ich weiß alles. Warum hat er sich das Leben genommen?« Sie lachte, wie ich mir einbildete, mit bösem Galgenhumor. Dann fragte sie: »Wollen Sie ihn sprechen?«

Und ans Telefon kam ein Mann, der sagte: »Hier ist der tote Kiehl.«

»Sind Sie es wirklich, und sind Sie gesund?«

»Wie der Fisch im Wasser«, lachte er.

Ich war etwas enttäuscht, hängte ab. Er lebte. Wer war gestorben? Vielleicht Elmö. Er stammte aus Algier und sang Geisterlieder. Vor vierzehn Tagen hatte ich ihn entlassen, weil ich zu viele Künstler hatte. Vielleicht hatte er es sich zu Herzen genommen, er war sehr sensibel. Dabei sollte er bald wieder auftreten, hatte ich ihm versprochen. Vielleicht war die Nachricht verquatscht worden und es sollte heißen: »Der Sänger ist tot, er kann nicht kommen.«

Ich rief seine Cousine an.

»Wie geht's Elmö?«

»Gut, hoffe ich.«

»Warum: Hoffe ich?«

»Er ist seit einer Woche im Sanatorium, er will ruhen, bevor er wieder bei Ihnen arbeitet.«

Also er war es. Er wird sich gründlich ausruhen.

»Wann sprachen Sie ihn zum letzten Mal?«

»Vorgestern, es ging ihm gut.«

»Ja, vorgestern, aber wie geht es ihm heute?«

»Sie machen mich ganz nervös«, sagte sie, »was ist los?«

»Nichts Gutes. Elmö ist tot.«

Sie kreischte und hängte den Hörer auf. Als ich nach einer halben Stunde wieder anrief, fragte ich sanft: »Was ist passiert?«

»Nichts«, antwortete sie scharf, »Sie haben mich unnötig aufgeregt. Er ist gesund, Gott sei Dank.«

Also auch Elmö war es nicht, wer war bloß gestorben? Ich ging in Gedanken alle Sänger durch. Winny konnte es nicht sein. Sie hatte nicht nur einen Mann. Pumpernickel auch nicht, sie hatte keinen. Blieb bloß Steffy. Sie sang an den Wochenenden Lieder in vielen Sprachen, alle mit leicht jiddischem Akzent. Sie wollte ich fragen, nur musste ich vorsichtiger sein. Sie lebte von ihrem Mann getrennt, obwohl sie ihn noch sehr gern hatte. Ich sagte: »Neben meinem Telefon lag ein Zettel, dass die Sängerin nicht kommen kann, weil ihr Mann gestorben ist, Ihrer wird's ja wohl nicht sein, aber klingeln Sie sicherheitshalber in seiner Redaktion an.« Sie schrie auf, aber, Gott sei Dank, auch er lebte. Wer mochte bloß gestorben sein? Es blieb ein Rätsel, bis ich erfuhr, dass eine Beamtin vom Refugee Service mir ein Jahr zu spät mitgeteilt hatte, dass Esme nicht kommen kann, weil ihr Mann, der berühmte Arzt, gestorben ist. Na ja, Beamte arbeiten nicht schneller.

Eddy nahm aus einem Pappkarton die mottige Pelzboa, legte sie um den Hals, wiegte sich in den Hüften und fragte verführerisch: »Valeska, kann meine Freundin Jane bei Ihnen Teller waschen?«

»Ja.«

Jane kam. Im strohblonden Haar wippte eine lila Samtschleife. Unter der Küchenschürze trug sie ein seidenes Abendkleid. Was hatte das zu bedeuten? Schon am nächsten Tag wusste ich es. »Valeska, ich spiele Klavier, besser als Pumpernickel. Kann ich Chopin spielen anstatt abzuwaschen?« Jetzt rächte sich, was ich der Wirtin in The Moore's angetan habe.

Sie wollte nicht mehr abwaschen, und ich war allein mit der großen Ratte. Jane spielte eine Mazurka. Pumpernickel ahnte, was ihr blühte, kletterte an mir hoch und schrie: »Ich bin engagiert, Klavier zu spielen. Jane geht oder ich!« Ich entschied mich für Pumpernickel, sie war seltsamer, und fragte Jane: »Warum nehmen Sie nicht den Gästen Hüte und Mäntel ab? Augenblicklich ist keine Garderobiere da. Das ist amüsanter als Geschirrwaschen und bringt mehr Geld als Klavierspielen.« Jetzt kreischte Pumpy: »Ich will auch Garderobenfrau sein, kann beides zusammen tun.«

»Teilt den Job.«

Am nächsten Abend standen die Frauen mit verbissenen Gesichtern am Eingang und warteten auf Beute. Wie Hexen stürzten sie sich auf den ersten Gast, rissen ihm Hut und Mantel vom Körper. Erschreckt sah der die gierigen Gesichter, wehrte ab: »Langsam, langsam, ich komme morgen wieder. Geben Sie mir meine Sachen!«

So ging es nicht. Die beiden verjagten die Gäste. Neben Jane musste wieder ein junges Mädchen die Sachen abnehmen. Pumpy tobte, es half ihr nichts, aber sie rächte sich an mir. Um vier Uhr morgens, ich hatte gerade mit Eddy abgerechnet, ließ sie von ihm den Tisch mit einer weißen Decke decken, die sie selbst mitgebracht hatte. In aller Ruhe aß sie weißen Käse mit Gelee. »Ich bin todmüde«, sagte ich, »beeilen Sie sich.«

Sie sagte vorwurfsvoll: »Ich bekomme Verdauungsstörungen, wenn ich zu schnell esse.« Und ein gewaltiger Rülpser entfloh ihrem Munde. Aber mehr noch. Sie wollte ihre Gage erhöhen, das alte Bankiersblut lebte in ihr: »Valeska, mir hat man zwanzig Dollar aus der Tasche gestohlen. Sie sind verantwortlich.«

»Gaben Sie die Tasche der Garderobiere?«

»Nein.«

»Dann bin ich nicht verantwortlich.«

Pumpernickel schrie hysterisch, ich packte sie am wabbligen

Arm und schleuderte sie aus dem Keller. Wie ein Gummiball kam sie zurückgesprungen. Und wieder ergriff ich ihren Arm. Mordlust packte mich.

Sito, der Zeichner der *Herald Tribune,* hatte uns karikiert. Er schenkte Esme und mir Zeichnungen. In der Küche platzte ein Rohr. Das Abflussrohr war nicht groß genug, die Wassermassen aufzunehmen, ich schippte Eimer nach Eimer vom Boden und goss sie in das Abwaschbecken. Da erschien zum dritten Mal Pumpy. Sie forderte die Zeichnung von Sito. »Die gehört mir«, rief sie gellend.

»Lassen Sie mich in Frieden, oder es passiert etwas!«, brüllte ich.

Und es passierte etwas, aber im Nebenraum. Es knallte. Winny und Dante kämpften um einen Seemann, warfen sich meine Tassen und Teller an den Kopf, die mit Krach zerbrachen. Winny ergriff einen Stuhl und zerschmetterte ihn an Dantes Kopf. Der riss an Winnys schwarzen Haaren. Er hielt eine Perücke in der Hand, Winnys Kopf war kahl. Beide bluteten, erschöpft lagen sie am Boden. Ich hielt es nicht länger aus, zog den Stöpsel aus dem elektrischen Schalter, eine Stichflamme stieg zischend hoch. Kurzschluss! »Ich kriege einen Herzanfall!«, rief der kranke Pianist, »Sie werden mich umbringen.«

»Regen Sie sich nicht auf!« Aber ich wusste, morgen bin ich ohne Sänger, ohne Pianist und ohne elektrisches Licht.

Eine Schülerin von Father Divine versprach, das Lokal zu reinigen. Sie war alt, hatte nur einen Vorderzahn und hieß »Sweet Angel of Love«. Die »Engel«, so nannte man Fathers Schülerinnen, galten als ehrlich und tranken nicht. Ich war in der Küche, als sie zum ersten Mal saubermachte. Den Eimer in der Hand, fragte sie ruhig: »Ein Mann hat das Radio weggetragen. Sollte er das?« – »Natürlich nicht. Es war ein Dieb!« Nun war das schöne neue Radio weg, das dritte, das gestohlen wurde.

Angel lächelte mild. Auch »Sweet Angel« fand die Arbeit zu schwer. Eddy reinigte jetzt. Er reinigte gründlich, stahl alles, was rumlag, selbst Rattengift und die Feueraxt und die Bücher, die Fred Hildenbrandt über mich geschrieben hatte. Er verkaufte sie an Buchläden, denen ich sie wieder abkaufte, ein Kreislauf.

»Was ist in der großen Tüte?«, fragte Esme, als Delmonico, der neue Geschirrwäscher, an uns vorbeiging. Am nächsten Tag ging ich in die Küche, als er abwusch. Unter dem Bassin stand eine Tüte voll mit Roastbeef, Messern, bunten Glühbirnen, Kaffee, Zucker, Tellern, Steckkontakten. »Warum machen Sie das?«, fragte ich, und genauso dumm antwortete er: »Warum nicht?« Ich schmiss ihn raus, und das war ein Entschluss, der mir nicht leichtfiel. Er war ein kostbarer Typ. Lange, schwarze Ponyhaare hingen ihm bis zur Nase; Brille und brauner, fetter, nackter Bauch. War er mit Abwaschen fertig, tanzte er bauchwackelnd Rumba, eine Klapper in der Hand. Vielleicht hatte er den zweiten Radioapparat gestohlen, vielleicht den ersten.

Alle Kellner stahlen. Es war leicht bei mir, ich verstand nichts von diesem Gewerbe, von »Bonieren« hatte ich noch nie gehört. Jeder Kellner nahm sich in der Küche, was er brauchte. André, der dicke, gemütliche Negerkellner, sagte einmal bedauernd: »Schade, dass wir kein System haben.« Aber auch, was »System« bedeutet, wusste ich nicht. Einmal lief ein Kellner mit der Einnahme weg. Ich hielt ihn auf der Treppe an seinem Pullover fest, bis ein Passant mir half. Der Kellner gab das Geld, wollte aber den Pullover bezahlt haben, den ich beim Anpacken zerrissen hatte.

Trotz allem stand ich mit den Kellnern gut, sie fanden mich demokratisch, wir waren befreundet. Ich konnte ja sehr gut verstehen, dass sie mich betrogen. Es war so leicht. Aber ich hatte auch das Recht, ihnen das Geld wieder abzujagen. Meine Bettlerbar war mein Dschungel, jede Nacht ging ich auf Jagd nach Menschen, Erfolg und Geld.

Irving wurde zum Militär eingezogen und schrieb aus Camp Kilmer: »Ich bin in einem Embarcation Camp. Bald werde ich ausgeschifft. Adieu!«

Das traf mich. Vielleicht kommt er nie wieder. Ich hatte ihn vernachlässigt. Esme kann das Geschäft leiten. Ich fuhr, wie ich ging und stand, ab. Im New-Jersey-Zug saßen außer mir nur noch Soldaten, die versprachen, mich ins Camp zu schmuggeln. Ich stieg zu ihnen in einen Militärlastwagen. Am Tor entdeckte mich die MP, obwohl ich mich auf den Boden des Wagens gekauert hatte.

»Wer sind Sie? Was wollen Sie?«, fragten sie.

»Ich will meinem Freund Adieu sagen, vielleicht wird er morgen ausgeschifft.«

»Unmöglich«, sagte der MP. »Es ist zwei Uhr nachts, alle Soldaten schlafen, und Fremde dürfen ohne Erlaubnis das Camp überhaupt nicht betreten. Fahren Sie nach New Brunswick zurück.«

»Da sind keine Zimmer frei, erzählte man mir, wo soll ich schlafen? Haben Sie im Camp ein Hotel?«

»Camp Kilmer ist Kriegsgebiet, da gibt's keine Hotels.«

Ich setzte mich auf die Bank in der Baracke am Eingang und sagte: »Ich bleibe, bis ich Irving gesehen habe.«

Ein Chauffeur brachte Kaffee und Donuts für die Wache. Ich bekam auch ab. Dann sagte ein MP: »Ich will versuchen, den Private zu finden.« Nach einer halben Stunde – das Camp musste sehr groß sein – brachte er Irving, der verblüfft war, mich zu sehen.

»Was machen wir mit ihr?«, fragte ein MP. »Hier kann sie nicht bleiben.« – »Ich bringe sie in eine Kabine«, sagte der Chauffeur. »Und morgen früh rufe mich an, wir verabreden etwas«, meinte Irving.

Ich zog mit dem Chauffeur ab, aber alle Kabinen waren besetzt von Soldaten, die mit ihren Frauen oder Freundinnen schliefen.

»Auf der Wiese steht ein alter Wagen«, sagte der Chauffeur, »in dem können Sie bleiben, es ist sowieso bald Morgen.« Er brachte mich zum Wagen. Es war unmöglich zu schlafen. Soldaten und Mücken drangen ein, ich musste sie dauernd abwehren, dazu läutete ununterbrochen eine große Glocke.

Nein, das hat keinen Sinn, ich will lieber Kaffee trinken. Am Lunch-Counter nebenan saß der Chauffeur. Um sechs Uhr brachen wir auf. »Jetzt werden Sie eine Kabine bekommen, der Urlaub der Soldaten ist zu Ende.« Unterwegs wurde der Chauffeur zudringlich.

»Sie brauchen nicht in Hosen rumzulaufen. Ich kaufe Ihnen schöne neue Kleider, mache dreihundert Dollar die Woche.«

»Ach was«, antwortete ich überreizt, »ich will keine Kleider, ich will schlafen.«

Ich musste sehr energisch werden, bis er weiterfuhr und mich bei einer Kabine absetzte. Kaum war er weg, brachte der Besitzer des Bungalows Bettwäsche. Er setzte sich aufs Bett: »Ich bleibe bei Ihnen und telefoniere morgen das Camp an.« Wer nachts in ein Soldatencamp geht, ist natürlich Freiwild. Ich war so müde, endlich wollte ich schlafen. Dazu kam es nicht. Es klopfte an der Tür. Zwei Soldaten wollten meinen Pass sehen. Ich hatte keinen. »Nicht mal die Zahnbürste habe ich mitgenommen«, sagte ich, »in solcher Eile bin ich abgefahren.«

»Hier ist Kriegsgebiet. Wir verhaften Sie. Kommen Sie mit.« Ich stieg in ihren Jeep, und endlich konnte ich das Camp betreten. Sie brachten mich in eine Baracke, ein sehr netter Offizier fragte mich aus. Kaum war er fertig, kam ein anderer und fragte genau dasselbe. Ein richtiges Examen, aber diesmal wusste ich die Antworten. Endlich brachten sie Irving. Er sah elend aus, auch ihn hatten sie stundenlang ausgefragt. Im Camp erzählte man sich, ein Nazispion sei erwischt worden.

»Sie sind frei«, sagte der Offizier und reichte mir die Hand. Ich schüttelte sie und bedankte mich. »Wir müssen uns bei Ihnen bedanken«, sagte er charmant, »weil Sie sich so geduldig ausfragen ließen.« An den Häusern und Zäunen des Camps lehnten die Soldaten, gut genährt, zum Platzen voll von Lebensgier. Bald fuhren sie in den bösen Krieg; schnell noch Leben raffen. Die Sommerluft war schwül, es roch nach großem Raubtierkäfig. Ich ging mit Irving in die Kantine und aß ein Schinkenbrot. Der saftige Virginiaschinken lag fingerdick zwischen den Scheiben. Noch nie hatte ich ein so gutes Schinkenbrot gegessen. Doch die Verhaftung hatte unsere Leichtigkeit getötet. Wir waren müde. Irving wollte sich einen Pass besorgen und mich besuchen. Er kam nicht. Ich telegrafierte ins Camp. Um zwölf Uhr in der Nacht wurde ich von Western Union angerufen: »Wir können das Telegramm nicht bestellen, der Adressat ist abgereist, Bestimmungsort unbekannt.«

Ich schloss die Beggar Bar, es war zu heiß in New York, und fuhr nach Provincetown, lag am Strand. Da fuhr ein großes Kriegsschiff, von »Blimps« (Ballons) begleitet, vorüber: Sicher, da ist Irving drin. So war es. Der nächste Brief von Irving kam aus London.

Die Beggar Bar war berühmt geworden. Aus dem ganzen Land kam man, das seltsame Lokal und die seltsamen Künstler zu sehen, Offiziere, die in Casablanca von französischen Matrosen von der B. B. gehört hatten, die englische Handelsmarine und Flieger aus Kanada. Die Park Avenue erschien in Zobel und Hermelin, ihre Modisten John Fredric und Walter Florell. Es kamen Theater und Film, Simone Simon, Fredric March, Victor Jory, Mary Brian, Patsy Kelly, Beverly Roberts, Julie Haydon, Maxine Sullivan, June Havoc, die Katherine-Dunham-Truppe, der Regisseur James Light, Marcel Duchamp, Hans Richter und Walter Mehring, Judy Garland und ihr Mann Vincente Minelli. Sie sagte: »Es ist das einzige Kabarett in New York, das sich lohnt anzusehen.«

Die B. B. wurde ein Tipp, den man sich gab. Die Zeitungen brachten lange Interviews und Geschichten, obwohl ich keinen Publicity Manager hatte. *P. M. Magazin* widmete uns zwei ganze Seiten, Earl Wilson schrieb in der *New York Post* einen langen Artikel über die Beggar Bar und über meinen *Professor Blitz,* den ich erzählte und mimte. Damals war das noch eine utopische Geschichte. Ein Professor wurde in einer Rakete in die Luft geschossen und kreiste um den Mond. Danton Walker erwähnte uns dauernd in den *Daily News.* Alle freuten sich, dass es mal eine andere Art von Nightclub gab.

Gebranntes Kind

Der Krieg ging zu Ende. Berlin wurde in Grund und Boden bombardiert, meine Stadt, die Stadt, in der ich geboren bin. Das ging mir durch Mark und Bein. Mit jedem Nerv fühlte ich es. Bald musste es Frieden geben. Nur halb noch war ich in Amerika. Ich war nie mit der Absicht gekommen zu bleiben. Wenn erst die Nazis weg sind, will ich zurückgehen. Ich liebe Europa, diesen dichtbesiedelten Kontinent, wo einer dem anderen so nahe ist, dass sich ein elektrischer Stromkreis bildet, »Atmosphäre« genannt. Noch gieriger als sonst las ich alle Zeitungen.

Meine B. B. war jetzt immer, auch in der Woche, überfüllt. Man musste Schlange stehen, um einen Platz zu bekommen. Einmal saß neben dem Podium ein Soldat mit zwei Zivilisten. Sie blieben vier Stunden, dann gingen sie ohne zu bezahlen. Ich stellte mich an die Tür und stoppte den Soldaten. Er hatte geglaubt, dass er als Soldat alles wagen kann. Ich nahm ihm seinen Ausweis ab. »Es ist teuer bei Ihnen«, sagte er. »Sie sind nicht zum ersten Mal hier, Sie kennen die Preise.« – »Wenn Sie mir die Karte nicht zurückgeben, lasse ich Ihr Lokal schließen«, drohte er. »Bitte«, sagte ich, denn ich hatte ein reines Gewissen. Drei Tage später kamen drei männliche und zwei weibliche Detektive in die Bar. Sie setzten sich an verschiedene Tische, so, als ob sie nicht zusammengehörten, bestellten Beggar Sip, eine Mischung von Kaffee und Eierkognak. Ich erkannte sie an ihren Blicken. Dann verschwanden sie in der Toilette.

»Was hecken sie aus?«, fragte ich Esme.

Sie verhafteten Eddy. Was mag er ausgefressen haben? Hat er sich der Army nicht gestellt?

»Wir verhaften ihn, weil er den Beggar Sip verkauft hat. Es ist Alkohol drin, und Sie haben keine Alkohollizenz. Der Kellner ist verantwortlich, denn er verkauft den Drink.« Das ist ein altes Gesetz aus der Prohibitionszeit.

»Es ist erlaubt, Eierkognak zu verkaufen!«, rief ich entsetzt. »Sogar Konditoreien verkaufen ihn.«

»Seit sechs Monaten ist es verboten«, war die Antwort.

In diesem Monat sang ein junges Mädchen bei uns, die eine ungewöhnlich tiefe und schöne Stimme hatte. Immer saß sie scheu und allein in einer Ecke. Ich glaube, ich habe nie ein Wort mit ihr gesprochen. Jetzt näherte sie sich mir und flüsterte: »Ich habe Sie belogen, ich bin erst sechzehn Jahre alt.« Weil Eierkognak verkauft wurde, ist die Beggar Bar zum Alkoholladen geworden, da ist Sechzehnjährigen Eintritt und Arbeit verboten. Ich hatte mich strafbar gemacht, ohne es zu wissen. Hatte der Anwalt damals recht gehabt? »Wer einen Nightclub besitzt, steht mit einem Fuß im Gefängnis«, hatte er gesagt.

Auch das Mädchen wurde verhaftet. Ich war starr vor Entsetzen. Der robuste Polizeioffizier erschien und musterte alle Gäste. Er suchte Beute, ging in den spärlich beleuchteten Nebenraum. Da werden Gäste auf üppigen Polstern ruhen, Opium rauchen, käufliche Frauen im Arm. Und was fand er? Pumpernickel, die sich umzog. Da stand sie in beigefarbenen Wollunterhosen, die ihr schlaff übers Knie fielen. Der künstliche Busen war auf den Bauch gerutscht, sie lächelte schamhaft und verschmitzt.

»Sie ist unter siebzehn«, höhnte ich. Der Polizist erdolchte mich mit schiefem und schnellem Blick. Ich hätte einen Anwalt nehmen müssen, natürlich einen Spezialisten, das hatte ich in Amerika gelernt. Ich kannte keinen. An das Nächstliegende dachte ich nicht. Mein Hauswirt, Herr Rossano, besaß einen Spirituosenladen in der Seventh Avenue, er kannte bestimmt einen. Auch mein Steuerberater oder die Refugeezeitung *Der Aufbau* oder der Refugee Service, alle hätte ich fragen, alle hätten mir raten können, aber meine Gedanken waren wie weggewischt, es rächte sich, dass ich zu viel gearbeitet, dass ich mit meinen Kräften Raubbau getrieben hatte. Mein Gehirn war leer, kein Gedanke kam. Esme kannte einen Spezialisten. Aber es war Sonnabend und er nicht in der Stadt. Am Montag würde ich zu ihm gehen. Aber wo war Eddy? Zusammen mit Myron, einem Stammgast, ging ich auf das Polizeirevier in der Charles Street. »Eddy ist in den Tombs«, sagte man uns. »Tombs« ist das Gefängnis.

»Warum bailten Sie ihn nicht aus? Da wäre Eddy gar nicht erst ins Gefängnis gekommen«, sagten die Polizisten.

»Was ist das, ›bailen‹?« Ich hatte das Wort noch nie gehört.

»Ihre Garantie, dass Eddy zur Verhandlung kommt«, erklärte Myron.

»Wie kann ich das garantieren? Er kommt bestimmt nicht. Manchmal läuft er sogar mitten in einer Sonnabendnacht weg, weil er sich in einen Gast verliebt hat. Warum soll er zur Verhandlung kommen, wo er bestimmt allerlei auf dem Kerbholz hat?«

Der Beamte starrte, und Myron fragte schnell: »Wie hoch ist der Bail?«

»Fünfhundert Dollar.«

Das war viel. Ich überlegte: Ich habe den Eierkognak gekauft, Eddy hat ihn nur serviert. Ich bin verantwortlich und nicht Eddy. Aber er kommt bestimmt nicht zur Verhandlung. Und ohne ihn kann der Prozess nicht stattfinden, denn er ist der Angeklagte. Und dann muss ich für ihn leiden, wie er jetzt für mich leidet. Und ich verliere die fünfhundert Dollar und, schlimmer noch, die Beggar Bar. Ich erklärte es Myron. Der antwortete: »Lassen Sie ihn ruhig die zwei Tage in den Tombs.«

Ich ging ins Gefängnis, Eddy besuchen. Hinter dicker Glasscheibe stand ein Polizist. »Sie können ihn nicht sehen, telegrafieren Sie ihm.« Das tat ich: »Ich habe einen Anwalt, der wird Sie herausholen.«

Das ganze Village war empört, dass ich Eddy nicht ausgebailt hatte. Sie kannten ihn nicht, wie ich ihn kenne. Am Nachmittag kam ein Cop und nahm mir meine Kabarettlizenz weg. Weil ich Eddy nicht ausgebailt hatte, musste er sitzen, und wenn ein Angestellter sitzt, kann die Lizenz weggenommen werden, bis er vor Gericht für unschuldig erklärt wird. Alles war sehr kompliziert, und niemand erklärte mir die Zusammenhänge. Ohne Kabarett konnte ich den Raum nur als Restaurant weiterführen. Aber zum Restaurant eignete sich das Lokal nicht, es lag zu tief unter der Erde. Doch einige Tage will ich es offenhalten, um den Gästen zu erklären, was passiert ist. Viele kamen, aus Neugier. Ein Polizist stand Wache, damit ich auch ja kein Kabarett machte. Es war überfüllt, und tänzelnd ging ich von Tisch zu Tisch, um mit den Gästen zu sprechen. »Keine Vorstellung bitte«, sagte der Polizist, aber er scherzte nur, er fand, dass man mich hätte in Ruhe lassen sollen. »Die anderen Nightclubs machen wirklich schlimme Sachen«, meinte er, »und ihnen passiert nichts, weil sie die richtigen Anwälte und die richtigen Beziehungen haben.«

Ein Stammgast wollte mich ohne Bezahlung verteidigen: »Ich liebe Ihr Lokal«, sagte er, »und will wiederkommen.«

»Sind Sie Spezialist für Nachtlokale?«

»Nein.«

»Danke, dann geht es nicht.«

Er gab mir seine Karte. Am Montag ging ich zu Esmes Anwalt. Der war Spezialist, aber nur für Ehescheidungen. Da wollte ich doch lieber zu meinem Stammgast gehen, er liebt meine Bar und wird sie besser verteidigen als jemand, der sie nicht kennt. Auf der Karte stand: »Büro im *Daily News*-Gebäude.« Ich fand es nicht.

Einen anderen Stammgast hatte ich, der war Buchhalter. Vielleicht wusste er Rat. Er schickte mich zu einem Spezialisten. Ein sympathisch aussehender junger Mann saß am Schreibtisch, vor ihm lag eine Druckschrift über Spirituosen. Also war er wirklich Spezialist. Ich erzählte ihm meine Geschichte.

»Sie müssen hundert Dollar zahlen«, war seine Antwort.

»Gleich oder hinterher?«, fragte ich.

»Gleich.« Ich gab ihm einen Scheck. Dann rief er: »Mr. Rubin!« Eine grässliche Missgeburt erschien in der Tür, sie hatte einen Riesenkopf. Der Mann war unsympathisch. »Er wird Sie vertreten«, sagte der hübsche Mann, »ich habe keine Zeit.«

Nun hätte ich mir meinen Scheck zurückgeben lassen müssen, aber ich dachte, ein Scheck ist so gut wie bares Geld, und sagte nichts. Noch einmal musste ich die ganze Geschichte erzählen.

»Ignorance«, sagte die Missgeburt und: »Ihre Chance ist fifty-fifty.«

Nanu, wie will der Mann den Prozess gewinnen, wenn er mich für halb schuldig hält?

Wir gingen ins Gerichtsgebäude. Eddy wurde am Pult der Richterin vorbei in den Warteraum für Verbrecher geführt. Er war nicht geschminkt, sah grün aus, hielt sich übergerade, so, als ob er sagen wollte: »Seht, ich bin unschuldig.« Mein Anwalt ging zu ihm ins Wartezimmer. Als er zurückkam, sagte er: »Eddy ist ein anständiger Mensch. Früher war er Krankenwärter. Ich will versuchen, die Kaution herunterzudrücken. Sie bezahlen, er ist frei. Und nächste Woche ist der Termin.«

»Warum nicht heute?«, fragte ich.

»Weil der State's Attorney nicht gekommen ist«, erwiderte der Anwalt. Auch sonderbar. Beide Detektive waren da, ich hatte sie sitzen sehen. Warum kamen sie ohne Attorney? Der Anwalt erklärte mir nichts, vielleicht dachte er: Die versteht doch nichts, und es hat keinen Sinn, ihr etwas zu erklären. Ich wurde sehr unruhig. Ich muss das Lokal sofort wiedereröffnen, sonst verläuft sich das Publikum. Der Anwalt unterhielt sich mit der Richterin, die wie Käthe Kollwitz aussah. Sie setzte die Garantie auf hundert Dollar herunter. Schade, dass der Termin verschoben werden musste, sie sah aus, als ob sie meinen Fall verstanden hätte. Wer weiß, wer das nächste Mal Richter ist.

Eddy war frei. »Wunderbar ist das Gefängnis«, erzählte er aufgeregt. »Zuerst saß ich allein in meiner Zelle, grauenhaft! Aber dann durfte ich auf die Balustrade gehen. Acht Stunden am Tage spielten wir Karten, ich unterhielt mich mit den Sträflingen, die unten spazieren gingen. Unten sind die normalen Verbrecher, oben auf der Balustrade die Schwulen. Ich bekam sogar Roastbeef zu essen. Der alte Gefängniswärter war sehr nett, der junge schrecklich.«

»Eddy, bitte, bitte, fliehen Sie nicht«, bat ich. »Ohne Sie ist der Prozess unmöglich, weil Sie der Angeklagte sind.« Er zog in die Wohnung zu einer Freundin direkt neben der B. B. und versprach, nicht zu fliehen. Ich werde jeden Tag nachsehen, ob er noch dort ist. Ich erzählte Eddy, dass ich den Anwalt nicht im Büro der *Daily News* gefunden hatte.

»Haben Sie im Hinterhaus nachgesehen? Da sind die Büros.«

Ich fuhr gleich zu *Daily News*. Wirklich, im Hinterhaus war das Büro. Aber jetzt wollte der Anwalt meinen Fall nicht mehr übernehmen, weil ich schon einen anderen Anwalt hatte. Ich blieb also an das Monstrum gekettet. In der Nacht vor der Verhandlung schlief ich kaum, so aufgeregt war ich.

Am Morgen kamen wir als erste Partei an die Reihe. Mein Anwalt gestikulierte wild, sein Gesicht sah noch scheußlicher aus als sonst.

Mit ausgestrecktem Zeigefinger deutete er immer wieder auf die Eierkognakflaschen, die vor dem Richter standen. Lächerlich, er beschuldigte den Detektiv, den Alkohol dazugegossen zu haben. Der Alkohol war ja im Eierkognak drin, allerdings sehr wenig, denn wir servierten ihn mit Kaffee gemischt, also waren im Ganzen nicht mehr als drei Prozent drin. Und das war erlaubt, nur wusste ich es nicht.

Ich weiß nicht, welcher Teufel mich geritten hat, jedenfalls sagte ich: »Ich habe Alkohol dazugegossen.« Gar nicht wahr. Und ich wusste auch nicht, dass der Anwalt mich ganz richtig verteidigt hatte, ich wäre freigesprochen worden, wenn ich mich nicht eingemischt hätte. Aber plötzlich stand ich auf der Seite der Detektive, und mein Gegner war der Anwalt. Er komplizierte alles, dabei war es so einfach, ich konnte ihn gar nicht leiden.

Der Richter wollte den Analytiker sehen, der den Drink im Auftrag der Polizei analysiert hatte. Wir warteten bis zum späten Nachmittag. Wie war ich müde. Der Analytiker bestätigte, fünf Prozent Alkohol seien im Sip gewesen. Der Verkäufer des Eierkognaks sagte, dass bis vor sechs Monaten Eierkognak ohne Lizenz verkauft werden durfte und dass ich ihm nur drei Flaschen die Woche abnahm.

»So wenig?«, fragte der Richter erstaunt. Er hatte wohl geglaubt, dass es sich um größere Mengen handelte. Nun sagte der Detektiv, dass die Flaschen in einer Kiste unter der Bar gestanden hätten, damit wollte er andeuten, ich hätte sie heimlich verkauft.

»Und wie viele Flaschen standen oben auf der Bar?«, erkundigte sich der Richter. Er wollte mir helfen, aber ich erkannte es nicht.

»Fünf Flaschen«, antwortete ich. Also nicht heimlich verkauft.

»Sie haben noch immer nicht Ihren Standpunkt formuliert«, wandte sich der Richter an den Anwalt. Der gestikulierte und stotterte.

Ich hatte das Bedürfnis, einen klaren Satz zu sagen.

»Darf ich etwas sagen?«

Der Richter nickte.

Ich sagte einen klaren Satz, und der verdarb alles. »Ich wusste, dass Eierkognak nicht mehr verkauft werden darf, aber der Verkäufer sagte, Reste dürfen ausverkauft werden.«

»Damit geben Sie zu, dass Sie schuldig sind«, stellte der Richter eiskalt fest. Ich wollte erklären, wie ich das meinte, aber der Richter ließ mich nicht mehr zu Wort kommen, er hatte genug und der Anwalt auch. Er kam mir nicht zu Hilfe.

»Schuldig«, sagte der Richter, »Urteilsverkündung am nächsten Mittwoch.«

»Sie werden zwanzig Dollar Strafe zahlen müssen«, meinte der Anwalt, als wir die Stufen vom Gerichtsgebäude herunterstiegen. »Mehr ist nicht drin.«

Zu Hause fand ich einen Brief vom Treasury Department: »Die alten Vorräte Eierkognak dürfen ausverkauft werden.« Nun ist es zu spät, dachte ich. Der Brief ist eine Post zu spät gekommen.

Im Lokal hatte ich die Sekretärin einer sehr bekannten Anwältin kennengelernt. »Gehen Sie zu Mrs. Connover«, riet sie, »sie wird Ihnen helfen.« Mrs. Connover war sehr freundlich, wollte meinen Fall übernehmen und sagte: »Ich war selbst Commissioner of Licenses. Wegen so einer Bagatelle kann man Sie nicht so hart bestrafen. Sie sind genug bestraft. Ihr Lokal ist seit zwei Wochen geschlossen. Ich gehe zu LaGuardia und zum Polizeipräsidenten, wenn es nötig ist. Keine Angst! Ich lasse mir ein *suspended*-Urteil geben, daraus sieht der Commissioner, dass es sich nur um ein geringfügiges Vergehen handelt, und muss Ihnen die Lizenz zurückgeben.« Vom Brief des Treasury Departments habe ich ihr sonderbarerweise nichts erzählt. Alles wäre ganz leicht gewesen, mit einem Schlag erledigt.

Das Urteil wurde verkündet, die Lizenz mir weggenommen. Von Eddy kam aus Hartford ein Telegramm: »Drahtet zwölf Dollar Reisegeld, kann sonst nicht kommen.« Er war also doch getürmt. Ich drahtete das Geld, aber Eddy blieb verschwunden. Ich hatte im Ganzen hundertzwölf Dollar durch ihn verloren, und die Anwältin konnte kein *suspended*-Urteil durchsetzen, denn der Angeklagte war nicht vor Gericht erschienen.

Ein Hearing wurde angesetzt. Ich erfuhr, was ich geahnt hatte. Der Soldat, ein deutscher Emigrant, hatte mich angezeigt. Ich hörte auch, dass man den Prozess gegen das minderjährige Mädchen von meinem abgetrennt hatte. Vor dem Jugendgericht hatte sie ausgesagt, dass sie mir ein falsches Alter angegeben und privat nichts mit mir zu tun gehabt habe.

Der Captain McLaughlin auf der Polizei erklärte der Anwältin: »Wir dürfen Kabarettlizenzen ohne Alkoholkonzession nicht ausgeben, weil naheliegt, dass die Gäste ihren eigenen Alkohol mitbringen.«

Die Anwältin: »Dreimal ist sie um die Konzession eingekommen, und jedes Mal bekam sie eine Absage.«

»Ja, dann müssen wir ihr die Kabarettlizenz abnehmen, wir gaben sie ihr unter der Voraussetzung, dass sie die Alkohollizenz bekommt. Die Beggar Bar ist das einzige Lokal in New York ohne Spirituosenverkauf.«

Die Anwältin riet, mir von Gästen Anerkennungsbriefe schreiben zu lassen. Das tat ich. Alle lobten das hohe künstlerische Niveau.

Und Mrs. Rockvander schrieb: »Ich freue mich, dass meine Kinder in ein Lokal gehen können, das sie fesselt und doch nicht zum Trinken zwingt.«

Mrs. Connover brachte die Briefe zum Commissioner of Licenses, der sie behielt. Das machte sie zu optimistisch. Sie versäumte zum Polizeipräsidenten zu gehen und so kam die Entscheidung: »Die Lizenz bleibt Ihnen entzogen.«

Ich schrieb an LaGuardia, der antwortete: »Warum schreiben Sie erst jetzt? Nun ist es zu spät.«

Nachts wachte ich aus Angstträumen auf. Ich konnte nicht fassen, dass man mir die Beggar Bar weggenommen hatte. Das war mein Kind. Ich hatte es aus dem Nichts geschaffen und wie eine Löwin darum gekämpft. Man hat es gemordet. Es ist nicht nur Mord, wenn man einen Menschen tötet. Bürokraten und unfähige Anwälte dürfen Kunst und etwas sehr Menschliches zerstören, denn das ist mein Kabarett gewesen. Die anderen Nightclubs gehören Gangstern, ihnen passiert nichts, aber mich verfolgt und zerstört man.

Als ich in den Spiegel guckte, entdeckte ich graue Haare an den Schläfen. Also man kann wirklich aus großem Kummer graue Haare bekommen. Einmal hat mir Hitler meine Heimat, meine Freunde, mein Werk genommen, jetzt ist es zum zweiten Mal vernichtet worden. Soll ich weiter prozessieren? So ein Prozess kann jahrelang dauern. Bis dahin bin ich längst wieder in Berlin. Der Krieg geht zu Ende. Ich will rüber nach Europa. Noch aber kann ich nicht fahren, es gibt keine Visen für Berlin. Ich bin verurteilt, untätig in New York herumzusitzen. Die Soldaten kommen aus dem Krieg zurück, sie finden mein Lokal geschlossen. Und ich kann die Erregung und die Freude des Friedens nicht mitfühlen, bin zu unglücklich. Wieder bin ich aus dem Kreislauf ausgeschlossen und gehöre zu nichts und zu niemand.

André, mein Negerkellner, schrieb einen Brief: »Ich will nie mehr ins Village gehen, bin zu traurig, dass es die Beggar Bar nicht mehr gibt.« Er unterschrieb: »Ein Freund.«

Arbeitslos

Ich wollte ein neues Lokal suchen, bis ich nach Deutschland fahren konnte. Die Untätigkeit hielt ich nicht aus. Aber ich fand keins. Die Soldaten, die aus dem Krieg zurückkamen, mieteten alles. Sie hatten Vorrang. »Gehen Sie in die Theateragentur in der 44. Straße«, riet die kleine Tochter von Friedrich Hollaender, die seit ein paar Wochen bei mir tanzte. Gleich am nächsten Tag ging ich in die Agentur. Ein junger Mann versprach, ein Lokal für mich zu suchen. Schon am selben Nachmittag kam er in meine Wohnung und sagte: »Ich habe etwas Fabelhaftes für Sie, ein blendendes Lokal, die Spivy ist auch scharf darauf. Aber wenn Sie hundert Dollar Kaution bezahlen, bringe ich den Schlüssel zum Keller, Sie sehen ihn an und entscheiden, ob Sie ihn mieten wollen.«

Ich zog das Fach auf, in dem mein Geld lag, und gab ihm hundert Dollar. Nachts um zwei Uhr klopfte es an meiner Tür. Ich öffnete nicht, das Klopfen wurde immer dringlicher. Ich bekam Angst. Wer wollte so spät in meine Wohnung? Vielleicht drückte der Mann die Tür ein, denn er hörte mit Klopfen nicht auf. Ich kletterte auf das Fensterbrett, um runterzuspringen. Da öffnete sich dicht neben mir das Flurfenster, ein hübscher blonder junger Mann guckte mich an und sagte: »Ich bin Seemann, komme aus London und soll von Ihrem Mann grüßen. Lassen Sie mich ein!«

»So spät in der Nacht?« Ich schloss das Fenster und ging zu Bett.

Als ich am nächsten Tag die Sekretärin im Theaterbüro fragte: »Wo ist der junge Mann, der gestern hier am Tisch saß?«, da zeigte sie mir die *Daily News.* Vier Verbrecher waren geschnappt worden, auf einem Foto war der Mann, dem ich die hundert Dollar gegeben hatte. Er war der »Fingermann«, der zweite war der Seemann, der nachts an meine Tür geklopft hatte. Er sollte mein Geld holen.

Es war tropisch heiß in New York, der Himmel blassblau, doch die grünen, blauen, roten Reklamelichter brannten schon. Sie sahen wie ein stehengebliebenes Feuerwerk aus. Die Helle und die bunten Lichter waren verführerisch. Das Park Plaza war ein riesiges Gebirge, das Empire State Building ein aufgerolltes Brillantenarmband, oben mit einem Rubin als Abschluss. Manche Wolkenkratzer hingen wie schmale Handtücher vom Himmel. Die leise fahrenden Wagen, weich wie auf Hafermehl, die animalische Spannung der Luft, alles erfüllte mich mit Kraft und Lebenslust. Ich wollte weiterkämpfen.

Ich ging zum Captain in der Charles Street. Er war reizend, ganz anders als sein robuster Kollege, und riet: »Gründen Sie eine neue Corporation, aber nehmen Sie einen Geschäftspartner, am besten einen Soldaten, der bekommt die Lizenzen sofort.« Ich dachte gar nicht an Irving, der im Krieg inzwischen Hauptmann geworden war. Durch ihn hätte ich die Konzession sofort bekommen. Ich ging zur *New York Times,* um ein Inserat aufzugeben: »Partner für originellen Nightclub gesucht. Soldat bevorzugt.«

Der Mann am Schalter wollte Referenzen haben. Ich gab sie ihm.

»Sind das Geschäftsverbindungen?«, fragte er.

»Nein, Freunde.«

»Das genügt nicht. Wer ist Ihr Alkohollieferant?«

»Alkohol verkaufe ich nicht.«

»Welcher Nahrungsmittelkonzern beliefert Sie?«

»Keiner. Ich kaufe mal hier, mal da, wo ich mich die kürzeste Zeit anstellen muss, hier ein Pfund Salami, dort ein Pfund Schinken. Ich verkaufe nur wenig Essen.«

»Was verkaufen Sie?«, fragte er, immer ungemütlicher werdend.

»Künstler, nur Künstler.«

»Sie verkaufen Künstler?«

»Ja«, lachte ich, »aber manche waren keine. Sie taten nur so.«

»Welche Agentur hat Ihnen die Künstler vermittelt?«

»Keine. Sie kamen einfach von der Straße.«

Nun glotzte er, aber mir fiel zum Glück ein, dass ich Esme durch den Refugee Service bekommen hatte. Es genügte als Referenz.

»Das war ja wie vor Gericht«, sagte ich erleichtert.

»Gehen Sie zu einer anderen Zeitung, wenn es Ihnen nicht passt«, meinte er eiskalt, »Sie leben in einem freien Land.«

Das Inserat erschien. Ich bekam einen Berg von Briefen, und ich suchte den von Ridder aus; er wirkte wie ein Bauer.

»Warum haben Sie keine Alkohollizenz bekommen?«, fragte er.

»Weil ich kein Bona-fide-Restaurant habe.«

»War Ihre Gasrechnung hoch?«

»Nein, sehr klein, ich sparte Gas.«

»Falsch! Deswegen haben die Behörden geglaubt, Sie verkaufen kein Essen, und ohne Essen gibt es keine Alkoholkonzession.«

»Was hätte ich tun sollen?«

»Tag und Nacht auf allen Flammen Töpfe mit Wasser kochen lassen, damit die Gasrechnung hoch wird. Wie machen es die anderen Nachtlokale? Keins verkauft so viel Essen, wie die Behörde verlangt.«

»Stimmt! Als der Inspektor die Bücher durchsah, meinte er, ich verkaufe zu wenig Essen und zu viel Getränke.«

»Sie haben nur Essen verkauft!«, sagte Ridder. »Eierkognak, Kaffee, Schokolade gelten vor dem Gesetz als Nahrungsmittel. Und was, glauben Sie wohl, schreiben die anderen Nachtlokale, die nur Getränke verkaufen, in ihre Bücher?«

Zum Schwindeln gehört ebenso viel Talent wie zum Tanzen. Ein Anwalt fragte mich: »Sind Sie vielleicht die Frau, die zum Inspektor vom ABC Board gesagt hat, ›Restaurant interessiert mich nicht, ich will nur Alkohol verkaufen‹?«

»Ja.«

Diese Geschichte ging durch die Anwaltsbüros von New York.

»Alle wollen nur Spirituosen verkaufen, nur darf man das nicht sagen«, lachte der Anwalt.

Also stimmt's, was Ridder gesagt hatte. Schade, dass ich ihn nicht früher getroffen hatte. Esme hatte immer schon gesagt: »Sie brauchen einen Gangster im Geschäft.«

»Der würde mich betrügen, wenn er sieht, wie leichtgläubig und schlampig ich bin.«

»Sie brauchen einen Gangster mit Herz.« Sie blieb dabei. Vielleicht war Ridder der Mann, den sie meinte.

»Wir wollen das Lokal zusammen machen«, schlug ich vor, »ich glaube, wir passen gut zusammen.«

»All right«, sagte er. »Das glaube ich auch. Ich bin der geschäftliche und Sie der künstlerische Manager.«

»Zuerst mal kostet es jeden von uns hundertfünfzig Dollar für Trinkgelder. Es ist ein Lotteriespiel. Bekommen wir die Lizenz nicht, haben wir verloren. Bekommen wir sie, nun, so waren die hundertfünfzig Dollar gut angelegt.«

Ich schrieb einen Scheck und zeigte Ridder ein reizendes Lokal in der Sullivan Street am Washington Square. Ridder ließ sich von Mr. Weyl eine Option geben. Im Herbst werden wir eröffnen, die Lizenz bekommen wir bestimmt!

Esme flehte mich an: »Bitte tun Sie mir einen großen Gefallen! Ich habe ein entzückendes altes Auto gesehen, spottbillig, kostet nur zweihundert Dollar, wenn ich sie sofort hinlege. Ich habe große Ausgaben und im Augenblick nur hundert Dollar übrig, können Sie mir die anderen hundert leihen? In vier Wochen bekommen Sie alles bestimmt zurück. Mein Freund ist in Argentinien, er gibt mir, was ich will. Ich fahre Sie dafür soviel herum, wie Sie wollen, in die Bear Mountains, nach Woodstock, an den Jones Beach und im Sommer nach Provincetown.«

Das lockte mich natürlich, ich gab ihr das Geld. Am nächsten Tag besuchte sie mich wieder, aber den Wagen hatte sie nicht mit. »Valeska, bei Lord & Taylor sah ich ein tolles Kleid, ich musste es einfach kaufen. Bitte geben Sie mir noch einmal hundert Dollar, sonst verlieren wir auch die anderen hundert. Ich kann sie Ihnen schon in vierzehn Tagen zurückgeben, mein Freund kommt früher zurück, als ich gedacht hatte.« Ich gab ihr hundert Dollar, denn ich hatte mich in den Gedanken, Wagen und Chauffeur zu haben, so sehr eingelebt, dass ich nicht mehr darauf verzichten konnte. Am Freitag wollte sie mich mit dem Wagen abholen. Sie kam nicht. Ich traf sie im Paramount Theatre bei einem Fred-Astaire-Film.

»Esme«, fragte ich, »warum sind Sie nicht gekommen?«

»Ich hatte etwas sehr Wichtiges vor. Schließlich existiert die Beggar Bar nicht mehr, ich muss etwas für ein neues Engagement tun.«

»Sind Sie mit dem Wagen hier?«

»Ja.«

Ich wollte ihn sehen und heftete mich an ihre Fersen. Der Wagen war todschick. Ich stieg ein. Etwas verlegen sagte sie: »Wir müssen so fahren, dass ich nicht links abzubiegen brauche.« Warum, das wurde mir nicht klar, denn ich verstehe nichts vom Fahren. Der Wagen kam schwer in Gang, und ich hatte das Gefühl, dass sie vielleicht noch gar nicht chauffieren konnte. Ein Ruck, dann blieb er stehen. Esme bekam ihn nicht in Gang, und zwei Filmbeauties nahmen uns ins Schlepptau.

»Ich muss den Wagen nochmal überholen lassen«, tröstete Esme mich, »dann hole ich Sie bestimmt ab.«

Drei Tage vergingen, sie kam nicht. Ich ging zu ihr. Sie lag im Bett, große braune Schatten unter den glanzlosen Augen, die noch nicht kokainisiert waren. Sie frühstückte und schminkte sich drei Stunden. Mit der Untergrund wäre ich schneller draußen gewesen. Aber endlich war sie fertig, und wir stiegen in den schicken Wagen. Los ging's. Aber schon die nächste Laterne stand im Weg. Der Wagen krachte, ich stürzte raus. Wortlos stieg ich in die Untergrund.

Am nächsten Tag rief Esme aufgebracht an. Sie fand es hanebüchen, dass ich mich weder um sie noch um den Wagen gekümmert hatte.

»Ihnen ging's doch gut, das sah ich, na, und der Wagen fängt an, mich zu langweilen. Ist er zu retten?«

»Ja, in vierzehn Tagen kommt er aus der Reparatur.«

Vierzehn Tage vergingen, von Esme hörte ich nichts. Ich klingelte sie an und fragte, wie es dem Wagen gehe.

»Ach«, antwortete sie, »meine Wirtin verlangte Miete, sie ist so hartnäckig, ich schulde ihr dreihundert Dollar und musste den Wagen in Zahlung geben.«

»Und mein Geld?«

»Kriegen Sie«, sagte sie hochmütig gelangweilt, so wie man zu sehr geldgierigen Menschen spricht.

Als ich die Geschichte Steffy erzählte, krümmte sie sich vor Lachen: »Echt Esme! Wollen Sie nicht im Sommer in Provincetown ein Lokal aufmachen?«

Solange ich die B. B. hatte, war ich froh, im Sommer ausruhen zu können, aber jetzt – nach Berlin konnte ich noch nicht fahren –, das mit Provincetown war keine schlechte Idee. In Provincetown entdeckte ich eine große herrliche Scheune, enorm reparaturbedürftig zwar, denn der letzte Hurrikan hatte sie stark mitgenommen, aber statt einer Beggar Bar könnte ich einen Beggar Barn aufmachen. Doch Arbeitskräfte und Material waren knapp. Kriegsfolgen. Am Achterwasser arbeitete ein alter Grieche an einem Blockhaus, einer ehemaligen Schmiede.

»Würden Sie das Haus vermieten, wenn es fertig ist?«

»Was wollen Sie damit machen?«

»Einen Nightclub!«

»Will ich auch, und eine Vier-Mann-Band engagieren.«

»Nehmen Sie lieber meine Beggar Bar-Künstler, die sind jetzt frei.«

Der Grieche hatte vom Dorffriseur, als der noch bei der Marine war und durch New York kam, von meinem Lokal gehört, und überhaupt kannten viele Sommergäste die Beggar Bar. Mich kannte er auch. Er sagte: »Die Sache will überlegt sein. Aber ich zahle nicht mehr als hundertsechzig Dollar die Woche für zusammen vier Künstler, dazu freie Verpflegung, vorzügliches Essen, ich gebe nur Steaks und Hühner, die feinsten Sachen.«

Ich schrieb an Steffy, die sofort kam, um beim Vertragsabschluss mit dabei zu sein. Der Grieche schien inzwischen mit einem Anwalt gesprochen zu haben, denn bei unserer nächsten Zusammenkunft war er vorsichtiger.

»Sie wollen nicht mit auftreten, sagten Sie, aber wer sind die vier Künstler, die Sie bringen wollen?«

»Haben Sie kein Vertrauen zu mir?«

»Doch, aber ich möchte die Künstler sehen.«

»Wenn Sie darauf bestehen, Herr Schmiedolovsky, werde ich doch bei Ihnen auftreten, ich bekomme die Gage von zwei Künstlern; Steffy, meine Sängerin, ist schon hier, da wären wir also drei.« Steffy bemalte ihre etwas hervortretenden Augen mit starken Kohlestrichen, sie sahen groß und lasterhaft aus. Solche Augen erscheinen Matrosen, wenn sie auf hoher See sind, im Traum. Der Grieche war betört und vergaß, nach der vierten Künstlerin zu fragen.

Wir fuhren zum Anwalt und schlossen den Vertrag.

In New York besuchte ich Pumpernickel in ihrer spinnwebverhangenen Wohnung. Sie empfing mich mit einem japanischen Kimono, die blassblonden Haare zu einem dünnen Zöpfchen geflochten. Ihr Gebiss lag auf dem Tisch. Seltsam, dass diese Frau mit Matrosen noch um fünf Uhr morgens in Bars gesehen wurde.

»Pumpernickel«, sagte ich, »ich soll einem Provincetowner Nightclub einen Pianisten verschaffen, der populäre Musik spielt. Sie sind ja mehr auf klassisch, aber wenn ich keinen Populären finde, würden Sie dann nach Princetown kommen und spielen?«

»Ja«, sagte sie schnell, »es ist also perfekt.«

»Noch nicht, Pumpy, ich gebe Ihnen Bescheid.«

Kaum war ich zu Hause, klopfte es an meiner Tür. Pumpernickel stürzte vehement in mein Zimmer, ich prallte zurück, fiel auf den Schreibtisch und warf das Tintenfass um. Die Tinte floss über meine Papiere, ich suchte meine Knochen zusammen.

»Sie schulden mir noch die zwanzig Dollar, die man aus meiner Tasche stahl«, schrie sie. Ich hob sie wütend in die Höhe und stellte sie auf den Treppenflur. Vor der Tür schimpfte sie weiter, grell und unbeirrbar. Ich drehte das Radio auf, laut, sie ging. Auch ich. Da stand sie am Eingang zur Untergrundbahnstation Christopher Place, genauso, als ob wir uns verabredet hätten. Wir liefen beide schnell die Treppe hinunter, aber während ich Geld wechselte, schoss sie durch die Sperre, sprang auf den Zug, ich nahm den Bus.

Von Hummern und Hühnern

Es war Mai, ich mietete in Provincetown ein Studio am Achterwasser, Schlafzimmer, Küche, Duschraum, WC und ein großes Atelier. Es hatte nur drei Wände, die vierte Wand war das Meer; weiße und grüne Schiffe, graue Möwen waren die Tapete. Es war begeisternd schön. Steffy kam aus New York und brachte einen »populären« Pianisten mit. Wie wir uns auf das erste Abendessen in der Schmiede freuten! Wir waren sehr verfressen. Und was gab uns der Wirt? Muschelpudding, einen pampigen Mehlteig, der fischig schmeckte – ungenießbar. Ich wickelte ihn in eine Papierserviette und legte ihn draußen auf den Wall neben eine alte, ärmlich aussehende Frau. Sie öffnete das Paket, schnüffelte und legte es gleichgültig auf den Wall zurück.

Am Eingang zum Kabarett stand ein Schild: »Hummer, Steaks, Hühner.« Uns hatte der Wirt nicht erwähnt. Darum stellte ich uns am Abend dem Publikum als Madam Hummer, Mrs. Huhn und Mr. Steak vor. Vor dem Podium waren die Toiletten, hinter uns saß das Publikum. »Für wen treten wir auf?«, fragte ich den Griechen. »Sie selbst wollten das Podium an dieser Stelle haben«, schnaubte er.

»Ich konnte nicht wissen, dass Sie das Lokal verkehrt herum bauen würden, das Podium steht an der richtigen Stelle, das Lokal nicht.« Der Alte war hartnäckig, er wollte weder Podium noch Haus herunterreißen. Jetzt machte auch Steffy Schwierigkeiten. »Ich bekomme die Hälfte Ihrer Gage, deswegen werde ich in jeder Stunde nur zwei Lieder singen.« Und als es zum Lunch nur einen mageren gegrillten Fisch gab, hatte ich genug und lief aus dem Engagement. Ich wollte Kabarett in meinem eigenen schönen Studio machen. Es sollte heiter und nicht dämonisch aussehen wie die B. B. in New York. Die Holzwände bemalte ich hellblau. Rosa Glühbirnen warfen einen Himbeerschein.

Quer auf die Wände schrieb ich unser Menü in hellgrüner, hellgelber, rosa und lila Farbe. Vom Lumberyard holte ich leere Nageltonnen und bestrich auch sie lila und hellgrün. Das sollten Stühle sein. Tische ließ ich mir von einem portugiesischen Gigolo zusammenbauen, lange, schmale, schlanke Tische, wie Windhunde sahen sie aus. Aber der Mann kam nur, wenn es ihm passte. Sein Handwerkszeug hatte er im Studio gelassen.

Es konnte nicht schwer sein zu tischlern. Ich sägte aus dem Holz ein Bein. Der alte Herr Dutra ging vorüber, sah, wie ich schwitzte, nahm mir die Säge aus der Hand und zimmerte den Tisch zu Ende. Auch der Milchmann, der seine Flaschen an den Nachbarbungalows absetzte, machte mir einen Tisch. Ich hatte gut zugesehen, den nächsten zimmerte ich selbst. Zwar sah der Tisch wie ein Känguru aus mit zwei hohen Vorder- und zwei niedrigen Hinterbeinen, aber es war ein Tisch. Die nächsten Tische gelangen mir gut. Als der Portugiese kam, waren alle fertig und sogar angestrichen. Elegant und leicht sahen sie aus, sie schwebten förmlich.

Geschirr gab es in Provincetown nicht, ich musste in die nächste größere Stadt fahren, nach New Bedford. Der Bus ging sehr früh am Morgen ab, um fünf Uhr. Im Bus schlief ich ein und erwachte in Hyannis. »Fahren Sie nach New Bedford?«, fragte ich den Fahrer.

»Sie müssen in einen anderen Bus umsteigen, aber der Anschlussbus ist weg, heute geht keiner mehr.« In Hyannis wollte ich nicht übernachten, also musste ich »hitchhiken«. Ich ging auf die Landstraße. Die Sonne brannte, es war glühend heiß. Ich bekam eine Fahrt nach der anderen. Ein älteres Ehepaar fuhr langsam, ich dachte, sie halten, um mich mitzunehmen, ich öffnete den Wagenschlag und sah in zwei angstverzerrte Gesichter. Sie hielten mich für einen Straßenräuber, denn ich sah wild aus, sie atmeten erleichtert, als ich sie nur um einen »lift« bat. Sie fuhren in ihren Park, waren zu Hause. Mit acht verschiedenen Wagen, meist Lastwagen, fuhr ich so nach New Bedford und kam nur wenige Minuten später an als der Bus, den ich versäumt hatte.

In New Bedford rief man: »He, Valeska! Wie geht's der Beggar Bar?« Ich war stolz, dass ich auch hier bekannt war. In Altläden kaufte ich, was ich für mein Studio brauchte, und fuhr noch am selben Tag nach Provincetown zurück. Müde war ich, wollte schlafen, da klopfte es an meiner Tür. Pumpernickel stand mit Gepäck draußen. »Ich wohne bei Ihnen«, sagte sie entschieden, sah sich in meinem Schlafzimmer um und packte aus.

»Unmöglich!«, rief ich entsetzt. »Ich bleibe allein!«

»Sie haben mich mit Wohnung und Essen engagiert«, erwiderte sie kühl und zog sich aus.

»Ich habe Sie noch gar nicht engagiert!«, fuhr ich sie an, »aus dem Schmiede-Engagement ist nichts geworden, ich werde irgendetwas eröffnen, wann, weiß ich noch nicht. Bis jetzt habe ich nicht einmal ein Klavier. Gehen Sie«, bat ich verzweifelt. Sie ließ das Gepäck bei mir und ging.

Ich eröffnete das Studio als Restaurant. Ich koche gern, aber Zutaten waren knapp nach Kriegsende. Zwar gab es Hummer und Fische im Überfluss, denn sie wurden in Provincetown gefangen, doch gab es sehr viele Hummer-Restaurants. Für zehn Dollar hatte ich eine Gallone Olivenöl ergattert, mein Anfangskapital. Niemand verkaufte Bouillabaisse, das war meine Chance. Auberginen gab es auch, ich erfand eine neue Speise, Auberginen mit Safran in Öl und kleine Klöße aus Quark und Mehl, die ich in Öl briet, mit Zucker und Zimt bestreute. Ich nannte sie »Russian Cakes«, verkaufte sie für fünfundzwanzig Cents das Stück. Sie gingen reißend weg.

Viele Menschen kamen, nur um zu essen, ich schaffte es nicht, der Ölvorrat ging zu Ende. Anstatt Öl musste ich Künstler nehmen, denn ganz ohne alles kann man nichts machen.

Zwei Kisten wurden von der Flut an das Stückchen Strand hinter mein Studio gespült. »Wird ein dolles Podium«, dachte ich mir und zog die Kisten ins Haus. Aus Holzstäben baute ich ein leichtes Gerüst, an das ich mit Reißnägeln blaue und gelbe Pappe heftete. An die Pappwand steckte ich Fotos und Zeitungsausschnitte. Das war ein feiner Hintergrund. Rechts und links vom Podium stellte ich übereinander Fässer und obenauf Kerzen, die Bühnenbeleuchtung. Und schließlich bekam ich ein altes Klavier aus der guten Stube einer Pensionsinhaberin. Hedy erschien in Provincetown. Eigentlich wollte sie bei mir arbeiten, aber Steffy, die noch in der Schmiede sang, passte auf, sie engagierte Hedy für den alten Griechen. Pumpy hatte ein Engagement im Townhouse angenommen. Ich holte Esme aus New York. Doch da kam Pumpy schon wieder angetanzt: »Ich spiele nur zum Dinner im Townhouse, hinterher kann ich bei Ihnen auftreten.«

Wir eröffneten. Esme sang Chansons aus den Bals musettes. Und Pumpy machte eine *Gay Nineties* im ausgeschnittenen Abendkleid, einen großen Federhut über dem pfiffigen Altweibergesicht. Ich, im knallroten Hosenanzug, giftgrünen Schal um den Hals, karikierte eine Nachtklubsängerin, die ihr ganzes Leben lang immer denselben Song singt, achtzehn, vierzig, hundert Jahre alt. Ich ließ den Song blühen und verwelken. Dann erzählte und mimte ich den *Professor Blitz,* die utopische Szene, die schon in New York solch Aufsehen erregt hatte. Sie geht so:

Die seltsame Reise des Professor Blitz

Der Professor will zum Mond reisen. Seine Mitarbeiter schießen ihn in einer Rakete in den Weltraum. Ihm wird übel, er lehnt sich aus dem Fenster und übergibt sich. Der Sauerstoff der Rakete entweicht, der Professor fällt aus der Rakete. Wer in die Gravitationssphäre gerät, muss um den Mond kreisen.

Er kreiste. Die Wissenschaftler beobachteten ihn durch große Teleskope und bemerken, wie er verzweifelt durch Gesten ausdrückt, dass er müde, hungrig und durstig sei. Sie schießen ihm eine Couch unter den Rücken, Sardinen (Großaufnahme einer Sardine) und Whisky und Gin in die verlangend geöffneten Hände. Sein Weib Anna liegt im Bett und stöhnt vor Sehnsucht nach ihrem Mann. Sie erinnert sich an ihr Gelöbnis, ihm zu folgen, wo immer er auch hingehen würde, und bittet die Wissenschaftler, sie zu ihrem Mann zu schießen; die erfüllen ihren Wunsch, schießen, und sie landet glücklich in den Armen ihres geliebten Mannes. Zwei Jahre kreisen sie, es fängt an, langweilig zu werden. Schon auf Erden ist es manchmal langweilig, verheiratet zu sein, wie viel langweiliger ist es aber, wenn man jahrelang allein auf einer Couch um den Mond kreist. Doch eines Tages fällt ein großer Meteorstein dicht an ihnen vorbei. Geistesgegenwärtig reißt der Professor sein Weib an sich, springt mit ihr auf den Stein, die Wucht des Falles war groß, der Meteorstein kracht bis tief unters Meer, da, wo die Hölle liegt. Sie steigen in den Fahrstuhl, der sie noch tiefer führt. Der Höllenliftboy ruft: »Sechster Flur! Politiker, Schauspieler, Ehrgeizige!« – »Achter Flur! Geldgierige Huren, Wüstlinge, Rennfahrer!« – »Zehnter Flur! Dichter, Schriftsteller, Fresser, Säufer, Rennradler, Rennreiter!« Hier steigt das Ehepaar aus. An einem runden Tisch sitzt ein fetter Mann, der frisst und frisst, er ächzt und stöhnt, eine überlebensgroße Hand schiebt ihm wieder und wieder neue Nahrung in den Mund und zwingt ihn weiter zu essen. Er frisst und stöhnt, kann nicht aufhören. Er platzt. Hühner und Schweine krabbeln aus dem Magen. Zwei Riesenhände nähen auf einer Nähmaschine die Stücke seines Körpers zusammen, er frisst weiter. Ein kleines Mädchen schleckt ununterbrochen Eiscreme. Es weint schrecklich, denn es muss weiterlutschen, ob es will oder nicht. Ja, auch Eiscreme-Essen kann zum Laster werden; alles, was man tut, ohne aufhören zu können. Am selben Tisch sitzt ein Säufer. Sein Körper ist so voll Schnaps, dass die Spritflüssigkeit in Fontänen aus seiner Haut spritzt. Professors sind entsetzt und fahren einige Stockwerke tiefer. Eine grellbemalte Hure wackelt an ihnen vorbei, das Hündchen an der Leine, ein Mann folgt ihr mit weichen Knien. Ein Rennradler keucht und rast, er muss, er muss als Erster durchs Ziel. Riesengroßes Geldstück rollt vorbei, kleines Männchen rennt mit verlangend ausgestreckten Armen hinter ihm her. Der Radler wird dünner und dünner, zwei Riesenhände pumpen ihn auf, bis er wieder aufgeblasen ist. Er muss weiterradeln. Professors können die Qualen der Verdammten nicht länger ertragen. Sie auch, sie gehören ja zu den Besessenen, sind viel zu weit gegangen. Eine vulkanische Explosion spuckt sie in die Höhe. Wie zwei Seifenblasen stehen sie über dem Eingang zur Hölle. Eine Luftwelle fasst sie und trägt sie über Wiesen, Felder und Wälder, bis sie in ihrer Heimat sind und mitten in den Herzen ihrer Freunde landen, die auf sie gewartet haben.

Meine Erzählung wurde von einem Bombardement unterbrochen. Flaschen und Kürbisse flogen durch die Luft, sie sollten zwar mich treffen, aber eine Chinesin, die neben dem Podium saß, musste dran glauben. Ihre Stirn blutete, ein Arzt fuhr sie ins Krankenhaus.

Am nächsten Tag war das Studio leer. Wer will sich schon freiwillig den Schädel spalten lassen? Doch der Zwischenfall wurde bald vergessen, und neue Gäste kamen. Rolf Nürnberg, seinem Vater gehörte früher das *Zwölf-Uhr-Blatt*, drückte sich in eine Ecke. Er hatte recht, die Feinde beobachteten uns. Sowie der Raum voll war, schossen Flaschen und Kürbisse durch den Raum. Schnell lief ich raus an den Strand (eine Seite des Raumes war ohne Wand), sah zwei helle Oberhemden im Dunkeln verschwinden. Jetzt endlich beklagten sich Gäste beim *Advocate,* der Provincetowner Zeitung. Bis dahin hatte der Herausgeber die Bombardements ignoriert. Aber jetzt, als sich das Publikum beschwerte, konnte er nicht länger schweigen. Er besuchte mich und fragte: »Untersucht die Polizei den Fall?«

»Nein, die Polizei hat mich gebeten, nach den Leuten zu suchen.«

»Sie? Das ist Sache der Polizei. Ich hole das FBI«, sagte er plötzlich sehr aufgeregt.

»Tun Sie es nicht«, bat ich ihn, »die Cops werden bestraft, sie waren immer sehr nett zu mir.«

Das FBI wurde nicht geholt, die Bombardements hörten trotzdem auf. Um zwölf Uhr ist Polizeistunde. Pumpernickel spielte Bach. Es war fünfzehn Minuten nach zwölf Uhr. Schon kam ein Polizist: »Mir ist es ja egal«, sagte er, »aber die Nachbarn haben sich beschwert.«

Am nächsten Tag erhielt ich einen Brief von der Stadtverwaltung: »Für Sie ist die Polizeistunde von jetzt an elf Uhr«, also eine Stunde früher als die anderen Lokale. Dabei ist es viel lauter bei ihnen, denn sie haben Bands.

Eine Verschwörung gegen mich wie in New York! Irgendetwas musste ich falsch machen. Standen Steffy und ihr Boss dahinter? Für sie war ich »die« Konkurrenz. Der Schwager des Griechen war Chef der Polizei, mit meinen Nachbarn stand er gut, ich sah sie oft zusammen tuscheln. Als ich am Sonnabend die Gagen auszahlte, nahm Pumpernickel das Geld und quietschte hysterisch: »Geben Sie mir mehr Geld, oder es passiert etwas!« Sie sah mich drohend an. Auch sie steckte oft mit den Nachbarn die Köpfe zusammen.

In meinem Briefkasten fand ich eine Reklamekarte von Attwood Brothers, Boston. Sie boten Hummer und Hühner an. Nun,

Hummer kann ich nicht brauchen, sie werden hier gefangen, und neben mir ist ein Hummerspezialrestaurant, das Lobsterhouse. Mit dem kann ich nicht konkurrieren, sie servieren Hummer mit allen Schikanen. Hühner, das wäre etwas, kaltes Huhn mit Salat. Aber vielleicht schickt die Firma keine Hühner, wenn ich nicht gleichzeitig Hummer nehme? Sicherheitshalber werde ich fünfundzwanzig Pfund Hühner und fünfundzwanzig Pfund Hummer bestellen; ich schickte einen Scheck über hundert Dollar. Als ich am nächsten Tag vom Schwimmen kam, stand vor meinem Bungalow eine große Tonne. Ich brach sie auf. Das waren ja alles Hummer! Wo waren die Hühner? Ich telefonierte nach Boston. »Miss, Sie haben nur Hummer geschickt, ich habe außerdem fünfundzwanzig Pfund Hühner bestellt.«

»Verzeihung, das muss ein Irrtum sein, morgen bekommen Sie die Hühner!«

Am nächsten Tag stand wieder eine Tonne vor meiner Tür, und wieder roch sie fischig. Misstrauisch brach ich den Deckel auf, und richtig, drin waren schwarze krabbelnde Hummer. Was sollte ich mit 75 Pfund Hummern anfangen? Waren die in Boston verrückt, oder hielten sie mich für verrückt? Nicht einen einzigen würde ich verkaufen. Ich raste ans Telefon und ließ mich mit Attwood verbinden. »Miss«, rief ich wütend, »Sie haben wieder nur Hummer geschickt, wo sind die Hühner?«

»Sie haben Hühner bekommen, diesmal habe ich den Packer selbst überwacht. Wissen Sie überhaupt, wie Hühner aussehen?«

»Natürlich. Wofür halten Sie mich. Hühner sind weiße kleine Tierchen.«

»Madam«, sagte sie. »Wir nennen die kleinen Hummer ›Hühner‹, ›Chickenlobsters‹.«

»Woher soll ich das wissen?«

»Madam, wir sind ein Hummerhaus und führen nichts als Hummer. Jeder weiß das.«

»Nehmen Sie die Hummer zurück?«

»Nein, aber wir schicken fünfundzwanzig Dollar zurück. Fünfundsiebzig Pfund Hummer kosten nur fünfundsiebzig Dollar.«

Nur! Was soll ich mit fünfundsiebzig Pfund Hummer anfangen? Mein Kühlschrank ist viel zu klein, sie werden verderben, es ist sehr heiß. Am Abend gelang es mir, Hummersalat an zwei Matrosen zu verkaufen, ich selbst aß einen zum Lunch und einen zum Dinner. Schon am nächsten Tag waren die Hummer unvital geworden, drei verkaufte ich, zwei aß ich, Esme einen. Ich biss mir an einer Schere die Ecke eines Vorderzahnes ab, ließ mir eine Jacketkrone machen, sie kostete sechzig Dollar. Am dritten Tag waren die Hummer fast leblos. Ich musste sie abkochen. Aber mein Kochtopf war klein, mehr als drei zugleich gingen nicht hinein. Ich brachte einen ganzen Tag mit Abkochen zu. Am Abend gelang es mir, wieder zwei an den Mann zu bringen, zwei aß ich. Ich konnte Hummer nicht mehr sehen, Pumpy und Esme auch nicht. Am nächsten Tag war die Hitze unerträglich, und obwohl ich Eisstücke auf die Hummer gelegt hatte, fingen sie zu stinken an. Ich aß keine mehr. Verkaufen konnte ich sie auch nicht. Vielleicht stirbt jemand an Vergiftung, und ich komme wegen Mordes auf den elektrischen Stuhl. Lieber werfe ich sie weg. Ein Jammer war das, aber mir blieb nichts anderes übrig. Ich schüttete sie in die großen Mülltonnen im Garten. Eine Nachbarin überraschte mich und schimpfte: »Sie wissen doch wohl, dass in diesem Sommer Müll nicht abgeholt wird?«

»Was soll ich tun?«, fragte ich verzweifelt.

»Entweder Sie fahren die Hummer vor die Stadt, oder Sie vergraben sie im Sand hinter Ihrem Bungalow.«

Eine Bande portugiesischer Jungs strich ums Haus. Sie witterten die Hummer, stibitzten ein paar, steckten sie ein und riefen: »Adieu, Wurzen!«

Haha, sie sind die Wurzen, denn ich bin ein paar Hummer losgeworden. In der Nacht grub ich die Tiere in den Strandsand, aber anscheinend nicht tief genug, denn am nächsten Morgen schwammen sie auf dem Wasser. Die Flut hatte sie in der Nacht aus dem Sand gespült. Und zwei Tage später kam eine Vorladung vor Gericht; »wegen Verunreinigung des Atlantischen Ozeans«, stand im Schreiben. Eine Verhandlung in Sachen Pumpernickel war auch angesetzt. Anwalt nahm ich nicht, die verloren doch alle Prozesse. Ich werde mich allein verteidigen, denn wie kann der Richter mich verurteilen, wenn ich ihm erzähle, dass mir gar nichts anderes übriggeblieben ist, als die Hummer zu vergraben. Und Pumpernickel! Das machte mir überhaupt keine Sorgen. Ich hatte ihr gegeben, was ich ihr schuldete.

Am Verhandlungstag war der Saal überfüllt. Ganz Provincetown war da. Pumpernickel, Esme und ich, wir waren bekannt wie bunte Hunde. Im Flagship sang man sogar einen Song über uns. Zuerst wurde die Hummergeschichte verhandelt. Mein Nachbar kam mit sieben Zeugen, dem Besitzer des Andenkenladens, dem vom Fünf-und-zehn-Cent-Laden, dem Delikatessenmann und einigen Restaurateuren. Einer hatte gesehen, wie ich die Hummer in den Sand einbuddelte, einer sagte: »Hummer sind ihre Spezialität.« Und einer rief empört: »Sie gräbt immer in der Nacht.« So eine Unverschämtheit! Jetzt musste ich mich verteidigen. Ich stand auf und ging hinter das Pult. »Natürlich habe ich sie vergraben. Was sollte ich sonst mit ihnen tun?«

»Sie geben also zu, dass Sie schuldig sind?«, fragte der Richter.

»Nein, ich bin nicht schuldig. Die Nachbarin sagte: ›Alle vergraben den Müll im Sand. Wer hat schon Zeit, ihn vor die Stadt zu fahren?‹«

»So, so, alle vergraben den Müll im Sand. Gut, dass ich endlich einen Schuldigen gefasst habe. Und weil es zum ersten Mal ist« – nun glaubte ich, würde er sagen: »bestrafe ich Sie nicht« –, aber er setzte fort: »müssen Sie hundert Dollar Strafe zahlen, das wird ein abschreckendes Beispiel für die anderen sein.«

Das war viel, aber noch sagte ich nichts.

Pumpernickel trat hinter das Pult und erzählte, dass mein Lokal in New York geschlossen wurde, weil ich Alkohol ohne Lizenz verkauft hätte. Ja, so klang das, wenn man die näheren Umstände nicht kannte. Aber sie kannte sie. Sie log. Das Publikum lachte. Der Richter fragte sanft: »Nicht wahr, Mme Pumpernickel, Sie sind herzleidend?« Sie griff an ihr Herz und sagte: »Ja, ich habe ein flatterndes Herz.«

Nie hatte sie das erwähnt, ich wusste nur von ihren Verdauungsstörungen.

Der Richter fragte: »Sie nahm Sie oft am Arm und warf Sie aus dem Lokal?«

»Ja.«

»Und dann konnten Sie nicht schlafen, weil Ihr Herz schmerzte?«

»Ja.«

»Alles reine Lüge. Sie konnte nicht schlafen, weil sie bis zum Morgen mit Matrosen in Bars herumsaß.«

»Und wie war das mit dem Geld? Erzählen Sie.«

»Valeska hat mich aus New York kommen lassen. Sie versprach mir hundert Dollar für fünf Tage in der Woche, dazu Wohnung und Essen frei. Als ich ankam, hatte sie kein Kabarett und wollte mir Fische zu essen geben, aber ich darf nur Eier und weißen Käse zu mir nehmen. Ich bekam ein Engagement im Townhouse, sie lockte mich weg, und am Ende der Woche gab sie mir nur fünfzig Dollar. Ich sagte: ›Das ist nicht genug‹, und legte das Geld auf den Tisch.«

Das war mir zu bunt, nicht ein einziges wahres Wort. Aus New York war sie von allein gekommen. Aus dem Townhouse war sie rausgeflogen, das Geld hatte sie in ihre Tasche gesteckt. Aber wie sollte ich das dem Richter glaubhaft machen? Er wollte mir einfach nicht glauben.

Er fragte: »Hat sie den Empfang des Geldes bestätigt?«

»Nein«, antwortete ich, und das kam mir im Augenblick auch

falsch vor. Ich vergaß zu sagen, dass ich mir nie Quittungen geben ließ, auch nicht von Pumpernickel, die drei Jahre bei mir gearbeitet hatte. Esme trat hinter das Pult. Sie war sich bewusst, dass der Saal voll von sensationslüsternen Badegästen war, und zog eine Schau ab. Sie fing bei der Gründung der Bettlerbar an. Wir hätten sie zusammen mit einem Kapital von fünf Dollar aufgemacht. Valeska sieht lesbisch aus, fügte sie hinzu, aber sie ist es nicht. Sie war dreimal verheiratet.

»Dreimal?«, fragte der Richter ironisch. Nun wollte Esme zeigen, was für eine zuverlässige Person sie selbst war, und erzählte, wie oft sie in die Kirche ging. Schließlich bezeugte Esme, dass sie sah, wie Pumpernickel das Geld von mir bekam.

»Sahen Sie auch, dass Pumpernickel das Geld mit aus dem Raum nahm?«

»Ich war nicht in ihrer Tasche«, antwortete sie schnoddrig. Nie hätte ich geglaubt, dass ein Richter eine Atmosphäre schaffen kann, in der es einfach unmöglich ist, sich zu verteidigen. Einfach alles, was wir sagten, klang unglaubhaft und schief.

Pumpernickel hatte das letzte Wort. »Wurde die Angeklagte jemals handgreiflich?«, fragte der Richter.

»Ja«, antwortete sie mit schwacher Stimme.

»Erheben Sie Anklage, kommen Sie in mein Office.« Dann sprach der Richter das Urteil: »Schuldig. Sie müssen ihr zweihundertfünfzig Dollar bezahlen.«

»Warum zweihundertfünfzig? So viel hat ja nicht mal Pumpernickel von mir verlangt.«

»Das brauche ich ihnen nicht zu erklären«, antwortete er scharf.

Und nun wurde ich wütend. Lange genug hatte er mich misshandelt, in beiden Fällen war ich unschuldig. »Das ist ungerecht, und ich bezahle nicht!«, rief ich.

»Wie sprechen Sie?«, fragte er. »Würden Sie auch in Deutschland so vor Gericht sprechen?«

»Nein! Darum bin ich hier.«

»Wollen Sie zwei Monate Gefängnis wegen Missachtung des Gerichts?«

Meine Geduld war zu Ende, ich wollte mich nicht länger wie eine Verbrecherin behandeln lassen; auch ich war mir bewusst, dass der Saal voll von Badegästen war, ich wollte alles ad absurdum führen, die Geschichte brauchte einen Schluss, und ich sagte: »Ja.« Nun blieb dem Richter nichts anderes mehr übrig, als mich einzulochen. Er starrte mich fassungslos an, wahrscheinlich hatte er gedacht, ich würde »Nein« sagen. Er wandte sich zum Chef der Polizei und sagte: »Sperren Sie sie ein.«

Zwei Schutzleute nahmen mich in die Mitte und führten mich in den Keller, in dem sich das Sommergefängnis befand. Sie schlossen mich in eine kleine Zelle. Ein Fenster war nicht drin, nur Pritsche und Eimer mit Sand. Ich war erschöpft von der Verhandlung und legte mich auf das Bett. Das Eisengitter störte mich noch nicht, ich war zu müde. Immer hatte ich gelesen, dass man sich in Gefängnissen durch Klopfen an der Wand unterhalten kann. Aber hier gab es keine Verbrecher außer mir. Das wird schön langweilig werden. Ich bat den Polizeichef, bei mir zu bleiben, das Gefängnis sei so leer. Er blieb, bis die Wärterin kam, sich vor meine Zelle setzte und strickte.

»Haben Sie keine Arbeit für mich?«, fragte ich. »Ich kann unmöglich zwei Monate auf der Pritsche liegen und nichts tun.«

»Glauben Sie, es ist interessant für mich, hier zu sitzen?«

»Ja, ja, aber Sie sind draußen und ich bin drin, das ist ein großer Unterschied. Wo ist Lektüre? Nicht mal eine Bibel gibt es. Die soll doch in allen Gefängnissen liegen.«

»Warten Sie, warten Sie«, tröstete sie mich. »Heute Nacht werden Sie in die Besserungsanstalt von New Bedford übergeführt, da gibt es alles, Essen und Arbeit.«

Ich freute mich auf New Bedford, genoss das Abenteuer, aber es sollte nicht zum Umzug kommen. Zwei Gäste meines Lokals brachten mir Sandwiches und ein Glas malted milk. Sie sagten: »Bleiben Sie ruhig, ganz Provincetown ist in Aufregung, empört und findet, man hat Ihnen keinen fairen Prozess gemacht. Wir lassen Petitionen zirkulieren und haben an die Civil Liberty Union telegrafiert. Aber wir müssen Sie sofort rauskriegen. Sind Sie erst mal in New Bedford, wird es schwer sein, Sie freizubekommen.«

Ich wusste nicht, ob ich mich freuen sollte. Ich hatte mich in den Gedanken an die Besserungsanstalt eingelebt.

Nach acht Stunden kam der Polizeichef, schloss meine Zelle auf und brachte mich in den Gerichtssaal. Wie grün die Bäume sind! Ich war nur acht Stunden eingesperrt gewesen, und schon war die Freiheit ein Wunder geworden.

Ich wurde zum Richter geführt, der in seinem Büro hinter einem Schreibtisch saß. »Ich will die Missachtung vergessen«, sagte er, »aber Sie müssen hundert Dollar Strafe bezahlen.«

»Das ist zu viel«, sagte ich.

»Sie können Berufung einlegen, aber zuerst müssen Sie tausend Dollar Kaution hinterlegen.«

Tausend Dollar? Darauf falle ich nicht noch einmal hinein. Ich habe schon einmal Geld auf diese Weise verloren, als ich Eddy ausbailte. Vielleicht kann ich aus irgendeinem Grund nicht zur Verhandlung kommen, man weiß nie, was passiert, und was dann? Dann verliere ich tausend Dollar und die Hummer kosten 1235 Dollar. Nein, nein, ich kann nicht für mich garantieren. »Gut«, sagte ich, »ich bezahle hundert Dollar Strafe für die Hummer, aber Pumpernickel kriegt nichts.« Ich sah ihn fragend an, er murmelte irgendetwas, was ich nicht verstand. Anscheinend war er einverstanden, denn er ließ mich frei.

Nun musste ich schnell dem Publikum mitteilen, dass ich nicht mehr im Gefängnis war, sonst kam heute Abend keiner. Ich malte Plakate: »Valeska is out.« Eins gab ich dem town crier, die anderen verteilte ich in den Läden, die sonst immer meine

Plakate aushängen hatten, aber niemand wollte sie nehmen außer der Bäckerin, die mir sogar ein Dutzend Eier verkaufte, was sie sonst nicht tat, denn Eier waren rar. Ich verstand nichts, bis ich erfuhr, dass sie jeden Tag riesige Mengen Abfall in den Ozean warf, ohne ihn vorher in den Sand zu graben. Die Mühe machte sie sich erst gar nicht.

Man missverstand mein Plakat, dachte, »Valeska is out« solle heißen, ich sei aus dem Geschäft. Nur der Richter verstand. Er ließ mich kommen: »Machen Sie sich über die Gefängnisstrafe lustig? Vernichten Sie die Plakate, oder ich bestrafe Sie wegen Missachtung des Gerichts. Im Übrigen«, fügte er hinzu, »ich bin lebenslänglich angestellt, mich können Sie durch nichts aus meiner Stellung drängen.«

Nanu, hatte er Angst vor mir? Dachte er, ich sei ins Gefängnis gegangen, um die Aufmerksamkeit der Öffentlichkeit auf ihn zu lenken? Am nächsten Tag kam wieder eine Vorladung. Diesmal war ich wegen Diebstahls angeklagt. Pumpernickel drehte den Spieß um. Ich spiele nicht gern mit toten Puppen, aber ich spiele gern mit lebenden Menschen. Pumpy war mein Spielzeug. Jetzt rächte sie sich, wollte mich zur Strecke bringen, das Opfer wollte seinen Mörder vernichten. Und im Hintergrund grinsten die Nachbarn und Kollegen aus der Schmiede, die sie gegen mich aufgehetzt hatte. Die Badegäste waren aufgeregter als ich. Mein Gefühl war taub geworden. Zuviel war auf mich eingestürmt. Fremde Menschen sprachen mich auf der Straße an. Sie baten mich, den Ort zu verlassen: »Sehen Sie nicht, dass man Sie mit Gewalt weggraulen will? Sie kommen vor eine Jury, die nur aus Dorfleuten besteht. Alle sind gegen Sie. Man wird Sie zu Gefängnis verurteilen. Wollen Sie eine Märtyrerin werden?«

Ich aber konnte einfach nicht glauben, dass man mich unschuldig ins Gefängnis sperren würde. Und wenn, na, dann ging ich eben hinein. Ich hatte mich in den Gedanken verbissen. Noch mehr Leute sprachen mich an, ohne dass ich sie kannte:

»Ersparen Sie uns das Telefonieren, das Telegrafieren, Petitionen unterschreiben. Gehen Sie aus Provincetown raus, um uns zu helfen.« Sie hatten Humor. Oder: »Sie werden hart arbeiten müssen, das Essen im Gefängnis ist öde, und wenn Sie wieder raus sind, glaubt Ihnen kein Mensch, dass Sie unschuldig saßen. Immer bleibt etwas hängen.« Sie konnten mich nicht überzeugen. Ich kneife nicht, ich stelle mich. Aber diesmal nahm ich einen Anwalt, denn ich hatte gesehen, dass man auch ohne Anwalt einen Prozess verlieren kann.

»Vor allem«, sagte der Anwalt, »brauchen wir einen Zeugen, der gehört hat, wie Pumpernickel vor Gericht sagte, dass sie das Geld auf den Tisch gelegt hat.«

»Der Saal war ausverkauft«, erwiderte ich, »alle konnten ihre Aussage hören. Hat niemand mitstenographiert?«

»Nein, bei diesen Verhandlungen ist das nicht üblich.«

War ja vorsintflutlich. Schon der erste Mann, den ich auf der Straße ansprach, war im Gerichtssaal gewesen. Hilfsbereit, wie alle Amerikaner, versprach er, zur nächsten Verhandlung zu kommen. Er war Sozialarbeiter.

Am Abend vor dem Termin kam Pumpy in mein Studio und sagte verschmitzt: »Wenn Sie mir zweihundertfünfzig Dollar bezahlen, brauchen Sie morgen nicht zu kommen.« Ich packte sie um die Taille und setzte sie raus.

Vor Gericht rollte der Anwalt die Sache mit den Hummern wieder auf. Er wollte erreichen, dass die Strafe herabgesetzt wurde.

»Erinnern Sie sich an die Orangenschalen, die Sie ins Wasser geworfen haben?«, fragte er einen meiner Ankläger.

»Ich wollte nur Möwen füttern«, stotterte der.

»Es gibt keine Müllabfuhr in diesem Sommer«, entschuldigte der Anwalt mich. »Wo sollte sie die Hummer hintun?«

»Sie muss hundert Dollar bezahlen«, wiederholte der Richter ungerührt.

»Wer flüstert da?«, fragte der Richter.

Eine Frau stand auf: »Ich.«

»Wer sind Sie?«

»Drossie, Besitzerin des russischen Restaurants im Village.«

»Was sagten Sie?«

»Ja.«

»Zu wem?«

Frau Drossie zeigte auf meinen Zeugen, den Sozialarbeiter, der vor ihr saß.

»Was sagten Sie zu Frau Drossie?«

»Hundert Dollar ist viel zu viel. Ich zahlte zwei Dollar für einen ähnlichen Fall.«

»Missachtung des Gerichts! Sperren Sie ihn ein«, sagte der Richter zu einem Polizisten, der meinen Zeugen abführte.

»Und nun erzählen Sie Ihren Fall«, sprach der Richter wohlwollend zu Mme Pumpernickel.

Sie schwatzte los. »Und dann gab mir Valeska das Geld. Ich sagte, ich muss mehr haben, weil ich nicht mehr im Townhouse auftrete. Und dann legte ich das Geld in ihre Hand zurück.«

»In ihre Hand?«, erwiderte der Richter erstaunt. »Das ist kein Diebstahl.«

»Habe ich auch gar nicht behauptet, Judge. Sie sagten mir, ich soll sie wegen Diebstahl verklagen.«

Mein Anwalt lächelte.

»Ich?«, rief der Richter. »Sie waren zweimal in meinem Büro und haben sich beschwert, dass die Angeklagte Sie bestiehlt.«

»O nein, Judge, das habe ich nie gesagt. Ich meinte, dass es Diebstahl ist, wenn ein Künstler weniger bekommt, als er wert ist.«

»Wie viel sind Sie wert?«

»Mindestens vierhundert Dollar für fünf Tage in der Woche«, schrie Pumpernickel grell, als sie merkte, dass sich das Blatt gewendet hatte.

»Sie traten im Townhouse auf, solange Valeska kein Klavier hatte. Stimmt das?«, fragte der Richter weiter.

»Ja.«

»Aber Sie sind Pianistin?«

»Doch, aber ich singe auch. Valeska hat mir eine *Gay Nineties* beigebracht und eine Nummer als Löwenbändigerin.«

»Also Sie sangen bei ihr, als sie noch kein Klavier hatte?«

»Nein, aber ich kam trotzdem zu ihr, wenn mein Auftritt im Townhouse zu Ende war.«

»Was machten Sie da?«

»Ich kochte mein Abendbrot, setzte mich ins Lokal und aß.«

»Dafür wollen Sie zweihundertfünfzig Dollar haben?«

»Natürlich«, schrie sie empört.

»Und Valeska soll Ihnen auch Ihre volle Gage bezahlen, weil Sie ins Gericht gekommen sind?«

»Natürlich!«, kreischte sie.

Vorsichtig fragte mein Anwalt: »Waren Sie schon einmal bei einem Psychiater?«

»Ja, ich bin schon untersucht worden«, gab sie zögernd zu.

»I dismiss the case!«, entschied der Richter. Und zu Pumpernickel gewendet: »Kommen Sie nie wieder in mein Büro. Ich will Sie nicht mehr sehen.«

Der Schwachsinn von Pumpernickel hatte mich gerettet. Und doch war ich enttäuscht. Ich tanzte nicht, ich liebte nicht, ich entbehrte den großen Rausch. Auch als Märtyrerin unschuldig zu leiden, ist ein Rausch. Ich fühlte mich wie ein Fisch, den man auf den Sand gesetzt hatte.

Am Tag darauf erschien in meiner Hütte der Gerichtsvollzieher. Er wollte Geld für Pumpernickel kassieren.

»Bedaure, ich kann ihr nichts, auch gar nichts geben.«

Seine Blicke prüften meine Einrichtung. »Wenn Sie nicht bezahlen, pfände ich und versteigere Ihre Einrichtung.«

»Haha, wer soll die kaufen?«

»Dann stelle ich einen Mann vor den Eingang. Jeder Gast, der kommt, sieht den Gerichtsvollzieher.«

»Kein Mensch wird dann das Lokal betreten.«

»Dann stelle ich ihn an die Hintertür. Er wartet, bis kassiert ist.«

»Nichts wird kassiert werden. Ich spiele umsonst, mache meinen Gästen ein Geschenk.«

»Aber dann verdienen Sie nichts?«, fragte er verwundert.

»Nein, aber Pumpernickel auch nicht.«

»Das ist Missachtung des Gerichts, contempt of court, zwei Monate Gefängnis.«

»Haben Sie nicht gesehen, dass ich gern ins Gefängnis gehe?«

»Ja, das stimmt, und«, fügte er nachdenklich hinzu, »dann haben Sie zwei Monate Wohnung und Essen frei.«

»Sehen Sie, jetzt verstehen Sie mich.«

Er stand auf: »Ich will Ihnen die Wahrheit sagen. Ich glaube nicht, dass Pumpernickel das Geld mit Gewalt eintreiben wird, sie versuchte es nur.«

Ein paar Tage später verließ sie Provincetown. Sie saß auf dem Rad ihres Freundes, vorn auf der Lenkstange. Die Krempe ihres großen weißen Batisthutes flatterte im Wind. Die Füßchen in den Babyschuhen baumelten in der Luft.

Sie war ich los. Ich hörte ein Geräusch. Es klang, als ob etwas ins Wasser fällt. Der Nachbar, der mich angezeigt hatte, warf seinen Müll in den Ozean.

Nach Europa zurück

Ridder, der mit mir das neue Lokal aufmachen wollte, schickte die 150 Dollar zurück: »Ich habe es mir reiflich überlegt, ich werde das Lokal allein führen.« Er hatte die Lizenzen erhalten und die Räume in der Sullivan Street, die ich ihm gezeigt hatte, gemietet. Wie dumm, dass ich keinen schriftlichen Vertrag gemacht hatte. Er schwor bei dem Leben meiner Mutter, dass er seine Verabredung mit mir halten würde. Warum schwor er nicht beim Leben seiner eigenen Mutter? Ich dachte, er hätte sich nur versprochen, aber es war Absicht, wie ich jetzt merkte. Mit meinem Geld hatte er sein Lotteriespiel gesichert, nun, wo er die Lizenzen bekommen hatte, gab er es mir zurück.

Ich bin ohne Partner und – was viel schlimmer ist – ohne Lokal. Raum ist knapp, die heimkehrenden Soldaten mieten den letzten Zoll. Ich werde nichts finden, bin zur Untätigkeit verdammt. Viele Menschen sagen: Könnte ich doch mein Leben noch einmal anfangen, ich würde alles anders machen. Das kann man nicht. Ich weiß es, weil ich so oft angefangen habe. Jeder Mensch stößt immer auf dieselben Menschen und auf dieselben Situationen. Manchmal erscheinen sie in anderen Gewändern und man erkennt sie nicht gleich. So muss jeder Mensch zwangsläufig immer wieder die gleichen Fehler machen, so oft er auch sein Leben von Neuem beginnen würde. Das nennt man Schicksal.

Es war kurz vor Labor Day. Niemand warf Flaschen in mein Studio, das Lokal war voll. Viele Badegäste wollten noch über Labor Day hinaus in Provincetown bleiben.

»Was soll ich tun?«, fragte ich Esme. »Spielen wir noch eine Woche?«

»Ich möchte aufhören und mich ausruhen, bevor ich nach New York zurückgehe«, gab sie zur Antwort. »Die Cottages sind schon leer, ich glaube nicht, dass wir noch ein Geschäft machen.«

Ich schloss.

Am nächsten Tag stand ein Plakat vor dem Townhouse: »Gastspiel von Esme!«

Die Luft war mild. Das Licht schimmerte silbern. Es war schöner als zu irgendeiner Zeit des Jahres. Es war dieser bezaubernde, reife, süße, sanfte Vorherbst. Die Menschen auf der Straße waren entspannt. Sie schritten langsam und lächelten.

Und wieder bekam ich eine Vorladung. Der Wirt forderte mich auf, das Studio zu räumen. Er will verhindern, dass ich im nächsten Sommer wiederkomme, denn ich hatte für zwei Jahre gemietet. Ich wäre sowieso nicht wiedergekommen.

Am Freitag um zehn Uhr war die Verhandlung. Um neun Uhr reiste ich ab.

Die Beggar Bar hatte die letzten Zuckungen getan. Der Kreis hat sich geschlossen. In Provincetown fing sie an, in Provincetown hörte sie auf.

Auch meine Mitarbeitergruppe löste sich auf. Jeder arbeitete woanders.

Und auch ich habe mich aufgelöst. Ich stehe wieder am Anfang und muss mir ein neues Leben erkämpfen und gestalten. Wie schwer das Leben auch ist, es ist sehr süß. Von frühester Kindheit an wusste ich, dass es kurz und dass es Kampf ist. Ich war gewappnet.

Briefe aus Deutschland kommen. Mein erster Mann schreibt aus Erling einen müden Brief, aber sein Haus steht noch, er pflanzt Gemüse. Er glaubt, dass Deutschland instinktiv Selbstmord verübt hat, weil es nicht mehr in die moderne Welt passt.

Wäscher schreibt aus Berlin. Seine Briefe klingen fremd, fast feindselig. Er fragt: »Du willst hier aufbauen? Was? Wovon?« Er hat kaum zu essen, er hat nichts anzuziehen. Seine Wohnung ist einen Tag vor der Einnahme Berlins ausgebombt worden. Aber er kann die gewohnte Arbeit mit Freunden in gewohnter Umgebung fortsetzen.

Jack, mein zweiter Mann, will Mönch werden.

Tante Elly ist auf der Straße gestorben. Lilly vom Schülerkränzchen wurde in Auschwitz vergast, meine Schulfreundin Else kam gelähmt von Theresienstadt zurück.

Ich fragte den Bürgermeister LaGuardia, wie man es macht, Pakete über den Ozean zu schicken. »Außer über den ›Joint‹ geht es noch nicht«, antwortete er, »aber ich finde es sehr nett von Ihnen, dass Sie Ihren Freunden helfen wollen.« Mein Paket über den »Joint« ging verloren. Bertolt Brecht, der Einzige, mit dem ich ab und zu zusammenkam, riet mir, an Teo Otto, den Bühnenbildner vom Zürcher Schauspielhaus, zu schreiben. Das tat ich. Otto gab mir die Adresse einer Organisation und schrieb, ich sei die Erste aus Übersee, die helfen wolle. Ich überwies Geld an die Organisation mit der Bitte, Pakete an Berliner Künstler zu schicken. Nie bekam ich eine Bestätigung, dass mein Geld angekommen oder was damit gemacht worden ist.

Kadidja Wedekinds Mann wurde Besatzungsoffizier in Berlin. Er versprach, Pakete weiterzuleiten. Ich schickte Riesenmengen, aber die meisten gingen unterwegs verloren, auch zwei Jahresrationen Insulin für Wäscher und meinen ersten Mann.

Stoßweise bekam ich Briefe von meist fremden Menschen, die mich um Esspakete baten. Meine Tage waren ausgefüllt mit Einkäufen und Schlangestehen an Postschaltern, denn die Hilfsbereitschaft der Amerikaner war grandios. Ich kannte eine Rentnerin, die wieder arbeiten ging, um Pakete zu schicken. Sie war Jüdin. Ich wollte mit den Paketen nicht nur anderen helfen, nein, ich wollte mir selbst helfen. Ich brauchte ein Band zu Berlin und litt grauenhaft, dass ich noch nicht fahren konnte, hatte keine Ruhe mehr: Ich bin in Berlin geboren und will in Berlin sterben. Ich will Wäscher, den ich immer noch liebe, wiedersehen, und ich will mit der Jugend zusammenarbeiten. Ich rege sie an, sie regt mich an. Sicher war Berlin genauso lebendig wie nach dem Ersten Weltkrieg.

Die Amerikaner gaben nur Militärvisa. Brecht riet, es in der Sowjetbotschaft zu versuchen. Das Wartezimmer im Konsulat war überfüllt. Ohne Warten ließ man mich zum Visum-Mann, vielleicht, weil ich Engländerin war, dachte ich, oder vielleicht kannte man meinen Namen noch von meinem Gastspiel in Russland. Der Beamte forderte mich auf, meinen Lebenslauf zu schreiben, und fragte streng, was ich in Berlin machen wolle.

»Anregen und vitalisieren!«

Dann schrieb ich eine Parodie auf meinen Lebenslauf. Ich dachte, die Russen hätten Humor; doch sie ließen nichts von sich hören. Maria Czamska, Schauspielerin, hatte von einem Schiff gehört, das alle Emigranten abholen und nach Deutschland bringen würde. Dieses Schiff gab es nicht. Und wieder riet Brecht: »Von der Schweiz wird es leichter sein, nach Berlin zu kommen.« Ich buchte eine Passage nach Cherbourg auf der Erickson.

Aber erst wollte ich noch mal schnell nach Hollywood fahren. Die tolle Busfahrt damals, die Morgenluft in Hollywood, die Drugstores, die viel heller und blanker waren als die in New York, das Eis, das viel sahniger schmeckte, ich musste unbedingt vor meiner Abreise nach Europa noch einmal Hollywood sehen. Auch meinen Bruder in Fort Worth möchte ich besuchen.

Der American Bus mit den Pullmanbetten war aus dem Verkehr gezogen, unrentabel wegen der Betten, ich nahm den moderneren, aber atmosphärelosen Greyhound. In den Nächten wurden die Sessel nach hinten geklappt, aber richtig schlafen konnte ich nicht. Die Fahrt dauerte wieder drei Nächte und vier Tage, das Fleisch um meine Fußknöchel schwoll vom langen

Sitzen an. Die Nächte vergingen schnell, denn alle drei Stunden wurden wir ausgeladen und tranken Milch an den Counters, die wir passierten.

Die Landschaft hatte sich total verändert. Überall schossen Ölbohrtürme aus der Erde, neue Städte waren entstanden und unzählige Motels an den Landstraßen. Als ich in Los Angeles ankam, hatte ich nur einen Wunsch, mich langzulegen, aber es gab keine Zimmer, alles überbesetzt. Nun, dann würde ich im Busdepot auf einer Bank schlafen. Da sagte der Mann am Schalter: »Wir schließen gleich, Sie können nicht hierbleiben.« Ich war zu müde, um zu gehen. Er telefonierte einen Polizisten herbei, und auch der sagte: »Hier können Sie nicht bleiben!«

»Wo soll ich hin?«, fragte ich. Er führte mich an den Bahnhof und zeigte auf einen Schalter. Dahinter stand eine Art Heilsarmee-Frau. Ich fragte sie, ob ich bei ihr schlafen könne. Aber auch bei ihr war alles besetzt. »Um vier Uhr früh wird ein Ruheraum aufgemacht«, sagte sie, »da können Sie sich langlegen.« Inzwischen schmiss ich mich auf die Erde im Warteraum, denn ich konnte nicht mehr stehen und alle Bänke waren besetzt. Sofort kam ein Bahnhofsbeamter und sagte: »Aufstehen!« Also ging ich auf und ab, bis der Restroom geöffnet wurde. Da sackte ich wie ein Sack auf die Bank, aber das Vergnügen war kurz. Eine Frau mit drei kleinen Kindern kam, da musste ich natürlich Platz machen. Ich setzte mich auf einen Stuhl. Eine Frau sagte: »Ich sitze schon seit vier Nächten, alle Zimmer in den Hotels sind ausverkauft. Kaufen Sie morgen früh eine Zeitung, da sind manchmal Zimmer inseriert, Sie müssen sehr früh hingehen, sonst sind sie weg.«

Ganz früh rief ich eine Telefonnummer an, die ich in einem Inserat fand. Ein Mann antwortete: »Warten Sie unten vor der Tür. Ich hole Sie rauf.« Sofort wurde mir klar, was das bedeutete. Ein Mann suchte Frauen, wollte sie aber erst angucken, bevor er ihnen ein Zimmer »vermietete«.

Jemand riet mir, nach Santa Monica zu fahren, da kriegt man leichter Zimmer. Und wirklich, auf der Strandpromenade sprach mich ein Gast der Beggar Bar an, verhandelte mit dem Manager vom Chase Hotel und ich bekam ein Zimmer. Es war zweibettig und kostete zwanzig Dollar, aber ich war glücklich, dass ich endlich schlafen konnte. Wunderbar war Santa Monica. Am Rande des Strandes gab es einen Muskelbeach, da trainierten Athleten auf Holzböden. Am Rand der Promenade stand eine Holzbude neben der anderen, die Beer Barrel Polka tönte fröhlich aus Lautsprechern, alle Buden waren zum Meer offen, an einem kleinen Counter trank ich jeden Morgen blendend guten Kaffee, aß heißgemachten Kranzkuchen. Die himmlische klare Meeresluft und der menschenleere Strand! Erst gegen Mittag stürmten Badegäste an, aber schon Punkt fünf Uhr gingen sie nach Hause, und wieder gehörte der Strand mir ganz allein, es roch nach Asien!

Nach vierzehn Tagen zog ich aus dem Chase Hotel aus, es wurde zu teuer, und bummelte die Promenade entlang bei Rummelplätzen vorbei, bei Wahrsagerbuden, beim Strand für die Neger, und da war ich in Venice, einer jüdischen Siedlung. Auf den Bänken saßen Männer mit Pajes und sprachen polnisch oder jiddisch, in den Buden wurde dampfende Rinderpökelbrust, Pastrami, mit scharfen Messern geschnitten, auf weißes Sandwichbrot gelegt. Auch hier waren alle Zimmer ausverkauft, aber mitten in der jüdischen Siedlung gab es eine »arische« Insel. Die Wirtin hatte es in dieser Umgebung schwer, ihre Zimmer loszuwerden, hielt mich nicht für eine Jüdin und vermietete mir ein Zimmer. Eine junge Köchin, die im Zimmer neben meinem wohnte, zeigte auf einen Prospekt: »Sehen Sie, dieses Haus kaufe ich. Hundert Dollar zur Anzahlung habe ich, jede Woche muss ich zehn Dollar abzahlen, da vermiete ich einfach ein Zimmer und wohne gratis in meinem eigenen Haus, bis es abgezahlt ist.« So leicht ist es, ein eigenes Haut zu kaufen. Aber mir war die Atmosphäre im Haus zu antisemitisch, ich hatte mich von Kalifornien vollgesogen, es war Zeit, dass ich nach New York zurückfuhr. Drei Tage wollte ich in meiner Wohnung bleiben, meine Angelegenheiten ordnen und dann mit der Erickson nach Europa fahren. Ich hatte die Wohnung an Rolf Nürnberg vermietet, ihn aber gleich gewarnt, dass er vor meiner Abreise ein paar Tage woanders wohnen müsse. Ich telegrafierte: »Ich komme.«

In meinem Bett lag Rolf, einen Hut auf dem Kopf, das Gebiss hatte er aus dem Mund genommen, sein Gesicht war eingefallen.

»Ich bin krank«, sagte er, »und kann nicht ausziehen.«

»Ich bin auch krank«, rief ich, »Sie müssen weg, oder ich schmeiße Sie mit Gewalt raus, wenn Sie nicht freiwillig gehen.« Ein Fahrrad stand im Zimmer und Hunderte von Büchern lagen auf der Erde, auf dem Tisch und in den Regalen. Rolf setzte sein Gebiss ein. »Ihnen traue ich alles zu, ich ziehe aus und komme wieder, sowie Sie abgefahren sind.«

Ich erhielt einen Brief von Jack, meinem englischen Mann. Er freute sich furchtbar, dass er nach zweijährigem Warten endlich Passage nach Amerika bekommen habe. Ich hatte ihn eingeladen, denn in meiner Wohnung war genug Platz, aber genauso, wie er sich auf die USA freute, genauso freute ich mich auf Europa. Ich schrieb Jack ab, und seit der Zeit war er furchtbar böse, und nur durch Irving hörte ich, dass Jack für Radio Vatikan arbeite und manchmal auch für den ökumenischen Rat. Sonst war er verschollen für mich; wieder mal aus einem Freund einen Feind gemacht.

Zwei Studentinnen, die mich öfter besucht hatten, telefonierten: »Wissen Sie, dass die Erickson brennt?« Ich stürzte ins Büro der Linie, das voll von aufgeregten Passagieren war. Die Koffer waren schon auf dem Schiff gewesen, nass durch Löschspritzen, sonst war ihnen nichts passiert. Der Mann am Schalter sagte:

»Sie haben die Wahl. Entweder warten Sie, bis das nächste Schiff dieser Linie fährt, oder Sie begnügen sich mit einem Hospitalschiff, das sofort abgeht, aber da gibt es keine Einzelkabinen, nur ein Dormitorium für dreißig Frauen.« Ich finde es unangenehmer, mit einer Frau in einer Kabine zusammen zu schlafen als mit 29, und wählte das Hospitalschiff. Es war klein, der Ozean wildbewegt, großer Sturm, das Schiff legte sich von einer Seite auf die andere, Porzellan klirrte und krachte, die Französinnen knieten vor ihren Eisenbetten und beteten.

Nachdem mir vier Tage speiübel gewesen war, wurde ich vom fünften Tag an seefest. Ich konnte die Korridore entlangwandern, schlecht wurde mir nicht mehr, nun wollte ich endlich essen. Doch das Essen war knapp geworden, durch den Riesensturm waren wir länger unterwegs als geplant. Endlich kamen wir in Frankreich an. Im Hafen war Großfeuer. Passagiere erzählten, deutsche Gefangene hätten Stoffballen angezündet. Mit Feuer war ich von USA abgefahren, mit Feuer kam ich in Europa an. Es gab nur Erster-Klasse-Coupés nach Paris, alles war sehr teuer. Als Amerikaner wurde man hochgenommen, ich machte mir damals nicht klar, dass Lebensmittel in Frankreich knapper und darum teurer sein müssten als in Amerika. Ich blieb nur ein paar Tage in Paris und fuhr nach Ascona. Das war nicht mehr das Ascona, das ich kannte und liebte. Es gab keine Intellektuellen und keine verrückten Typen. Überall saßen gut frisierte und ondulierte blonde deutsche Frauen, die sich mit »Gräfin« und »Baronin« anredeten. Nach dem bunten Amerika erschien mir das Europa von 1947 farblos.

In der Schweiz

Nun kam wieder die Suche nach dem Zimmer. Ich spazierte an roten und weißen Kamelien vorbei. Es roch bestrickend nach Erde, Blumen und Kräutern. Da stand ein Häuschen, das mir gefiel. In winzigen Buchstaben war der Name *Casa Marlene* in die Hausmauer eingekratzt. Eine derbe blonde Frau öffnete die Tür.

»Das Verkehrsbüro schickt mich. Ich brauche ein Zimmer.«

»Habe keins«, sagte sie kurz.

»Das ist ja wie in Amerika, alles besetzt.«

»Amerika?«, fragte sie, und gleich wurde sie gesprächig. »Vielleicht habe ich doch etwas für Sie.« Und sie führte mich über eine Holzstiege, die fingerdick mit Staub bedeckt war, in ein Zimmer, das nicht größer war als das Bett. Eine Kalkwand war noch feucht, die andere nicht fertig gemauert. Ich musste halb im Freien schlafen. Warum eigentlich nicht, ich hatte es in Amerika oft genug getan. Regnen würde es nicht, der Himmel war klar blau, nicht das kleinste Wölkchen zu sehen. Und es war gesund, im Freien zu schlafen.

»Gut«, sagte ich heiter, »ich nehme das Zimmer.« Ich schien so zufrieden, dass sie misstrauisch wurde. Ich musste sie glauben machen, dass ich immens reich war und das Zimmer nur eine ausgefallene Marotte von mir. Ich sagte: »Kann ich meine Koffer bringen?«

»Natürlich, wir stellen sie auf den Speicher, ich gebe Ihnen auch einen elektrischen Kocher, dann können Sie ab und zu etwas kochen«, fügte sie hinzu.

Ich gab ihr eine Anzahlung und ging auf die Post, wo meine Koffer standen. Ich fuhr sie im Taxi in die neue Wohnung. Beim Auspacken stand die Wirtin neben mir. »Da haben Sie ja einen Kocher«, sagte sie und zog aus meinem Duffle Bag eine Schnur.

»Der Kontakt wird nicht passen«, sagte sie, ihn aufmerksam studierend. »Macht nichts, für acht oder zehn Franc können Sie einen kaufen.«

»Wollten Sie mir nicht Ihren Kocher geben?«

»Wissen Sie, es ist mir lieber, Sie kochen in meiner Küche. Vielleicht vergessen Sie, den Schalter auszuknipsen, und mein Haus brennt ab.«

»Ist mir auch recht. Kann ich mir jetzt ein Steak braten?«

»Ja«, antwortete Frau Bürgli, so hieß sie, und führte mich in die Küche. Ich stellte den Schalter auf vier, sie knipste ihn auf zwei um und sagte: »Seien Sie sparsam, auch mit dem Wasser.«

»Warum mit Wasser?«

»Im Sommer trocknen die Quellen ein, es ist besser, wir fangen schon jetzt zu sparen an.«

Vor ihr auf dem Tisch stand ein Teller mit halbfaulen Äpfeln. Einen nach dem anderen nahm sie in die Hand, schnitt das Faule heraus und steckte den Rest in den Mund.

»Ist das Ihr ganzes Abendbrot?«

»Ja, ich bin magenkrank und darf nichts anderes essen.«

Ich ging in mein Zimmer, sie hatte eine 25-Watt-Birne in die Lampe geschraubt, es war dunkel, ich konnte nicht lesen, stellte mein Radio an und legte mich aufs Bett. Frau Bürgli stürzte ins Zimmer und schrie: »Jetzt können Sie nicht Radio spielen. Ich bin eine schwer arbeitende Frau, will schlafen, morgen muss ich früh aufstehen.«

»Das ist ein Gefängnis«, schrie nun auch ich. »Was soll ich tun? Lesen kann ich bei dieser Beleuchtung nicht.«

»Gehn Sie zu Bett und schlafen Sie, und wenn Ihnen das nicht passt, ziehen Sie aus. Mieter kann ich haben, soviel ich will.«

»Sie sind gastfreundlich!«

»Ach was, gastfreundlich! Ich bin viel zu gut zu den Fremden!«

»Sie leben von Fremden.«

Ich musste ein neues Zimmer suchen, hier hielt ich es nicht

aus. Ich fand eins. Als ich Frau Bürgli mitteilte, dass ich ausziehe, schien sie verdutzt. Sie glaubte mich in ihrer Macht.

»Sie hätten Schauspielerin werden sollen«, sagte ich. »Sie haben alle Eigenschaften, die man dazu braucht: zu viel Temperament, zu viel Leidenschaft.«

Zu meiner Überraschung wurde sie nicht böse, sondern sagte schnell: »Ich sollte die *Geyerwally* spielen und das *Nullerl.* Ein Mieter wollte mich engagieren.« Sie sprang vom Stuhl und parodierte einen italienischen Volksredner. Das war gut. Ich klatschte Beifall. Nun taute sie auf und erzählte von ihrem Mann, der an einem vergifteten Herzen gestorben sei und sie mit drei kleinen Kindern zurückgelassen hatte. Sie musste hart arbeiten und wusste genau, dass ihr Temperament ihr immer schadete.

Ich sagte: »Mir geht es genauso, ich schimpfe viel und habe mehr Feinde als Freunde.« Und sie bekannte, dass der Geiz der Bürgli in ihrer Heimatstadt Lugano sprichwörtlich sei. Als ich mein Steak briet und blitzschnell von vier auf zwei schaltete, sagte sie: »Lassen Sie es auf vier, das Steak schmeckt besser, wenn es schnell und scharf gebraten wird.« Sie ging zum Klavier und spielte, manche Stellen stockend, manche flüssig, poetisch: Wirklich, meine Wirtin war ein Talent.

Nun brachte sie mir eine illustrierte Zeitschrift und zeigte auf das Bild eines Engels: »Das ist schön! Aber das ist hässlich!« Und sie tippte mit dem Zeigefinger auf ein modernes Bild. »Und was soll es bedeuten? Ich verstehe es nicht.«

»Frau Bürgli«, erklärte ich, »unsere Zeit ist auch nicht schön. Alles geht kunterbunt durcheinander, eine neue Welt bildet sich. Aber später, wenn wir schon tot sind, werden Menschen diese Bilder ansehen und sagen: ›Ja, so muss es damals gewesen sein.‹ Verstehen Sie, wir geben unseren Nachkommen durch diese Bilder ein Abbild unserer Zeit, ein Zeichen, einen Gruß.«

Frau Bürgli verstand und bot mir zum Dank einen nur halb verfaulten Apfel an. Und fast tat es mir leid, dass ich ausziehen musste, denn das war mir klar, von jetzt an würden wir die besten Freunde sein.

Im nahen Locarno suchte ich nach dem Elysarion, in dem ich vor Jahren gewesen war. Es existierte nicht mehr. Es war ein großes Haus mit einem Kuppeldach gewesen. Ein Museum. Nachdem ich am Eingang dem Portier meinen Namen genannt hatte, erschienen zwei alte Herren, die nach Kaffee rochen, zwei Balten, die hießen von Kupffer.

»Sie wollen meine Bilder sehen?«, fragte der Jüngere und führte mich durch das Haus. Unten im ersten Stock waren die Wände voll mit Bildern behängt, die er gemalt hatte. Bilder von anderen Malern gab es nicht. Auf allen Bildern tanzten, hüpften, lagen nackte Gestalten ohne Geschlechtsteile, Tüllschleier in den aristokratischen Händen. In einem extra verschlossenen Raum hing das Gemälde eines Mannes mit schwarzem Kaiser-Wilhelm-Bart, im Matrosenanzug mit kurzen Hosen, die gerade die Knie bedeckten; ein großer Matrosenhut balancierte auf dem Hinterkopf. Obwohl ich gar nicht so bin, wurde mir etwas übel. Vielleicht durch den starken Kaffeegeruch, den die beiden Herren ausstrahlten.

Dann wurde mir das Gästebuch vorgelegt. Ein Pfarrer hatte geschrieben: »Das sind die idealen Menschen.« Daran, wie es weitergehen soll, hatte er nicht gedacht. Auch Karl Wolfskehl hatte sich eingetragen. Er schrieb: »Ich traute meinen Augen nicht.«

Lange konnte ich es in Ascona nicht aushalten, wie sollte ich hier ein Visum nach Berlin bekommen?

In Zürich tagte der PEN-Club unter Leitung des englischen Dichters Stephen Spender. Ihn wollte ich fragen, ob er mir ein Visum verschaffen könne. »Sie sind selbst prominent«, antwortete er, als ich ihn am Morgen aus dem Bett holen ließ. »Gibt man es Ihnen nicht?«

Prominent! Ich hatte noch nie gewusst, was man mit »Prominenz« anfangen kann. Ich konnte nur tanzen, spielen, kochen, Wände anstreichen, das war alles. Von Spender ein Visum zu verlangen, war genauso blöd, wie Litwinow um eine Alkohollizenz zu bitten. Meine Vernunft ist weg, sowie ich von etwas besessen bin.

Auf dem PEN-Kongress traf ich Rudolf Frank, der die erste Kritik, die ich je bekam, in der *Vossischen Zeitung* geschrieben hatte: Ich solle lieber auf dem kahlen Kopf eines Lebemannes tanzen, anstatt in einem nüchternen Konzertsaal, meinte er damals. Mit der Westfelden wollte er mich zusammenbringen, ein Lokal von mir wäre toll, und die Westfelden sei die richtige Mitarbeiterin.

Sie erschreckte mich, sie hatte einen riesigen ausgeleierten Mund, graue Haare und einen großen Hut auf dem Kopf schweben. Ihr Freund war ein junger Mann mit knallrotem Gesicht. Westfelden gab Gesangs- und Schauspielunterricht. Ein Schüler war Bäcker, hieß Karli und hatte einen reichen bernischen Bauern zum Vater. »Zusammen mit Karli können wir ein Kabarett machen«, meinte die Westfelden.

»Ich bin auf der Durchreise, will nach Berlin und warte nur auf das Einreisevisum.«

Aber sie ließ nicht locker und schleifte mich durch alle Lokale, die zu vermieten waren. Ich riss nach Paris aus. Dort malte mich Loulou Albert-Lazard, eine Freundin Rilkes, in meinem *Spanischen Tanz.* Das Standbein war zu kurz geraten, fand ich. Was sollte ich mich mit falsch bemalter Pappe bis Zürich schleppen? Ich riss das Bein ab.

An der Grenze kontrollierte ein französischer Beamter meinen Pass. »Da sind Dollars eingeschrieben. Zeigen Sie, was Sie haben.«

»Nichts habe ich, alles ausgegeben.«

»Also schwarz, das kostet Strafe.«

Er nannte eine astronomische Summe. Dann entdeckte er das Bild: »Was ist das?«

Je, nun würde ich Zoll zahlen müssen. »Das Bein war zu lang, ich habe es abgerissen.«

Ohne mich anzusehen und ohne etwas zu sagen, verließ er das Coupé.

In Zürich hängte ich das Bild an die Wand unseres Lokals. Das Ausgefranste an der Pappe war hässlich. Unser Tagesmenü passte genau auf die Stelle, ich befestigte es mit Reißnägeln. So, nun war das Bild wieder schön rechteckig. Beinfleisch schlecht gemalt, aber gut gekocht. »Ich male Ihnen gleich eine Schweinshaxe hin, da brauchen Sie kein Menü hinzuhängen«, schrie Loulou erbittert, als ich sie wieder traf.

In Paris hatte ich die leeren Räume vom Club Saint-Tropez gesehen. Doll wäre es gewesen, daraus einen Nightclub im Stil der Jahrhundertwende zu machen, mit vielen von Scheinwerfern beleuchteten Spiegeln an den Wänden, die Kellner im altmodischen Frack, Serviererinnen eng korsettiert, Straußenfederboas um den Hals, und ich hätte die *Ballerinnerungen einer Aristokratin* singen können. Das wäre sensationell, die Jahrhundertwendemode war noch nicht ausgebrochen.

Es kam nicht dazu, denn die hartnäckige Westfelden telegrafierte, dass sie ein Lokal in der Schoffelgasse in Niederdorf gemietet habe. Ich konnte sie nicht im Stich lassen, war zu lange mit ihr rumgelaufen, und fuhr nach Zürich. In die Schoffelgasse gehörte meine Pariser Idee nicht hinein, ich musste mich dem Raum anpassen und eröffnete als »Valeska und ihr Küchenpersonal«. Vom Frühstück bis zur Polizeistunde war es überfüllt, wir mussten sogar zwei Kabarettvorstellungen geben. Während die Gäste der ersten Vorstellung das Lokal durch die Hintertür verließen, strömten die anderen durch die Vordertür, wie im Kino.

Die Nachbarrestaurants waren wütend. Karli, unser Chef, sollte kochen. Aber als er die großen Einnahmen zusammenzählte, gab er die Arbeit auf und erschien nur noch in Reitstiefeln, bummelte, gab Trinkgelder wie ein Ölscheich und war abends bei der Vorstellung so müde, dass er mitten im Singen absackte. Ich musste »Karli!« rufen, sonst wäre er eingeschlafen.

Anna, die Mitbesitzerin eines Cafés um die Ecke, wollte, ohne dass wir es gleich bemerkten, unser Kabarett auflösen, um es selbst zu besitzen. Sie hetzte uns gegen die Gerantin auf und schob ihre eigene hinein. Dann hetzte sie gegen die Westfelden, bis auch die raus war. Jetzt kamen Karli und ich dran. Eine Barfrau erschien, um mich zu provozieren. Die Anklageschrift schilderte das so:

»Freitag, den 28. Okt. 1948 um 9 Uhr, begab sich die Anklägerin in das alkoholfreie Lokal in der Schoffelgasse 7. Sie setzte sich in die Nähe der Bühne und trank eine Tasse Schokolade. Um 18 Uhr kam die Angeschuldigte (Valeska Gert), nahm einen Zettel von der Wand, wobei sie aus Ungeschicklichkeit der Anklägerin auf die Schuhe trat, so dass die Sohle abgerissen wurde. Die Anklägerin bemerkte, es sei jetzt schon unglücklich, sie hätte ein Paar ganz neue Schuhe an, worauf die Angeschuldigte lachte und bemerkte, sie solle ihr die Schuhe bringen, dann werde sie sie in Ordnung bringen. Die Anklägerin erwiderte, dass sie dieselben dem Schuhmacher gebe und dass die Angeschuldigte die Rechnung bezahlen müsse. Die Anklägerin stand dann auf und zog sich an, worauf die Angeschuldigte rief: ›'s müsse eine Hure sein, dass sie sich so frech verhielt, man müsse halt die Huren nicht hereinlassen.‹ Die Anklägerin verbat sich die Beschuldigungen, worauf die Angeschuldigte hysterisch zu lachen anfing. Als die Anklägerin auf die Tür losging, kam die Angeschuldigte nach, gab ihr Püffe, und zwar einen Fausthieb auf die linke Kinnbacke und einen weiteren auf die linke Brustseite. Der Angriff gegen die Kinnbacke war speziell schmerzhaft, weil die Anklägerin gegenwärtig wegen einer schweren Kieferoperation bei Dr. Faber, Chirurg, Falkenstraße 4, in Behandlung sei und zur fraglichen Zeit auch Einspritzungen bekam. Die Angeschuldigte rief dem Patron zu, er solle die Anklägerin hinauswerfen. Karl Ligenbüll kam herbei, riss die Angeschuldigte weg und forderte sie auf, die Anklägerin in Ruhe zu lassen. Die Angeschuldigte rief nochmals, er solle die Hure usekeie. Sie sagte weiter zur Anklägerin: ›Ned vergäbe hät Ihne schon en Hure geseit.‹

Die letztere Äußerung bezieht sich auf einen Vorfall. Als an einem Abend ca. 21 Uhr die Anklägerin das Abendessen bestellte, kam ein angetrunkener Herr ins Restaurant. Dieser rempelte zuerst die Angeschuldigte an, nannte sie eine alte Schachtel, nachher setzte er sich an den Tisch der Anklägerin. Er sprach Baseldeutsch. Er lud die Anklägerin ein, ihn ins Odeon zu begleiten, was diese ablehnte, worauf der Betreffende bemerkte, sie werde in Basel schon genug herumgehuret sein. Die Anklägerin kannte den Mann überhaupt nicht und warf ihm spontan den Teller Suppe an, worauf sich der Betreffende plötzlich ernüchterte, entschuldigte und das Lokal verließ. An diese Vorkommen hat die Angeschuldigte offenbar anknüpfen wollen. Zeugen: Karl Ligenbüll, Jean-Jacques Juvet, Kellner Rüdenplatz. Es ist noch nachzutragen, dass die Angeschuldigte gegenüber der Anklägerin eine feindselige Haltung hat, da die Anklägerin vor einigen Monaten in Verhandlung stand, um das Lokal als Gerantin zu übernehmen, die Anklägerin ist im Besitz des Fähigkeitsnachweises. Bei diesem Anlass hat die Anklägerin das Engagementsverhältnis der Angeschuldigten geprüft und sie als mit den Einnahmen untragbar bezeichnet.«

Die Bardame vergaß, dass ich sie erst verprügelte, nachdem sie mich »Judenweib« genannt hatte. Ein rothaariger Mann, Klient der Bar, in dem die Anklägerin arbeitete, brachte Karli dazu, ihm seine Geschäftsbücher zu zeigen. Niemand hatte sie bis jetzt sehen dürfen, waren wohl nicht in Ordnung, denn der Rothaarige erpresste Karli so lange, bis der Vater aus dem Bernischen kam, den Rothaarigen verprügelte, ihn aber dann doch mit Geld zum Schweigen brachte. Ich sollte Karli heiraten, meinte der Papa: »Er braucht eine feste Hand!« Karli war jung und hübsch, aber das wollte ich denn doch nicht. Und außerdem war ich noch mit Jack verheiratet.

Ich kam aus dem französischen Konsulat. Im Parterre desselben Gebäudes war eine Bank. Als ich das Haus verließ, hielt mich ein Mann an: »Kriminalpolizei. Folgen Sie mir.«

Ich dachte, er hielte mich für einen Bankräuber, und sagte: »Ich komme nicht aus der Bank.« Er reagierte nicht und brachte mich auf die Polizeiwache.

»Sie sind oft im Café Select?«

»Ja. Ist das verboten?«

»Hinterlegen Sie eine Kaution von tausend Franc. Dann lassen wir Sie frei.« Warum sie mich festgenommen hatten, sagten sie nicht. Ich telefonierte einen Anwalt an, den Bruder von Anna. Er riet, der Polizei die tausend Franc zu geben, ich bekäme sie wieder zurück. Ich bekam sie nicht, denn er behielt sie als Honorar. Noch jetzt weiß ich nicht, warum ich festgenommen wurde, auch mein Anwalt erzählte es mir nicht. Wahrscheinlich hatte ein Konkurrent mich angezeigt. Damals war eine Rauschgiftbande verhaftet worden, Künstler und Architekten, die im Select verkehrten, und mich hielt man ja immer für rauschgiftsüchtig, weil ich in Trance mit geschlossenen Augen spiele. Doch mein Rausch ist gesund, er kommt aus einem Überschuss von Kraft. Es war eben ein allgemeines Gearbeite, mich aus dem Lokal hinauszugraulen.

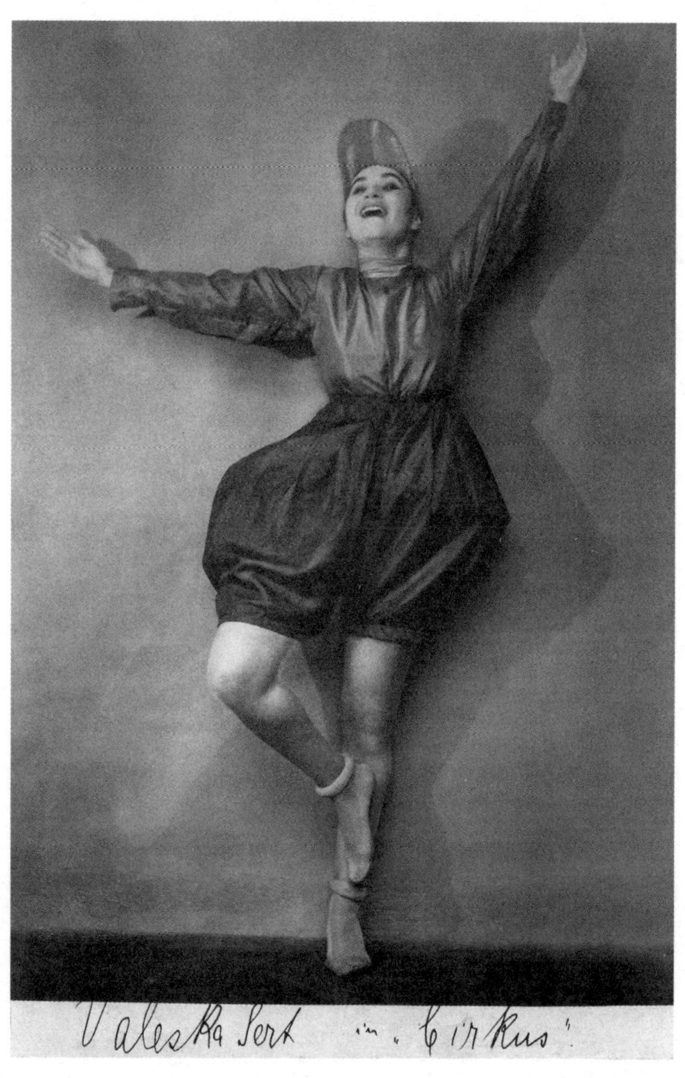

Circus, ca. 1920

Die Hexenküche von Berlin

Jemand gab mir den Tipp, an den Südwestfunk in Baden-Baden zu schreiben. Sofort bekam ich einen Vertrag von Guy Walter für eine Sendung mit meinen gesungenen »Typen«. Der Vertrag öffnete mir die Grenze, ich fuhr nach Deutschland. Im Coupé saß eine Fotografin, die mich einlud, bei ihr in Baden-Baden zu wohnen. »Ich kenne einflussreiche Franzosen, die werden Ihnen bestimmt ein Visum nach Berlin geben.«

Es war schwer nach Berlin zu kommen, denn die Russen blockierten die Stadt und Lebensmittel wurden durch amerikanische Flugzeuge in die Stadt geflogen. Als ich zur Aufnahme ins Rundfunkgebäude kam, gab man mir einen Brief von einem unbekannten Mann. Es war eine Liste mit den Namen aller meiner vergasten Verwandten. Ich war die Einzige von zwei Familien, die übriggeblieben war, außer meinem Bruder, der damals noch lebte.

Die Fotografin brachte mich zu einem französischen General. »Was wollen Sie in Berlin?«, fragte er. »Da gibt's nur Ruinen.«

»Ich will meinen Freund wiedersehen.«

»Ah, l'amour!«, rief er aus und gab mir die Erlaubnis, mit einem französischen Militärflugzeug nach Berlin zu fliegen. In der Nacht kam ich an. Außer Wäscher kannte ich niemand, ich wollte ihn nicht überfallen und bat den Busschaffner, mich bei einem amerikanischen Hotel abzusetzen. Im Grunewald rief er: »Alles aussteigen!« Aber da war kein Hotel, ich stand mit meinem Gepäck in der Nacht auf der Straße. Aus einem hell erleuchteten Haus kam ein amerikanischer Offizier, den ich nach einem Hotel fragte. Er lud meine Koffer auf seine Schultern, rief auf Deutsch ins Haus: »Sagen Sie ihr, dass ich gleich wieder zurück bin«, und brachte mich in ein Hotel. Am Schalter saß ein Soldat, der verlangte Ausweis und Einreiseerlaubnis. Ich gab ihm meinen Pass und das Permit des französischen Generals. »Das gilt nicht«, sagte er. »Die Franzosen haben kein Recht, Ihnen Einreiseerlaubnis zu geben, das kann nur das Combined Travel Board. Sie müssen umkehren.«

»Jetzt in der Nacht?«

Er gab mir Aufenthaltserlaubnis für drei Tage und telefonierte ein Taxi herbei, das mich in das Hotel nebenan fuhr. Der Chauffeur, ein Deutscher, brauchte eine Minute dazu und verlangte dreißig Deutsche Mark. Ich hatte nur Schecks bei mir und bat ihn, das Geld am nächsten Tag abzuholen. Er ist nicht gekommen.

Am nächsten Morgen ging ich zu den Engländern, zeigte ihnen meinen englischen Pass und zwei Verträge, die mir Direktor Raeck vom Renaissance-Theater und Karl Heinz Martin geschickt hatten. Im Renaissance-Theater sollte ich zwei Abende geben und bei Martin exzentrische Rollen spielen. Martin war gerade gestorben, schade, er verstand mich.

Die Engländer konnten nicht begreifen, dass ich direkt aus Amerika in die zerbombte Stadt gehen wollte, sie hielten mich für einen Spion oder für eine Schwarzmarkthändlerin und nahmen mich ins Kreuzverhör. Aber als ich von meinem Mann erzählte, der ins Kloster gegangen, aber sofort wieder rausgeschmissen worden war, da hatten sie den Blick, den ich kenne. Die ist verrückt!, sagt der.

Ich bekam Aufenthaltserlaubnis für sechs Monate, und beim Verlassen des Raumes sah ich lauter grinsende Gesichter. Ich mietete ein Zimmer bei der Tante der Fotografin aus Baden-Baden. Fensterscheiben gab es nicht, nur Pappe im Rahmen, aber ich war in Berlin. Sofort telefonierte ich Wäscher an. Seine Stimme klang freudig erregt, ich irre mich nicht, aber das war nur sein erster Instinkt. Bald fiel ihm ein, dass ich ihm die Ruhe nehmen und sein Leben verändern werde. Und als ich zu ihm zum Kaffee ging, hatte er sich mit zwei Frauen bewaffnet, die uns nicht allein ließen. Eine große Wurst lag auf dem Tisch, also gab es doch etwas zu essen in Berlin. Als ich wegging, schenkte er mir ein Brot, aber keine Wurst. Ich hätte ihn fragen können, wo es solche Schwarzmarktwaren zu kaufen gibt, aber mein Mund war verschlossen; ich kann nach so etwas nicht fragen, wenn man es nicht von selbst sagt. Also musste ich auf Rationsmarken leben und aß getrocknete Kartoffeln und getrockneten Kohl.

In einem Lebensmittelladen in New York in der 86. Straße hatte ich, bevor ich abfuhr, fünfhundert Dollar deponiert, um von Zürich Pakete an Wäscher und meinen ersten Mann schicken zu lassen. Warum ich von dem Geld nicht Pakete an mich selbst schickte, kann ich nicht verstehen; ich halte mich gar nicht für gütig und menschenfreundlich. Auf die Idee, in einen PX-Laden zu gehen, kam ich auch nicht, doch ich aß Lorcheln, die ich für etwas Ähnliches wie Morcheln hielt. Da ich gerade angekommen war, hatte ich nicht in Zeitungen gelesen, dass man sie erst abkochen und das Wasser weggießen muss. Ich übergab mich in der Nacht heftig, es hörte nicht auf, bis die Wirtin in mein Zimmer kam und einen Arzt holte. Pilzvergiftung. Der Arzt verschrieb mir Kohle, die Zeitungen berichteten darüber. Wäscher kam, dachte, ich hätte mich seinetwegen vergiftet, sah verstört und vorwurfsvoll aus. Sonst sah ich ihn kaum. Direktor Raeck bewunderte meine »Haltung«. Vielleicht dachte er, man weint, wenn man zurückkommt und der Mann will einen nicht mehr. Aber so sentimental bin ich nicht. Außerdem, man lebt auf zwei Ebenen, auf der Oberfläche kann man lustig, ja heiter sein, und doch hat man in Höllentiefen zerfetztes Fleisch, blutende Wunden.

Ich war eine der ersten Emigranten, die zurückkamen. Zwei Tage lang wurde ich vom Morgen bis zum Abend interviewt und fotografiert. Herbert Pfeiffer schrieb die verständnisvollste Reportage im *Tagesspiegel.* Am ersten Tanzabend im Renaissance-Theater war ich nicht gut, fand ich, hatte zu lange auf keiner richtigen Bühne gestanden, in meiner New Yorker Höhle ein mehr unterirdisches Leben geführt; das Züricher Kabarett war auch improvisiert gewesen, da fiel mir das Auftreten in solch steifem Theaterbetrieb schwer. Aber schon am zweiten Abend hatte ich mich eingewöhnt, ich war drin und ging richtig ran.

Nun hätte ich vielleicht weiter Tanzabende geben sollen, Angebote kamen von vielen Orten, aber zu der Zeit war ich noch lokaloman. Nur in Umgebungen, die ich für mich selbst zurechtgemacht hatte, fühlte ich mich wohl. Einfach und primitiv muss es sein. Aber wer ein Nachtlokal besitzt, wird in Deutschland abgewertet. Das hatte ich vergessen, denn in Amerika gibt es so etwas nicht. Toots Shorr, Restaurantbesitzer, ist genauso beliebt wie ein berühmter Songster, und Gypsy Rose Lee, die Königin der Stripteasetänzerinnen, ist gesellschaftsfähig und wird in den Klatschkolumnen genauso gefeiert wie Mrs. Vanderbilt, Rockefeller oder Judith Anderson. Was man erreicht, zählt, und nicht, wodurch man es erreicht.

Wie schön ist solch eine selbst hergerichtete Bruchbude. Wie viel schöner als diese Fabriken, die sich Theater nennen, nichts, auch nichts ist von der Atmosphäre, dem Zauber und dem Magnetismus von früher übriggeblieben, als noch der Schauspieler und nicht Dekoration oder Regisseur das Wichtigste waren. Theater sind überholt, Museumsstücke. Die Theaterstücke sind so lang, man muss sitzen und sitzen, in den Pausen gelangweilt in miserabel grell beleuchteten Fluren herumwandern, bis es endlich wieder Zeit ist, sich zu setzen, um müde bis zum Schluss auszuharren. Als ich noch manchmal ins Theater ging, lief ich immer lange vor Schluss weg und zog mir die Feindschaft der Kollegen zu, denn es wurde von ihnen bemerkt, dass ich nicht blieb.

Magnetismus soll durch Tricks ersetzt werden. Man glaubt, dem Publikum näherzukommen, wenn man zu ihnen in den

Zuschauerraum steigt und hier das Stück weiterspielt. Aber je näher man dem Publikum kommt, desto weiter ist man von ihm entfernt. Nur erhöht auf der Bühne, entfernt vom Publikum, kann der Schauspieler seinen Magnetismus entwickeln und übertragen. Kein Theaterstück dürfte länger als zehn bis fünfzehn Minuten dauern. Zehn solcher Kurzstücke könnte man am Abend aufführen oder sogar den ganzen Tag durch wie in einem Dauerkino. Am Eingang bekommt man ein Billett, die Zeit wird gelocht. Beim Verlassen des Theaters wird geprüft, wie lange man drin war, und man bezahlt nach Zeit. Die Schauspieler spielten von neun bis zehn Uhr oder von zwölf bis ein Uhr, jeder hätte soviel Freizeit, wie zu einem Nebenerwerb nötig wäre, die Schauspieler brauchten nicht mehr die irrsinnig hohen Gagen zu verlangen, Abonnenten fielen weg, das Publikum ginge für eine oder zwei, drei DM ins Theater, wann es ihm passte, natürlich in Hut und Mantel, so wie man von der Straße kommt.

Das Auge des Zuschauers ist durch den Film auf die Großaufnahme eingestellt, deswegen wirken die normal kleinen Gesichter auf der Bühne nicht mehr. An unregelmäßig langen Schnüren könnten von der Decke Vergrößerungsgläser hängen, der Schauspieler stellt sich hinter einen Glasscherben, wenn er einen besonderen Ausdruck von Gesicht, Hand oder Fuß zeigen will. Viele Menschen sagen: Ich gehe ins Theater, weil ich die persönliche Anwesenheit des Schauspielers liebe. In diesem Theater hätten sie beides: Die Anwesenheit des Schauspielers und seine Vergrößerung wie im Film.

Ich schrieb nach Jena an Zeiss und fragte, ob sie solche Vergrößerungsscherben für Bühne oder Kabarett anfertigen könnten. In einem ausführlichen Brief erklärten sie, warum das nicht gehe. Aber ich finde, wenn man zum Mond fliegen kann, muss man auch solche Gläser erfinden können. So wie das Theater jetzt ist, ist es einfach stinklangweilig, obwohl sich schon hier und da Erneuerungsversuche zeigen, wie die *Publikumsbeschimpfung* zum Beispiel.

Mit Fred Wasko, einem jungen Mann, suchte ich nach einer neuen Höhle für mich. Ich geriet in ein leeres ungarisches Lokal in der Marburger Straße. Der Manager, Herr Gort, war entzückt von meiner Idee. »Der Raum ist zu hoch und darum so ungemütlich«, erklärte ich ihm. »Die Decke muss schwarz angestrichen werden, die Wände rot, untenherum ein schwarzer Strich, dann sieht der Raum niedriger aus. Und ich mache wieder Kabarett wie in New York.«

»Das wird zu teuer!«

»I wo, junge, angehende Künstler singen, tanzen, servieren, so wie ich es in Amerika und in Zürich gemacht habe.« Nun wollte ich einen Vertrag mit ihm machen, da fiel mir ein, dass die Säulen mich stören würden, wenn ich vortrage, ich sagte ab.

Als ich Fred auf der Straße traf, kam er mir mit den Worten entgegen: »Sie machen es ja doch?«

»Nein, warum?«

»Sie streichen die Wände an, so wie Sie es ihnen gesagt hatten.«

Ich ging zu Gort, der mich beruhigte: »Es wird ein privater Club, die Öffentlichkeit bekommt ihn nicht zu sehen.«

Es wurde die »Badewanne«.

Ich reiste nach Kampen. Während ich in Amerika war, hatte man eine Nazifamilie in mein Haus gesetzt. Ich brachte sie sofort raus. Aber was hatten sie aus dem Haus gemacht? Eine Ruine, nur noch die vier Wände waren vorhanden, aller Hausrat war verschwunden oder zerstört. Meine schöne Batistbettwäsche steckte als Lumpen in einem Sack, das Porzellan war weg, die schönen Mies-van-der-Rohe-Sessel waren unter zerrissenen Polstern mit Bindfäden bespannt, alles Holz hatten sie verfeuert, sogar den Gartenzaun. Im Wohnzimmer stand ein plumper Wehrmachtsofen, meiner war weg. Dafür sollten sie sechzig Mark monatlich Miete bezahlen, soviel wie damals ein halbes Pfund Butter auf dem Schwarzmarkt kostete, aber auch diese sechzig Mark bekam ich nicht, sie verrechneten sie mit Reparaturen. Immer wieder ließen sie den elektrischen Brunnen reparieren. Keine Reparatur schien ihn gesund zu machen. Ich verklagte sie. Und das war falsch. Ich hätte das Haus einfach als »Allied Property« anmelden können, aber der Westerländer Rechtsanwalt war dagegen und verlor den Prozess, weil nicht nachweisbar war, ob die Gegenstände, die ich reklamierte, auch wirklich im Haus gewesen waren. Ich durfte also noch Anwalts-, Gerichtskosten und den Aufenthalt der Beklagten im Flensburger Hotel bezahlen.

Boleslaw Barlog, der jeden Juni in Kampen ist, fragte: »Warum machen Sie nicht so ein Lokal wie in New York auf, ›Valeskas Cabin‹?« Ich lasse mich schnell anregen, und als ich im Bunker von Schriftsteller Ernst von Salomon ein vorzügliches Steak aß, schickte er mich zum Töpfer Rieck, der im Nebenbunker wohnte. »Er hat sich ein Studio für seine Töpferei selbst zusammengebastelt und wird Ihnen bestimmt billig ein Lokal bauen.«

Ich erzählte Rieck meine Idee, er versprach, mir mit dem Haus zu helfen. Ich reichte einen Antrag bei der Gemeinde ein und wurde abgelehnt, weil kein »Bedürfnis« bestehe. Rieck reichte drei Monate später einen Antrag ein, denn meine Idee war nicht schlecht, er wurde mit derselben Begründung abgelehnt. Rieck eröffnete sein Lokal ohne Erlaubnis. Es war die Kupferkanne.

Ich verklagte die Behörde und fuhr nach Berlin, um dort einen leeren Raum für ein Kabarett zu finden. Es war nicht leicht, denn ich bin immer auf der Suche nach der klassischen Proportion. Im Opernkeller in der Kantstraße war hinter dem Restaurant ein Raum, der mir gefiel, nur war, wie immer, die Decke zu hoch. Aber der Pächter, Herr Hoppmann, versprach, sie niedriger ziehen zu lassen und überhaupt alles so einzurichten, wie ich wollte.

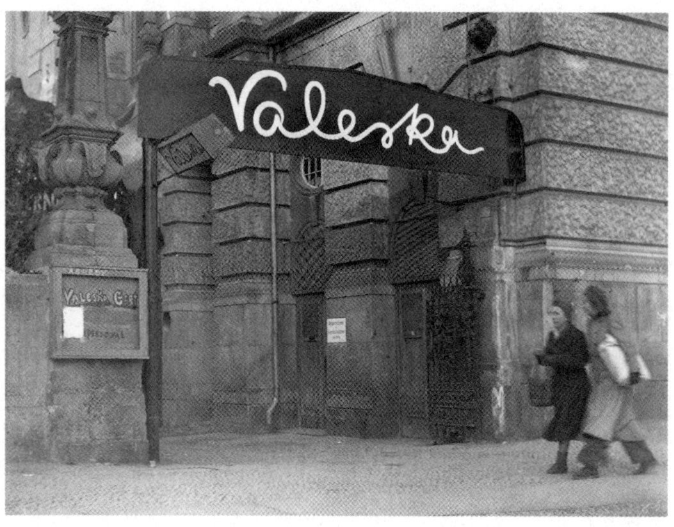

»Valeska« im Opernkeller (Theater des Westens, damals Opernhaus), Kantstraße Berlin, um 1949/50

Am Anfang kam, wie in Amerika, das beste Publikum, aber nach und nach verließ es Berlin, das ihm zu unsicher wurde. Man ging ins Ausland oder nach Westdeutschland. Über den Kurfürstendamm zu gehen bedeutete Spießrutenlaufen, wenn man nicht hausbacken aussah.

Kaum zeigte sich mein Erfolg, wurde schon wieder gegen mich intrigiert. Ein bekannter Kabarettist wollte den Raum zu Bedingungen mieten, die günstiger für Hoppmann waren. Er kündigte mir unter dem Vorwand, dass der Opernintendant Tietjen wieder ein Theaterrestaurant im Keller eröffnen wird. Hoppmann riet mir, mich an den Senat zu wenden, dem die Räume gehörten. Weil mir der Bürgermeister von New York immer geholfen hatte, schrieb ich an den Bürgermeister von Berlin, Ernst Reuter. Dieser so hochgepriesene Mann antwortete, er sei nicht zuständig. Ich musste also raus aus dem Lokal, das neue Kabarett zog ein, ging nach ein paar Tagen pleite, dann kamen

Transvestiten und dann die »Vaganten«, sie wurden sogar vom Senat unterstützt.

Der Remigrant

Kommst du aus Amerika,
schreit in Deutschland man hurra.
Du wirst ans Radio gezogen,
alle sind dir sehr gewogen.
Interviewer fallen auf dich her,
man fragt dich, bis dein Kopf ganz leer.
Fotografiert dich kreuz und quer.
Doch das ändert sich sehr bald.
Erst war dir heiß, jetzt wird dir kalt.
Alle Liebe ist bald weg,
du bist nur ein Stück Dreck.
Es wird dir klar,
Respekt nur Formensache war.
Jeder einstige Hajott
ist gegen dich ein Gott.
Drum, Remigrant, erwarte Kampf statt Glück,
Deutsche gehn zwei Schritte vor und ein gehn sie zurück.

So lautete eine unserer Nummern.

In der Paulsborner Straße fand ich einen leeren Gemüseladen. Er gefiel mir einigermaßen, die Proportionen gingen gerade noch so. Ich strich die Wände schwarz wie in New York an, kaufte in Glaserläden Spiegelscherben, bemalte sie mit großen Mündern oder Beinen, schraubte sie an die Wände und nannte das neue Kabarett »Hexenküche«. Ich spielte und mimte Typen aus der Jahrhundertwende – es war die Vorpantomimenzeit und auch die Zeit, bevor die Jahrhundertwendemode ausgebrochen war –, wir spielten utopische Nummern, *Im Jahre 5000, Nach der Atomkatastrophe,* und ich erzählte und mimte *Professor Blitz.* Natürlich brachte ich auch pantomimische Nummern und absurdes Kabarett. Das gab es damals noch nicht. Ich war, wie immer, zu früh.

Ich war zehn Jahre tot, lag schon im engen Sarg,
war das einsam, war das arg.
Fühlte mich so schrecklich leer,
hatte nicht die ew'ge Ruhe mehr.
Gab mir nen Ruck, stand auf, ging dann zur WiSoKü.
»Nanu«, sagten die: »Sind Sie nicht schon perdü?«
Man gab mir ein Engagement,
weil ich fortgewesen war so lang.
Ich wasserwellte das verblichne Haar, Gesichtsmassage dann,
und was man noch so machen kann.
Dann spielte ich mein altes Fach
und machte alle Männer schwach,
mal heiß, mal kalt, mal jung, mal alt, mal lasterhaft und mal naiv,
doch neulich mal, da ging es schief.
Ich wollte wieder mich verlieben,
man brach in meiner Wohnung ein, ich ließ mich rauben von den Dieben.
Sie zerrten mich ins Bett,
o je, da ging es net.
Kalt war mein Leib und eisig die Gebeine,
du bist so kalt, rief mir ins Ohr der eine.
Fast wie 'ne auferstandne Leiche,
Geld hast du auch nicht, und ich dacht, du wärst 'ne Reiche.
Das griff mich an, das schlug mich tot,
schon war'n die Wangen weiß, die kurz vorher noch rot.
Ich muss 'ne andre Arbeit suchen,
doch wer nimmt 'ne Leiche schon, na Kuchen.

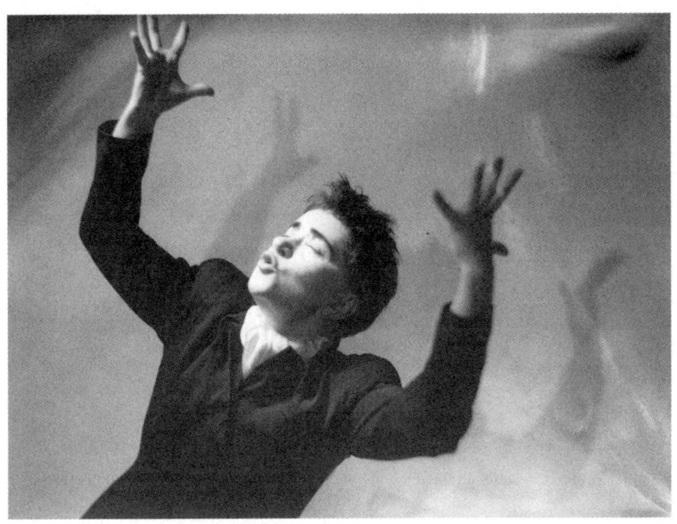

Valeska Gert »erzählt« eine ihrer skurrilen Geschichten, Berlin, um 1949/50

Da ging ich zu Grieneisen hin,
bot mich ihm an als Mannequin.
Nun führ ich Särge vor in allen Breiten
Für schlanke und beleibte Leichen.
Dann ging ich hin, von wo ich hergekommen.
Kommt nicht zurück, wenn ihr schon mal verschollen.

Dieses *Mannequin von Grieneisen* spielte ich als eine schillernde, halbverfaulte Gestalt, voller Kindlichkeit, Laster, Eitelkeit, Ehrgeiz, Liebe und Bitterkeit in den Knochen, die nur noch spärlich mit Fleisch bedeckt sind. Töne und Gesten duften verführerisch nach Verwesung.

Wer war mein Publikum? Künstler, Politiker, Geschäftsleute, Hochadel, Geisteskranke, Verbrecher, und sogar ein Leichenfledderer war unter ihnen. Und er war der Schönste von allen. Oft werde ich gefragt: »Wo bekommen Sie die aparten Leute her, die bei Ihnen arbeiten?« Die sind gar nicht apart, wenn sie kommen, ich arbeite sie um. Sigrid hatte dünne Lippen, grauweiße Gesichtshaut, durch Zuckerwasser krissliges Haar, das weit von ihrem käsigen Gesicht abstand, sie konnte nicht gehen, nicht tanzen, nicht sprechen, so gehemmt war sie. Nach und nach bekam sie einen Mund, eine verrückte Haarfrisur, sie lernte tanzen, sich schminken und wurde ein toller Clown, eine Attraktion.

Daniela sah wie ein lasterhaftes Arabermädchen aus, mit langem rotbraunem Zopf, runden kohlschwarzen Augen, Perlmutterhaut und üppigem blassen Mund, der fast ganz von einem hohen lila Taftkragen bedeckt war. Sie pantomimte barfuß mit Sigrid den *Traum,* die Mädchen trafen sich immer nur beinahe, guckte die eine, guckte die andere weg, sie küssten sich nur beinahe, sie berührten sich nie ganz, bewegten sich in Zeitlupe. Alle Mädchen waren eifersüchtig auf Danielas Wirkung, sie wollten mich zwingen, sie zu entlassen. Sie streikten: »Entweder Daniela geht, oder wir gehen.« Sie dachten, ich sei in ihrer Hand. Ein Lokal ohne Kellner?

Aber ich ließ mich nicht erpressen. Gäste kamen nicht, denn vor der Tür standen Sigrid und Elinor und sagten: »Heute geschlossen.«

Am nächsten Tag bekamen sie von meinem Anwalt einen Brief. Alle kamen wieder. Dann quälten sie Daniela, bis sie an einem Morgen laut weinend abreiste. Sie hatten gesiegt. Ich wünsche, dass meine Mädchen lasterhaft aussehen, aber tugendhaft sind. Das geht schwer.

Aus der Assistentin eines Hamburger Arztes machte ich eine Diana. Sie war groß, langbeinig, breitschultrig, der Pagenkopf weißblond gebleicht, das schwarze Kleid kurz und eng, die Augen übertrieben schräg geschminkt. Ein Gast, der sich in die aparte Schönheit verliebte und mit ihr protzen wollte, lud sie nach Paris ein. Zum Hamburger Bahnhof latschte sie in Gesundheitssandalen, der weite graue Rock reichte bis zur Hälfte ihrer strumpflosen Beine, das Gesicht war ungeschminkt und fahl, ihr Haar wieder verwaschen blond. Als der Verehrer sie abholte, steckte er ihr ein paar Scheine in die Tasche und schickte sie zurück. Die Mädchen waren hausbacken und streiften ihre Eigenart sofort ab, wenn sie weg von mir waren.

Was ist aus den jungen Leuten geworden? Eine ist Tänzerin bei den Bluebell Girls im Pariser Lido, Gitty bemalt Töpfe in einer Töpferei in Keitum, Margot ist mit einer Balletttruppe in Persien gelandet, abgesprungen und Verkäuferin in einem Bazar geworden, Dieter Barkeeper in San Francisco, Jo dauernd besoffener Schneider, einer ist Lebensmittelhändler in New York, und einer spricht für die Voice of America. Fisch aus Zürich ist Oberförster in Südfrankreich, ein Mädchen im Bordell gelandet, Ilse, die Germanistin, hat einen Schweden geheiratet, Traute einen Architekten. Michel besitzt ein Hotel in Nizza, die schöne Irene hat sich das Leben genommen, und Marietta, die mit einem kleinen roten Kätzchen auf der Schulter im »Ziegenstall« erschien, ist in Bern überfahren worden, tot. Eva ist in Paris von Brassens als Sängerin entdeckt worden, Ellen Wahrsagerin und Kitty Kosmetikerin geworden. Sie verkauft die Präparate von Ida Rubinstein, Irving ist Diplomat, Judith Malina macht das *Living Theatre.* Sie sagte zum Fotografen Tobias, dass sie ihren Stil mir zu verdanken hat, entdeckte aber in Europa, dass man von meiner Arbeit und meinen Erfindungen in den zwanziger Jahren keine Ahnung mehr hat, und schiebt Artaud als ihren Anreger hin. Mein Aushilfskellner Tennessee Williams ist Tennessee Williams geworden.

Ich schrieb auch ein paar politische Texte, die aber nicht als politisch anerkannt wurden, weil sie nicht gegen den Kommunismus gerichtet waren, wie man es damals in Berlin verlangte.

Der Jubler

Wilhelm, Ebert, Brüning, Hitler, wer regiert,
wird bejubliert.
Ich jubel,
denn ich lieb den patriotschen Trubel.
Fuhr der Willem durch die Linden,
konnt'n Sie mich am Straßenrand finden.
Ich schrie, ich wedelte den Hut,
Aufregung tut mir schrecklich gut.
War Ebert Präsident vons Land,
war ich's, der vor seinem Hause stand.
Dann kam der blasse Brüning hinterher,
da wurde es nun reichlich schwer.
Doch Jubeln tut mir wirklich gut,
ich wedelte den Hut.
Nun kam der Hitler dran,
das war mein Mann.
Wie liebte ich den braunen Trubel,
so recht von Herzen kam mein Jubel.
Und jetzt zuletzt
sind von Russen, von Amis wir besetzt.
Schwer ist's, das ist wahr,
doch ich bleib der Jubler, der ich war.
Ich bin für Gerechtigkeit der Dinge,
wem sein Brot ich esse, dem sein Lied ich singe.
Wohn' ich im Osten, bin ich hin,
seh' ich Stalins Bart und Kinn,
leb' ich im Westen als feiner Mann,
da bet' ich eben Truman an.
Ob Dollar oder Rubel,
ich jubel, jubel, jubel.

Die Ratte

Ich bin eine Ratte, eine fette Ratte,
alles Fleisch und keine Watte.
In der Blockade hätt'n Sie mich sehen sollen,
von Hungerödemen war ich ganz geschwollen.
Fraß Stacheldraht, Spülklosetts, Häuserreste,
Puddings aus Gips war noch das Beste.
Da schlich ich zu den Amis hin,
obwohl eine völkische Ratte ich bin.
Stahl Fleisch und Speck aus ihren Kästen
und konnt' an ihren Resten mich mächtig mästen.
Dann wollt' ich von den Völk'schen nichts mehr wissen,
wir Völk'schen werden doch fast stets beschissen.
Nun ging zu Ende die Blockade,
ich fraß Fleisch, Fett und Schokolade.
Und stündlich werd' ich feister
und warte auf den neuen Meister.
Ich sehne mich nach Blut- und Bodenwurscht,
nach rassereinem Blute hab ich Durscht.
Singt: Bedeemdl, emdl, emdl,
im braunen Hemdl, Hemdl, Hemdl.
Geht ab: Ach verzeihen Sie, ich habe ganz vergessen, wo ich bin.

Ilse Koch

Arbeitet schneller,
die Augen heller.
Marsch, marsch,
schlag euch auf den Arsch.
Dies ist kein Erholungsaufenthalt,
gehorcht ihr nicht, mach ich euch kalt.

Ihr seid in meiner Macht,
schnell das Feuer angefacht.
verbrennt die Briefe, verbrennt die Bücher,
her damit die seidnen Tücher,
gebt sie mir, mir gehörn sie zu,
dann lass ich euch in Ruh.
Bemalt mir diesen Lampenschirm,
war einst Haut auf Menschenhirn.
Findest du mich schön?
Kannst mit mir zu Bette gehn.
Haha, war ja nur ein kleiner Spaß,
weg mit dir, du dummes Aas!
Prügle dich halb tot,
friss deinen eignen Kot.
Hat man so was schon erlebt,
schnell mit der Peitsche ihm geklebt!
Mich, die Kommandeuse, will er haben.
Na wart, dich fressen bald die Raben.
Arbeite fix, arbeite schnell,
sonst steck ich dich in Einzelzell.
Jetzt, zehn Jahre später, ist nichts mehr wahr.
Keinem krümmte ich ein Haar.
War reinste Sachlichkeit und Güte.
Keinem tat ich was, keinem, nicht in die Tüte.
Häkle, stricke und mach' Handarbeiten.
Warum kann mich niemand leiden?

Diese Kommandeuse des Konzentrationslagers Buchenwald spielte ich selbst. Sie befiehlt schneidend scharf, peitscht, grellt höhnische Laute und schmeichelt dann geil, süß, verlogen und heuchlerisch. Manche Gäste verließen schockiert die »Hexenküche«.

Aber das Antinazistische wurde ignoriert. Die Darsteller konnten so spießig sein, wie sie wollten, waren sie nur antikommunistisch, waren sie »die« Kabarettisten. Dieses Einheits-Kabarett, eigentlich politische »Minirevue« – die Bezeichnung »Kabarett« ist falsch –, gab es mehr oder weniger gut in ganz Deutschland. Der Gegensatz zum verhassten Kollektivismus ist der Individualismus. Der sollte in einer Demokratie gepflegt werden. Stattdessen wird er verachtet, und man kopiert die Methoden der »Gegner«.

Mich ließ man im eigenen Saft schmoren, ich wurde nicht gepflegt. Eines Tages wurden, ohne dass man mich benachrichtigt hätte, meine Vergnügungssteuern auf das Dreifache erhöht. Ich wurde unter die Striptease-Lokale eingestuft. Ich ging zu Herrn Fürst, der im Vorzimmer von Tiburtius, dem Kultursenator, saß. Er bedauerte, aber nichts geschah. Erst nachdem ich den ganzen Krempel hingeschmissen hatte, bekam ich einen Brief von Herrn Fürst; er bedauerte, dass ich weggehe, und beteuerte, die untragbaren Vergnügungssteuern müssten herabgesetzt werden. »Hoffentlich kommen Sie bald zu uns zurück.« Die können mir was pusten.

Auch andere Senatsstellen haben sich nicht gerade vorbildlich benommen. Ich wurde nicht als »Opfer des Nationalsozialismus« anerkannt, verklagte den Staat und verlor. Der Richter entschied, ich sei Engländerin, mir hätte deswegen in Deutschland nichts passieren können. Außer Gerichts- und Anwaltskosten musste ich dem Finanzamt Steuern nachzahlen, die sie erlassen hatten, weil sie mich für ein »Opfer« hielten.

Um zehn Uhr morgens ging ein Flugzeug nach Hamburg. Ich bestellte die Mädchen um acht Uhr in die »Hexenküche«, damit sie sich von dem Krempel nehmen, was sie brauchten, ich packte ein paar alte Bretter und Spiegelscherben zusammen, an Verkaufen und Verpachten des Lokals dachte ich in der Eile nicht. Es blieb einfach stehen. Sieben Jahre hatte die »Hexenküche« gelebt.

Rund um den Ziegenstall

Von Hamburg fuhr ich nach Kampen, wo ich im Jahre 1950 den »Ziegenstall« eröffnet hatte, nachdem ich auch einmal einen Prozess gewonnen hatte. Durch den Andrang zu Riecks Kupferkanne war das »Bedürfnis« bewiesen. Ich hatte ihn zu diesem Lokal angeregt, aber durch seine Kessheit, ohne Konzession zu eröffnen, hatte er den Bedürfnisbeweis gebracht. So halfen wir uns gegenseitig.

Der »Ziegenstall« hat Krippen an den Wänden mit hoch aufgestapeltem frischem Heu drauf, und auch auf dem Fußboden liegt Heu. Viele Gäste empfinden es als unordentlich. Sie wissen nicht, wie viel Mühe es uns jeden Tag macht, diese Unordnung herzustellen. Gläser, Teller wurden auf schmale Krippen gestellt, die vor den mit Säcken beladenen Bänken standen.

Aber niemand glaubte mir, dass ich die »Hexenküche« nicht verkauft habe. Wer ist schon so blöd? Auch das Finanzamt in Leck glaubte es nicht. Vier Mann hoch kamen sie in den »Ziegenstall«. Mein Steuerberater war auch mit von der Partie.

»Sie haben weder Ihr Vermögen noch den Verkaufserlös der ›Hexenküche‹ versteuert«, waren die ersten Worte der Finanzamtsleute.

»Vermögenssteuer?« Ich wusste nicht, dass es so etwas gibt. Ich habe einen Steuerberater und bezahle, was er mir sagt. Er hat nichts von Vermögenssteuer erwähnt.

»Und die ›Hexenküche‹?«

»Ich habe sie weder verkauft noch verpachtet, ich musste sogar noch für die nächsten drei Monate die Miete bezahlen, weil ich nicht gekündigt hatte.«

Sie ließen sich Vollmacht von mir geben, meine Bankkonten einzusehen.

»Warum haben Sie lauter Zehntausendmark-Konten?« fragten sie, als sie das nächste Mal wiederkamen.

»Weil man mir gesagt hat, zehntausend DM sind steuerfrei, da habe ich immer bis zehntausend DM eingezahlt und dann ein neues Konto angefangen.«

»Zusammen zehntausend DM natürlich«, sagten sie ärgerlich.

Ich erhielt ein dickes Buch von ihnen, den Prüfungsbericht. Ich las ihn nicht durch, weil ich so was doch nicht verstehe. Ich ging zu einem neuen Steuerberater, denn der alte hatte mich schlecht beraten. Der neue blätterte im Buch: »Sie sollen viel nachzahlen.« Da nahm ich ihm den Bericht weg und gab ihn einem anderen. Der blätterte auch und sagte: »Jetzt habe ich keine Zeit, Sie müssen warten!« Nun geriet ich in Panik, denn die Finanzbeamten hatten gesagt, ich sei verantwortlich und nicht der Steuerberater. Ich fuhr nach Berlin zu einem Filmanwalt. »Ich mache keine Steuersachen«, sagte er. »Haben Sie die Unterlagen in Berlin?«

»Nein.«

»Erst mal lassen Sie die Unterlagen aus Kampen schicken, dann gebe ich Ihnen meinen eigenen Steuerberater.«

Aus Kampen kamen Leitzordner, Geschäftsbücher, Bonbücher von 1949 an. Das Büro des Anwalts war voll von meinen Kisten. »Die können hier nicht bleiben, ich schicke sie meinem Berater.«

Als ich bei dem ankam, war er gerade mit den Kisten beschäftigt. Aber auch er wusste nicht, wo er sie unterbringen sollte. Er hieß Dr. Kuck und war unangenehm berührt. »Was soll ich mit den vielen Büchern?«, fragte er, »und gerade das Wichtigste, der Prüfungsbericht, ist nicht dabei.«

Ich ließ den Prüfungsbericht kommen. Dr. Kuck blätterte und murmelte: »So viel Zeit habe ich nicht, das ist ja ein ganzes Buch, aber einen Einspruch werde ich machen.«

Er schrieb ihn auf einen Briefbogen ohne Firmenkopf, weil meine Angaben spärlich waren.

Nun brauchte ich jemand, der die Bücher der vergangenen Sommersaison machte. Der Neue – ein Televisionsproduzent hatte ihn mir empfohlen – war sehr alt, über achtzig. Er kam in meine Wohnung, dahin hatte Dr. Kuck die Bücherkisten geschickt, und suchte die Unterlagen aus, die er brauchte. Als ich seine Gewinnberechnung las, sagte ich: »Das kann ja wohl nicht wahr sein«, ging zu einer Steuerberaterin, die seine Gewinnberechnung durchsah, und meinte: »Rechnungen über Ausgaben müssen fehlen.« Aber die Bücherkisten hatte ich schon nach Kampen zurückgeschickt, sie nahmen so viel Platz weg. Im Frühling, in Kampen, sah ich sie durch, und richtig, da fand ich zwei Leitzordner mit Rechnungen, die der greise Steuerberater übersehen hatte. Ich schickte sie an die Steuerberaterin in Berlin, die einen Einspruch machte. Monate später wollte das Finanzamt die Rechnungen sehen, doch inzwischen waren sie verschwunden. Das muss nicht meine Schuld gewesen sein. Ich habe herausgefunden, dass bei Steuerberatern trotz Leitzordnern viel verloren geht, selbst eingeschriebene Briefe. Das Finanzamt hat so viel hin- und hergeschrieben und es wohl auch übergehabt, sie schlugen einen Vergleich vor, ich sollte tausend DM weniger bezahlen, zwar immer noch genug, aber ich war einverstanden.

Nun suchte ich einen Anwalt in Westerland, damit er die Sache mit dem Prüfungsbericht zu Ende bringt. Er schrieb einen Brief nach dem anderen an das Finanzamt, es kam nichts dabei heraus, ich hatte das Gefühl, er schrieb nur, um Geld zu verdienen. Das Finanzamt wollte Dr. Kuck in Leck sehen. »Sinnlos«, sagte ich zum Westerländer Anwalt. »Er hat den Bericht nicht gelesen.«

Der Anwalt war ohne Steuerberater hilflos und bestand darauf, dass Dr. Kuck nach Kampen kommt. Der wollte zuerst nicht, aber der Anwalt wurde so dringlich, dass er angeflogen kam. Das musste ich natürlich alles bezahlen. Zusammen gingen wir drei zum Finanzamt. Dr. Kuck sagte nur einen Satz: »Das ist ja eine Komödie.« Was sollte er auch sagen? Er wusste nichts. Auch der Anwalt sagte nichts, und das Finanzamt glaubte, sie sprachen nicht, weil es für mich keine Verteidigung gab. Dabei schwiegen sie, weil sie nichts wussten.

Da nahm ich dem Anwalt die Unterlagen weg, er verlangte 675 DM für die Briefe, die er geschrieben hatte. Mir wurde ein Anwalt in Niebüll empfohlen, der etwas von Steuern verstehen sollte. Ich fuhr nach Niebüll und gab ihm zuerst den Vorschuss von fünfhundert DM, den er verlangte. Aber auch er brauchte einen Steuerberater zu seiner Unterstützung und telefonierte gleich mit seinem eigenen, der besuchte mich in Kampen, ließ sich einen Vorschuss geben, nahm den Prüfungsbericht mit. Beide ließen ein Jahr lang nichts von sich hören. Da meldete sich das Finanzamt: »Kommt Ihr Anwalt nicht zum Verhandeln?«

»Er ist verreist.«

»Dann schicken Sie Ihren Steuerberater und geben Sie ihm Vollmacht, damit er verhandeln kann.«

Ich hatte mit dem Steuerberater zwar noch keinen Ton gesprochen, aber verhandeln konnte er einstweilen, bis der Anwalt von seiner Reise zurück war. Ich bekam ein Formular von ihm, das ich unterschrieb, ohne es durchzulesen; wahrscheinlich so etwas, was man immer unterschreiben musste. Als der Anwalt von seiner Reise zurück war, fuhr er mit mir nach Leck. Wie erstaunten wir, dass der Steuerberater alle meine Einsprüche zurückgezogen und unterschrieben hatte. Empört fragte der Anwalt: »Wie konnte er? Vor einer so wichtigen Unterschrift hätte er erst mich fragen müssen.« Aber unterschrieben ist unterschrieben. Nun war nichts mehr zu machen.

»Sie gaben ihm Vollmacht, die Einsprüche zurückzuziehen«, sagte der junge Finanzbeamte. Ich wollte das nicht glauben, aber er schob mir ein Blatt hin, und wirklich, da stand meine Unterschrift.

Als ich mit dem Anwalt nach Hause fuhr, sagte er, ich solle das Finanzamt verklagen. Ich wollte nicht. Ich weiß schon, was kommt. Er und der Steuerberater werden ununterbrochen

Vorschüsse verlangen, die Termine muss ich auch bezahlen, die Sache wird sich über Jahre hinziehen, jede Vorladung zum Termin wirft mich in panische Angst, nein, ich will lieber bezahlen, nur nicht immerzu diese Aufregung. Ich zahlte und zahlte ans Finanzamt, immer sehr große fünfstellige Summen, denn die müssen alles doppelt und dreifach geschätzt haben. Wie viel ich bezahlt habe, weiß ich noch heute nicht, denn weder Anwalt noch Steuerberater sagten es mir, und weil ich nach und nach gezahlt hatte, weiß ich die Gesamtsumme nicht, will sie auch nicht wissen, würde mich zu sehr ärgern, dass man mich so ausgenommen hat.

Als ich in einem Herbst aus Kampen zurückkam, fand ich in meiner Berliner Wohnung unter vielen Drucksachen, die durch den Schlitz geworfen worden waren, zwei Telegramme und einen Brief aus Texas: Mein Bruder war tot, gestorben an einem glühend heißen Septembertag. Der Unterschied zwischen der tropischen Hitze draußen und dem luftgekühlten Büro war zu groß für sein geschwächtes Herz. Er bekam im Büro seiner Getreidefirma einen Herzanfall. Der Arzt war leichtfertig. Anstatt ihn vom Krankenwagen ins Hospital fahren zu lassen, fuhr er mit ihm, als es ihm etwas besser zu gehen schien, im Fahrstuhl nach unten. Als mein Bruder in flirrend heißer Luft ins Auto stieg, brach er tot zusammen. Erst nach vielen Jahren konnte ich den Brief, den meine Schwägerin nach seinem Tod geschrieben hatte, zu Ende lesen. Es war ein sehr liebevoller Brief. Und ich bereute tief, dass ich zu schwach gewesen war, ihn bis zum Schluss zu lesen. Wo in aller Welt ist meine Schwägerin? Ich würde ihr gern schreiben, es ist allerdings vierzehn Jahre zu spät.

Das Einzige, was ich von meinem Bruder besitze, ist eine leere Blechdose von Folgers Kaffee, den er mir von New York nach Berlin schickte.

Die Deutsche Grammophon Gesellschaft nahm eine Platte mit »gesungenen und gesprochenen Typen« auf. Darunter war auch das *Schlummerlied*:

Schlaf, kleine Erde, schlaf schön bald,
bist erst fünf Milliarden Jahre alt.
Träumst erst seit so kurzer Zeit
von Menschenlust und Menschenleid.
Seit fünf Milliarden Jahren gibt es Wasser, Bäume, Berge,
Menschen, Tiere, Riesen, Zwerge.
Vorher gab's nur öden Hall,
das gespenstisch leere Weltenall.
Jetzt spielen böse Jungs mit deinen Kräften,
experimentiern mit deinen Säften.
Und es kann passiern,
dass wir alle explodiern.
Dann gibt es einen Riesenknall,
weg ist das schöne Weltenall.
Schlaf, kleine Erde, schlaf schön bald,
bist erst fünf Milliarden Jahre alt.

Während der Aufnahme war es scheußlich. Als mir der Regisseur erzählte, Elisabeth Bergner habe ihm eine Ohrfeige gegeben, verstand ich, warum. Ohne Publikum braucht man die Reaktion des Regisseurs wie das liebe Brot. Wenn er aber nur Fehler registriert, kein Wort der Begeisterung findet, wird man unproduktiv. Und hätte er mir nicht von der Ohrfeige der Bergner erzählt, hätte ich sie ihm gegeben. Damit technisch auch nicht das geringste Fehlerchen da ist, musste ich die Nummern wieder und wieder singen, bis sie zwar technisch einwandfrei, aber gar nicht mehr spontan klangen.

Ich schickte eine Platte an den italienischen Regisseur Fellini nach Rom und bekam einen Brief, ich möchte Fotos schicken.

Ich hatte keine und wusste auch keinen Fotografen, der in meinem Stil fotografieren konnte; Tobias, der die Fotos für den Plattenumschlag gemacht hatte, war in Amsterdam. Also schickte ich nichts.

Da kam wieder ein Brief aus Rom. Mr. Fellini bestehe auf mehr Fotos. Inzwischen hatte mich Ada, eine frühere Servier-Sängerin, auf den amerikanischen Fotografen Mark Anstendig aufmerksam gemacht. Ich ließ mich von ihm aufnehmen und schickte, kurz bevor ich nach Kampen fuhr, die Fotos nach Rom. Sofort kam ein Telegramm: »Können Sie zu einer kurzen Besprechung auf Kosten der Produktion nach Rom kommen?« Ich hatte keine Lust, denn mein »Ziegenstall« war schon eröffnet, aber da stieß mich Inge, die Freundin von Renée Köhn, und sagte: »Es ist viel wichtiger, nach Rom zu fahren, als den ›Ziegenstall‹ zu machen.«

Und ich fuhr ab; von Hamburg flog ich nach Rom, am nächsten Morgen um acht Uhr war ich im Studio, legte mich auf die Couch, und als ich die Augen öffnete, saß Fellini neben mir. Er lachte darüber, wie ich aussah, und umarmte mich. Gleich wurden Probeaufnahmen gemacht, ich wusste, sie waren gut. Fellini bat mich um die Adresse meines Managers. Die konnte ich ihm nicht geben, denn ich hatte keinen.

Nachts um elf Uhr war ich schon wieder im »Ziegenstall«. Drei Tage später wurde ich aus Rom angerufen. »Fellini hat entschieden; Sie spielen Bishma, das Medium, die Aufnahmen fangen im August an.«

Da konnte ich nicht weg. August ist Hauptsaison in Kampen. Aber Inge stieß wieder; ich bin wie eine Handgranate, die geworfen werden muss, damit sie platzt, und ich dachte, wenn man im Film sagt, Aufnahmen fangen im August an, dann wird es doch Dezember. Ich hatte mich geirrt. Ende Juni kam ein Telefonanruf aus Rom: »Am 30. Juni abfahren.« Ich flog nach Rom. Fellini war erstaunt, als er mich sah. Vor vier Wochen war ich schlank und rank gewesen, hätte das Medium als Mann spielen können. Nun war ich dick, das geht bei mir schnell. Am nächsten Tag hatte er sich gefasst und sagte: »Sie können das Medium als Bauernfrau spielen.« Zuletzt spielte ich's dann doch als Mann, als fetten Greis.

Fellinis große Stärke ist sein Kontakt mit den Schauspielern. Er scheint jeden zu lieben, man badet in seiner Freundlichkeit. Am letzten Tag fand er heraus, wie man mit mir Regie führen muss. Ich legte mich auf ein Bett und geriet durch das Licht der Lampen und Fellinis Gegenwart in Trance. Er führte mich, als ich still dalag, durch knappe Worte: Aufstehen! Hinlegen! Nichts weiter. Und das war eine Wollust! Ich konnte mich frei entfalten, und Fellini muss es auch Spaß gemacht haben, denn seine Assistentin lief aufgeregt ins Büro: »Fellini hat bei den Aufnahmen gelacht. Das hat er noch nie getan.« Ich sollte länger in Rom bleiben und weiter filmen, aber ich hatte mich nur für vierzehn Tage gebunden, die Zeit war um; ich dachte, der »Ziegenstall« würde in einem fürchterlichen Zustand sein. Obwohl ich neuen Vertrag und doppelte Gage erhalten sollte: Ich blieb nicht.

Ungefähr zur gleichen Zeit bekam ich aus Paris von einem mir unbekannten Kritiker ein Treatment geschickt, das mir gefiel. Er kannte und liebte meine alten Filme, die noch immer in Paris laufen. Ich sagte zu. Zwei Jahre dauerte es, bis Pierre Philippe einen Produzenten fand. Dann fuhr ich im Juni nach Paris.

Der Film hieß: *La bonne Dame.* Die Story war ulkig. Ich spielte eine brave bürgerliche Zimmervermieterin, deren unstillbarer Mordtrieb sie zwingt, die Untermieter, Studenten, zu morden und ihr Blut auszusaugen. Auf jedes Grab legte ich in stillem Gedenken eine Nelke, zwischen stillgelegte Bahngeleise, auf Schrottplätze, an ein Fußballtor, in einen verwahrlosten Garten, in den Kanal. Der Kampf mit dem Studenten Constantin war so realistisch, dass ein Koffer vom Schrank auf meine Nase fiel, sie schwoll zu einer Knolle und blutete zwei Tage. Constantin, der Partner, würgte meine Kehle, ich konnte nicht schlucken und nur flüssige Nahrung zu mir nehmen, er schmiss mich mit solcher Gewalt aufs Bett, dass ich mit dem Hinterkopf an die Bettwand knallte. Die Télévision filmte mit ihrem Team drei Tage auf den Stufen von Sacré-Cœur die Außenaufnahmen mit. Am Schluss wurde ich von ihnen beim Frühstück in der »Coupole« interviewt. Die Männer ließen einen Sack mit Instrumenten auf dem Gang liegen, ich stolperte und verknackste mein linkes Bein so stark, dass ich es noch nach vierzehn Tagen nur mühsam von hinten nach vorn ziehen konnte.

In Hamburg synchronisierte ich den Film, der mich gründlich enttäuschte. Alle interessanten Filmszenen waren weggeschnitten, übrig war eine Sammlung von Standfotos geblieben, er war zu kurz geschnitten worden. Barbarisch!

Oft werde ich gefragt: »Bedauern Sie nicht, nach Deutschland zurückgekommen zu sein?« Halb und halb. Es wäre klüger gewesen, im Winter in New York Kabarett zu machen – der Refugee Service quälte mich direkt, ein neues Lokal zu eröffnen. Er wollte es samt Geschäftsführer finanzieren. Im Sommer sollte ich in Deutschland leben. Mein Leben wäre noch bunter geworden. Und in Deutschland hätte man mich mehr geehrt – der Deutsche hat kein Selbstbewusstsein, ihm imponiert, was im Ausland Erfolg hat. Und vielleicht hätte man sich sogar an meine Pionierarbeit in den zwanziger Jahren erinnert.

Die zweite Frage: »Ist es nicht schlimm, unter Menschen zu leben, die Ihnen so viel Leid gebracht haben?« Die Antwort: »Nein.« Ich lebte noch lange nach Hitlers »Machtergreifung« in Deutschland und weiß, wie viele Deutsche der Katastrophe nicht gewachsen waren und selbst litten. Hätte ich dem Refugee Service gehorcht und mit seiner Hilfe ein neues Lokal aufgemacht, wäre ich jetzt Dollarmillionärin und wohnte in einem Penthouse hoch oben auf einem Wolkenkratzer. Und in Hollywood wäre längst ein Film über die Bettlerbar gedreht worden. Und etwas sehr Wichtiges: In Amerika bleibt man länger jung. Man darf niemals sein wahres Alter sagen. Nicht, damit die andern es nicht wissen sollen, sondern damit man selbst es nicht weiß. Die Menschen sind frischer und vitaler, im Oktober – nach den Sommerferien – platzt New York vor Vitalität.

Eine dritte Frage, die man mir stellt, ist: »Hassen Sie die Nazis nicht?« Ich kann wütend, giftig, jähzornig sein, hassen kann ich überhaupt nicht. Ich vergesse schnell. Menschen sind doch nur Insekten, die, um geliebt zu werden, in allen Farben schillern; je vitaler sie sind, umso mehr schillern sie. Eine der Farben ist die Kunst. Kann ich lieben? Ich weiß es nicht.

Im Augenblick liebe ich nur Tiere. Ich habe sie spät erkannt. In den Zoo ging ich, um zu poussieren. Und Fox, der Terrier meiner Großeltern, roch zu sehr nach Hund. Warum mein Vater Vögel liebte, verstand ich nicht. Erst als mir Gitty, Servier-Malerin, ein kleines Kätzchen schenkte, begriff ich. Ich verliebte mich sofort in das zarte kleine Tier und erfuhr, dass auch Tiere eine Seele haben. Durch das Kätzchen lernte ich die anderen Tiere verstehen. Nie mehr gehe ich ohne Körner für Tauben auf die Straße. Ich jage nach ihnen. Da ist eine! Ach, es war nur ein Stück Papier oder ein welkes Blatt. Ein Schwarm fliegt auf, sowie ich mich nähere. Nur ein einziges Täubchen hat Mut, es pickt ein Korn, und nun kommen die anderen zurück und picken mit. Keine Taube drängt eine andere beiseite. Es gibt auch lebensuntüchtige Tauben. Sie versuchen vergeblich, einen großen Brocken in ihren Schnabel zu jonglieren, dabei liegen dicht neben ihnen viele kleine Körner, die von den andern schnell weggepickt werden. Passanten schimpfen: »Gehen Sie in die Kirche, wenn Sie nichts zu tun haben!« oder: »Geben Sie ihnen lieber Blausäure!« Mein Hauswirt droht mit Klage, wenn ich nicht aufhöre, Körner zu streuen. In mein Kätzchen bin ich so verliebt, dass ich tief atme, wenn ich auf der Straße Katzenpipi rieche; für mich ist das Diorissima von Dior.

Ich weiß auch, wie ich sterben werde. Nur das Kätzchen wird bei mir sein. Wenn ich tot bin, kann ich ihm nichts zu fressen geben. Es ist hungrig. In seiner Not knabbert es mich an. Ich stinke. Kätzchen ist ein Feinschmecker, es mag mich nicht mehr. Vor Hunger miaut es laut, bis die Nachbarn aufmerksam werden und die Tür einbrechen.

Man soll der Katze eine Spritze geben und sie zu mir in meinen roten Sarg legen.

Ich bin nicht hochmütig wie die meisten Menschen. Ich verachte den Dreck nicht. Was sind wir? 29 Prozent Fleisch und 71 Prozent Wasser, eine Handvoll Dreck, sowie der Lebensfunke ausgelöscht ist. Wenn ich über Sand und Staub spaziere, schaue ich liebevoll hinab und weiß, das ist mein einzig wahrer Geliebter. Ihm werde ich ewig angehören.

Ich habe keine Kinder; meine Tänze haben die Tänzer der ganzen Welt beeinflusst, sie wissen es nicht. Ich will leben, auch wenn ich tot bin. Darum habe ich dieses Buch geschrieben. Vielleicht liest es einer, wenn ich Staub geworden bin, und vielleicht versteht er mich, und vielleicht liebt er mich?

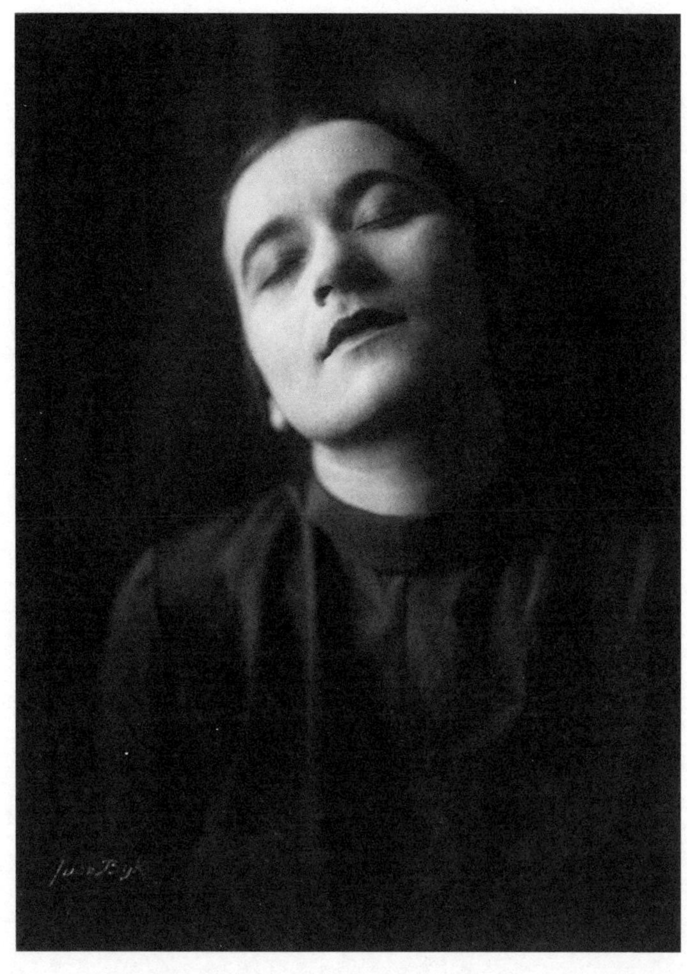

Tod, ca. 1925

»Wilde Fratzen werf ich Euch zu, mildes Antlitz neige ich über Euch.«

Ein Nachwort von Frank-Manuel Peter

»Eine dolle Nummer, eine hervorragende Tänzerin, eine außerordentliche Frau«, schrieb Kurt Tucholsky über sie 1921 in der *Weltbühne.* Seine Kollegin Elisabeth Castonier sah in Valeska Gert »Rotkäppchen, Großmutter und de[n] böse[n] Wolf in einer Person«. Und Alfred Richard Meyer ließ seiner Faszination freien Lauf mit den Worten:

> »Man sollte für diese Bestie einen eisernen Käfig bauen lassen – verzweifelst Du noch eben. Man sollte dieser Dichterin ein Schloß schenken, einen Park, eine Affenherde, vierzig Zigeunerbengels, sieben Känguruhs, ein Grammophon und eine Peitschenfabrik. Bist du schon Reue. Und du begreifst: ein neuer Erdteil ist durch die Gert geschaffen, der sich von Jahr zu Jahr verändern wird [...].«

Das war zu einer Zeit, als die Feuilletons der Tageszeitungen und Zeitschriften noch Tummelplätze interessanter Literaten-Persönlichkeiten waren, die ihre Leserinnen und Leser durch Sprache zu faszinieren verstanden, und als Zeitungsverleger noch nicht so kulturlos waren, die für die Existenz des Blattes erforderlichen kommerziellen Anzeigenflächen im ohnehin zu knappen Raum des Feuilletons zu placieren: in den 1920er-Jahren. Und in diesen 1920er-Jahren, also von 1918 bis 1933, war Valeska Gert eine Berühmtheit, nicht nur in der Weltstadt Berlin, sondern ebenso auf ihren vielen Tourneen zwischen Moskau, Paris,

Kopenhagen und Budapest. Sie war berühmt geworden durch ihre solistischen, oft mit pantomimischen Elementen angereicherten Tanzaufführungen, aber auch durch ihre Mitwirkung in Filmen von G. W. Pabst wie der *Freudlosen Gasse* und der *Dreigroschenoper*, ferner in Filmen von Jean Renoir, Carl Junghans, Alberto Cavalcanti und anderen, außerdem durch zahlreiche von ihr verfasste Essays zu Fragen der künstlerischen Moderne sowie über die unzähligen über sie verfassten Texte – und letztlich durch ihre unkonventionelle Persönlichkeit. Valeska Gert war schon 1919 so prominent, dass sie bei der vierten Veranstaltung der Berliner Dadaisten im Publikum erkannt und auf die Bühne gezerrt wurde, wo sie durch ihre improvisierten Tänze, begleitet von der »Musik« eines »Wettrennens« zwischen Schreibmaschine (George Grosz) und Nähmaschine (Walter Mehring), die durch die Provokation der Dadaisten bis dahin tumultartige Stimmung im Saal vorübergehend beruhigen konnte.

Valeska Gert zählte zur vordersten künstlerischen Avantgarde. Zu einer Zeit, als das Ballett (in Spitzenschuhen und Tutus) erste, harte Konkurrenz durch den modernen Tanz einer Mary Wigman (barfuß und in schlichten Trikots oder Tanzkleidern) bekam, tanzte Valeska Gert schon in Straßenschuhen und Alltagskleidung auf der Bühne. Noch fünfzig Jahre später fühlten sich Protagonist*innen des Tanztheaters provokant und vermeintlich avantgardistisch, wenn sie so gekleidet auftraten.

Die Gert tanzte und mimte – oft karikaturenartig – Zeitbilder aus ihrer Gegenwart und schreckte dabei nicht vor der realistischen Darstellung des Sterbens (in einem von den Rezensenten sehr beachteten, kaum bewegten Tanz) oder des Berufsalltags einer Prostituierten (mit Koitus und Orgasmus) zurück. Privat lebte sie ohne Skandale und Drogen in einer modernen Ehe mit dem promovierten Arzt und Buddhisten Helmuth von Krause sowie ihrem Liebhaber und Freund, dem Schauspieler Aribert Wäscher, und später auch mit ihrem zweiten Ehemann, dem halb so alten Engländer Robin Anderson –, und machte mit allen dreien gemeinsam Urlaub in Kampen auf Sylt.

In den langen Sommer-Aufenthalten auf Sylt schöpfte Valeska Gert neue Kraft für ihre Auftritte in den Metropolen in den Winterspielzeiten, bei denen sie regelmäßig ein ganzes Füllhorn unterschiedlichster Gestalten auf die Bühne schüttete. Aribert Wäscher, der auch eigene Gedicht- und Essaybände veröffentlichte, hat in dem bisher kaum bekannten Text *Das Erwachen der Tänzerin* Valeska Gerts jeden Morgen neu erwachende Abenteuerlust festgehalten, sich mit – in – einer neuen Figur auf den Bühnen zu zeigen. Hier ein Auszug daraus:

»Schützt Euch, verkriecht Euch, stellt eiserne Gitter um Euch auf, jetzt komme ich ganz, ich Geschöpf, ich Wesen, Gestalt, ich Albdruck, ich Bringer des Glücks, ich Teufel, ich Engel, ich Mensch, ich bleiches Gespenst. Wilde Fratzen werf ich Euch zu, mildes Antlitz neige ich über Euch. Hört Ihr das Brüllen der Bestien, labt Euch das Zwitschern der Vögel, schreckt Euch das Zischen der Schlange, freut Euch das Brummen der Bienen, ärgert Euch sehr das Quaken der Frösche? Krümmt Euch mit dem Gewürm! [...] Und schon drängen die Menschen: die Guten, die Bösen, die Narren, die Dummen, die Klugen, die Weisen, die Reichen, die Bettler, die Stolzen, die Unterwürfigen, die Harten, die Demütigen, die Krieger, die Dichter, die Kaufleute, die Priester, die Mörder, die Unglücklichen, die Verführer, die Hassenden, die Liebenden, Prinzessinnen, Heilige, Dirnen, Marktweiber, Mütter! Und hier noch extra, noch einmal für sich: die Liebe, der Haß, der Geiz, der Neid, der Zorn, die Rache, die Freude, das Leben, das Leben und hier – o Schauer! – der Tod! Seht mein Gesicht, wie es wechselt, wie es sich wandelt, wie ich mich selbst verwandle, seht mich heranrauschen, seht mich entschwinden, seht mich noch einmal auferstehen und wiedergebären noch einmal und wieder einmal, noch tausend Gestalten und nochmal zehntausend, zahllos, unaufhörlich, Herrgott, Herrgott, wie riesenhaft groß, wie gewaltig belebt, wie maßlos voll Lust ist Dein Reich!«

Valeska Gert teilte ihr Publikum mit diesen Gestalt(ung)en in begeisterte Anhängerschaft und empörte Ablehnung: »Es gibt keine Mitte für diese Frau.« Sie erweiterte den Tanzbegriff ihrer Zeit auch um die Mimik und die Einbeziehung akustischer Äußerungen. Und sie erfand und erprobte 1923 mit einer eigenen *Salome*-Inszenierung das sogenannte »arme Theater« – zehn Jahre bevor der heute allgemein als Schöpfer desselben bekannte Jerzy Grotowski geboren wurde. Sie schrieb 1930 über eine von ihr erhoffte zeitgemäße Musik aus Umweltgeräuschen, wie sie erst die Neue Musik in den 1960er-Jahren (z. B. Luigi Nono) mit Tonbandaufnahmen verwirklichte. Die von ihr Anfang der 1920er-Jahre formulierte Notwendigkeit, dem Theaterzuschauer im Parkett Großaufnahmen einzelner Schauspieler und ihrer Mimik zu zeigen, gehört heute seit einigen Jahrzehnten zum Alltag quasi jeder Live-Bühnenshow, die das Fernsehen überträgt. Valeska Gerts 1925 publizierte Gedanken über »Phantastisches im Film« sind im Laufe der Zeit im experimentellen Film ausprobiert und spätestens im Zeitalter der Videoclip-Ästhetik und der digitalen Filmtechnik als Standards etabliert worden. Bertolt Brecht, Sergej Eisenstein und viele andere Prominente waren von ihrer Kunstauffassung beeindruckt und suchten nach Möglichkeiten der Zusammenarbeit. Fred Hildenbrandt, Buchautor und Feuilletonchef einer der wichtigsten damaligen Zeitungen, des *Berliner Tageblatts*, veröffentlichte 1928 das erste Buch über Valeska Gert. 1931 folgten in einer ersten Fassung ihre Memoiren *Mein Weg* im Druck. Und 1932 eröffnete sie in direkter Nähe zum Kurfürstendamm und nicht weit vom berühmten Romanischen Café das wildeste Kabarett, das Berlin bis dahin gesehen hatte.

Und dann kam der Nationalsozialismus, der das pulsierende

künstlerische Leben Berlins und ganz Deutschlands und alle geistige Freiheit in kürzester Zeit lahmlegte, austrocknete, zerstörte. Valeska Gert, die in jungen Jahren ihre familiär verwurzelte jüdische Religionszugehörigkeit abgelegt hatte, konnte in Deutschland nur noch im Jüdischen Kulturbund auftreten. Sie emigrierte nicht 1933, wie oft angenommen, sondern sie machte längere Auslandsaufenthalte, u. a. in Frankreich und England. Das politische Klima ihrer Heimat lähmte sie jedoch seelisch und damit auch künstlerisch derart, dass sie sich nicht auf der Bühne wie früher ausleben konnte und auch im Ausland kaum noch Erfolge zu verzeichnen hatte. Sie kehrte immer wieder nach Deutschland zurück, wo sie in Berlin und auf Sylt bespitzelt und verfolgt wurde. Auf Vorschlag ihres ersten Ehemanns ließ sie sich von ihm scheiden und heiratete ihren englischen Freund und Verehrer Robin Anderson (im Buch: Jack Henderson), der mit seinem väterlich ererbten Vermögen Tanzabende für sie organisierte und Kritiken u. a. im *New Britain* über sie schrieb. Auch wenn sie diese Auftritte sehr viel später meist als nicht so überzeugend wie in den 1920er-Jahren in Erinnerung hatte, so verkehrte sie durch Robin dort doch bald wieder in Künstlerkreisen. Und ihre Tänze stellten für das Publikum immer noch Ungewohntes, Aufsehenerregendes dar. Bei einem ihrer Londoner Auftritte »in a dismal little lecture hall off the Kingsway« war auch der Schriftsteller, Künstler und Filmkritiker Oswell Blakeston in Begleitung des australisch-britischen Sexualwissenschaftlers Dr. Norman Haire, eines Kollegen und Korrespondenzpartners des in Deutschland bekannteren Dr. Magnus Hirschfeld zugegen. Oswald Blakeston erinnerte sich 1985 in Briefen an die Aufführung:

»We had the lot, the death postures and orgasms. The surroundings however were pretty depressive. As I had already written about Valeska in films, I went backstage to talk. I found

> her surrounded by a semi-circle of kneeling men holding out not flowers but masturbating in tribute. Haire was absolutely delighted […] Valeska came back to London with a contract to appear in a review at The Saville Theatre. […] The show was a deadly flop, and Valeska was left stranded in London. She made her living by teaching the whores of Soho how to make love. ›My dear,‹ she said to me, ›it's simply horrifying what they don't know.‹«

Die britische Staatsangehörigkeit, die sie durch die Ehe mit Robin Anderson erhielt, rettete Valeska Gert mit Sicherheit das Leben. In den Pamphleten des Nationalsozialismus wie *Der Sumpf* (Alfred Rosenberg) und *Das erwachende Berlin* (Josef Goebbels) wurde sie ebenso wie in den Hetzzeitungen *Völkischer Beobachter* und *Der Stürmer* angeprangert. Während sich Verwandte von ihr aus Verzweiflung das Leben nahmen und andere im KZ ermordet wurden, gelang ihrem Bruder und seiner zweiten Frau die Emigration nach Texas. Valeska Gert selbst konnte sich jedoch wie viele andere, durch Generationen assimilierte und sich zu Recht als Deutsche fühlende Juden nur schwer zur Emigration entschließen. 1935 wohnte Robin Anderson eine Zeitlang bei ihr in Berlin und berichtete anschließend im *New English Weekly* ausführlich von den für ihn überraschenden Zuständen in Berlin. Er schrieb u. a.:

> »I saw a young Polish boy bashed senseless and bleeding to the ground for failing to salute a body of Stormtroopers who came, banners blowing, swiftly goosestepping out from an unexpected side street.«

Auf Sylt ertrug er die ständige Observierung und enervierende Verfolgung auf Schritt und Tritt durch engagierte junge Nazis nicht, die noch vor der amtlichen Einführung eines

»Judenverbots« in einigen der Seebäder eine ›Vertreibung durch Belästigung‹ und baldmöglichst »judenfreie« Ferienorte anstrebten – und meistens auch erreichten. Valeska Gert wurde dort und in Berlin oft gewarnt, nutzte aber erst Anfang 1939 ein Gastspielangebot zur Emigration in die USA.

Ihre Erlebnisse in Hollywood, New York und dem Fischerort Provincetown an der Spitze von Cape Cod hat Valeska Gert noch ausführlicher als in der *Hexe* in den 1950 erstverlegten Erinnerungen *Die Bettlerbar von New York* festgehalten. Alles, was sie in ihren Memoiren berichtet, ist wahr und meistens belegbar, selbst wenn es ungewöhnlich oder verrückt klingt. So auch die Geschichten um ihr Kabarettlokal »Beggar Bar« im New Yorker Stadtteil Greenwich Village, wo beispielsweise die spätere Mitbegründerin des »Living Theatre«, Judith Malina, an der Garderobe als hatcheck-girl arbeitete und sich Tennessee Williams vor seinem ersten Theatererfolg mit der *Glasmenagerie* als Kellner und Rezitator eigener Gedichte etwas Geld verdiente. Valeska Gert fühlte sich vor allem in Künstlerkreisen wohl und ist immer wieder mit anderen prominenten Künstlern gemeinsam auf Fotos abgelichtet worden oder durch deren Memoiren und Briefwechsel auch heute noch präsent. Selbst vom Strand in Provincetown, der sie an Sylt erinnerte, gibt es ein Foto von ihr und u. a. den »abstract expressionists« Jackson Pollock und Lee Krasner. Valeska Gerts amerikanischer Freund Eric Kocher hat Anfang der 1980er-Jahre Tonbandinterviews mit gemeinsamen Freunden der frühen 1940er-Jahre aufgenommen, in denen sich u. a. der Maler Fritz Bultman an Valeska Gert und die Clique um Tennessee Williams erinnert.

Mit großer Sehnsucht nach ihrer Heimat kehrte sie frühestmöglich nach Europa (im März 1947 mit Aufenthalt in der Schweiz, wo sie in Zürich ein Kabarettlokal »Valeska und ihr Küchenpersonal« eröffnete) und nach Berlin (am 17. Februar 1949 während der Blockade Westberlins durch die Sowjetunion) zurück. Wie enttäuscht war sie jedoch, dass sie nicht das gleiche künstlerisch freie und inspirierende Klima antraf wie nach dem Ersten Weltkrieg. Berlin, seine Einwohner und die dortige Kunstszene hatten nur wenig Ähnlichkeit mit dem, was sie so lange vermisst hatte: 1949 war Berlin eine Ruinenstadt und die Bevölkerung hungerte. Familienangehörige, Freunde, Künstlerkollegen und Valeska Gerts Publikum waren in alle Welt verstreut oder verstorben, waren in Konzentrationslagern ermordet worden oder im Krieg gefallen. Die meisten derjenigen, die noch vor Ort lebten, waren wie gelähmt durch die Zeit des »Dritten Reiches« und des Zweiten Weltkriegs. Und sie waren ungefähr ein Vierteljahrhundert älter geworden. Die in den 1920er- und 1930er-Jahren geborene Jugend jedoch war bisher durch das Kunstverständnis des Nationalsozialismus geprägt – was sich deutlich vom kulturellen Klima des späten Kaiserreichs unterschied mit all den heute bekannten Entwicklungen, Gruppierungen und Publikationen wie, um nur ein paar Beispiele zu nennen: Jugendstil, Expressionismus, Sezession(en), »Brücke«, »Blauer Reiter«, »Sturm«, *Die Aktion* usw., welche der Kultur der Weimarer Republik sozusagen den Boden bereitet hatten.

Valeska Gert blieb trotzdem voller Hoffnungen, trat im Renaissance-Theater auf, stellte trotz positiver Rezensionen fest, dass sie mit 57 Jahren nicht noch einmal als Tänzerin einen nüchternen großen Konzertsaal bespielen wollte und eröffnete wieder kleine Kabarettlokale im Stil der »Beggar Bar«, vergleichbar den sich bald auch in Paris entwickelnden »Existentialistenkellern«: Noch 1949 »Bei Valeska« im ehemaligen »Opernkeller«, nach dessen zwangsweiser Schließung 1950 ihre »Hexenküche« für die Wintersaison (bis 1956) und 1951 für die Sommersaison in ihrem wieder in Besitz genommenen Ferienhaus in Kampen den »Ziegenstall«, den sie bis zu ihrem Tod führte. Sie gab Gastspiele in Kabaretts in Hamburg und München, nahm eigene Songs auf, wirkte in Filmen wie Federico Fellinis *Julia und die Geister*, einer Folge von Rainer Werner Fassbinders *Acht Stunden sind kein Tag*, Ulrike Ottingers *Die Betörung der blauen Matrosen* und Volker Schlöndorffs *Fangschuss* mit und in mehreren Talkshows. 1968 hatte sie die vollständigste Fassung ihrer Memoiren unter dem Titel *Ich bin eine Hexe* veröffentlicht und 1973 eine kürzere Neufassung *Katze von Kampen*. Volker Schlöndorff drehte ein Jahr vor ihrem Tod einen einstündigen Porträtfilm über sie, in welchem sie sogar noch mal auftrat, und rund vierzehn Tage vor ihrem Tod unterzeichnete sie Werner Herzogs Vertrag für ihre Mitwirkung in seinem *Nosferatu*-Film.

Valeska Gert war bis zum Schluss vom Lebensdrang und künstlerischen Schöpfungswillen getrieben. »Ich habe keine Kinder; meine Tänze haben die Tänzer der ganzen Welt beeinflusst, sie wissen es nicht«, heißt es am Schluss der *Hexe*.

> »Ich will leben, auch wenn ich tot bin. Darum habe ich dieses Buch geschrieben. Vielleicht liest es einer, wenn ich Staub geworden bin, und vielleicht versteht er mich, und vielleicht liebt er mich?«

Die ersten, die sie verstanden und liebten, waren die Verlage, die wenige Monate nach Valeska Gerts Tod damit begannen, *Ich bin eine Hexe* in hohen Taschenbuchauflagen neu aufzulegen. Dann fingen die Tänzerinnen und Schauspielerinnen an, Valeska Gert weiterleben zu lassen: 1982 die Kölner Gruppe »Theater Passion« um Martina Bako mit einem *Valeska Gert* betitelten Stück (Valeska: Marie-Lu Leisch, Madame Pumpernickel: Dirk Bach), und ab 1985 waren es Leanore Ickstadt, Karina Holla, Maïté Fossen, Renate Pook, Elettra de Salvo, Gayle Tufts, Bridge Markland, Katrin Wölger, Janet Collard, das Tanztheater Eutin unter Krisztina Horvath, Annabel Guérédrat und viele andere, die mit einer Hommage an Valeska Gert erinnerten. 1985 setzte auch die Reihe neuer Bücher über Valeska Gert ein, beginnend mit meiner eigenen Dokumentarbiographie, die sich neben allen anderen Recherchen und Interviews auf mehr als 540 briefliche Anfragen in aller Welt stützen konnte. 2006 folgte dann mit Susanne Foellmers Buch die erste wissenschaftliche Untersuchung des Tanzstils von Valeska Gert. Und ab 2010 erschienen vier weitere Bücher über sie, darunter ein von Hedwig Müller herausgegebener Band mit Fotografien überwiegend aus ursprünglich Valeska Gerts eigenem Besitz, die sie dem Sammler Robert Steinfeld überlassen hatte und die sich heute in der Theaterwissenschaftlichen Sammlung der Universität zu Köln befinden. Ihr Biograf vermittelte Anfang der 1980er-Jahre mit ihrem Sylter Nachlass den Aufbau eines Valeska-Gert-Archivs in der Akademie der Künste Berlin und errichtete später ein zweites Valeska-Gert-Archiv im Deutschen Tanzarchiv Köln. Valeska Gerts *Mein Weg* wurde 2010 als Anhang eines Buches von Wolfgang Müller neu veröffentlicht, und Karl Lagerfeld gab 2012 ihre *Bettlerbar von New York* neu heraus. Es gab immer wieder Filmretrospektiven und Theaterveranstaltungsreihen zu Valeska Gert, und mehrfach nahmen sich posthum bildende Künstlerinnen und Künstler ihrer Person als Thema an, auch beispielsweise Nina Hagen mit Mutter und Tochter auf Sylt im Atelierhaus Eglau. Judith Malina führte 1998 in Berlin eine szenische Lesung auf. Ein Werkverzeichnis der Tänze Valeska Gerts edierte das Deutsche Tanzarchiv Köln, das auch eigene Internetseiten zu ihr eingerichtet hat, in Zusammenarbeit mit Studentinnen der Hochschule für Musik und Tanz Köln. Valeska Gerts künstlerische Arbeit ist inzwischen in zahlreichen wissenschaftlichen Monographien berücksichtigt und Thema diverser wissenschaftlicher Aufsätze geworden. An der Freien Universität Berlin wurde 2006 eine Valeska-Gert-Gastprofessur eingerichtet und bisher bereits 25-mal international besetzt. Der ersten Ausstellung über Valeska Gert 1985 in Berlin folgten bisher 13 weitere Ausstellungen im In- und Ausland. An Valeska Gert erinnern außerdem u. a. ihr Ehrengrab und eine Valeska-Gert-Straße in Berlin. Nur in Kampen auf Sylt, wo Valeska Gert seit Anfang der 1920er-Jahre Urlaub machte und seit Anfang der 1930er-Jahre bis zu ihrem Tod ein Haus hatte und jahrzehntelang lebte, wies die Gemeinde entsprechende Bemühungen von Johanna Eglau und Werner Höfer, den parallel zur Straße »Wuldeschlucht« verlaufenden »Wuldeweg« in »Valeska-Gert-Weg« umzubenennen, zurück. Man möchte in Kampen nicht mit einem Straßennamen an Personen erinnern, hieß es in der Begründung der Gemeindeverwaltung desjenigen Ortes, der mit dem Hans-Hansen-Wai, dem Jürgen-Kamp-Wai, dem Reimert-Hansen-Weg und dem (Anthony van) Hobokenweg durchaus an Personen erinnert. Aber Valeska Gert hatte sich ja auch nicht wie die drei Erstgenannten durch langjährige Mitwirkung in der Gemeindeverwaltung um den Ort verdient gemacht. Anders bewertete die Kampener Tourismuszentrale die Bedeutung Valeska Gerts für Kampen: Sie widmete ihr eine Stele auf dem Kampener Kunstpfad (2009) und einen Kampener Künstlerwein (2012) und zeigte im Kaamp-Hüs zweimal eine Valeska-Gert-Ausstellung (1987 und 2012). Und obwohl Valeska Gerts Haus nicht mehr existiert, erinnern in der Nähe seines Standortes die Sylt-Führungen gern mit sachlichen Informationen oder mit Anekdoten an die berühmte Künstlerin. Und es »leben« durchaus auch Fehlinformationen und Falschmeldungen über Valeska Gert zumindest kurze Zeit irgendwo weiter, Aktfotos ganz anderer Personen beispielsweise oder Titel von so gar nicht existenten Tänzen werden ihr zugeschrieben; die neuen Medien tragen zur Verbreitung solcher Fehler natürlich viel schneller bei, als das früher passieren konnte.

Zu Valeska Gerts seriösem »Weiterleben nach dem Tode« dagegen möchten der Verlag und das Deutsche Tanzarchiv Köln als Herausgeber nun mit der Neuauflage ihrer besten Memoiren-Version ebenfalls etwas beitragen. Die Umschlagillustration wurde bewusst aus der schon für die Erstpublikation 1968 von ihr selbst genutzten Fotoserie ausgewählt, die Bebilderung wurde komplett erneuert. Erstmals wurden Tippfehler und Namensschreibweisen korrigiert. Auf einen wissenschaftlichen Apparat, eine chronologische Übersicht, Filmographie, Literaturverzeichnis etc. wurde verzichtet, da diese seit 1985 vorliegen. Stattdessen wurde erstmals ein Personenregister zu ihrer Autobiografie erstellt und bei dieser Gelegenheit (dort, um nicht in den Text einzugreifen) auch das eine oder andere von ihr zum Schutz damals noch lebender Personen gewählte Pseudonym aufgelöst. Ein besonderer Dank des Verlags gilt der Erbengemeinschaft für die Druckerlaubnis und denjenigen Personen und Archiven, welche freundlicherweise die Abbildungen zur Verfügung stellten.

Frank-Manuel Peter, geb. 1959 in Berlin, ist promovierter Tanzwissenschaftler und Kunsthistoriker. Seit 1986 leitet er das Deutsche Tanzarchiv Köln. Seit 2005 ist er zudem Dozent und seit 2012 Honorarprofessor für den Studiengang Tanzwissenschaft an der Hochschule für Musik und Tanz Köln. Er ist Autor und Herausgeber zahlreicher Publikationen und Kurator oder Mitkurator diverser Ausstellungen. Valeska Gert lernte er in seiner Kindheit im jährlichen Urlaub auf Sylt durch seine Eltern kennen, recherchierte nach ihrem Tod intensiv und international nach ihren Spuren und veröffentlichte 1985 die erste und bis heute gültige Dokumentarbiografie über sie.

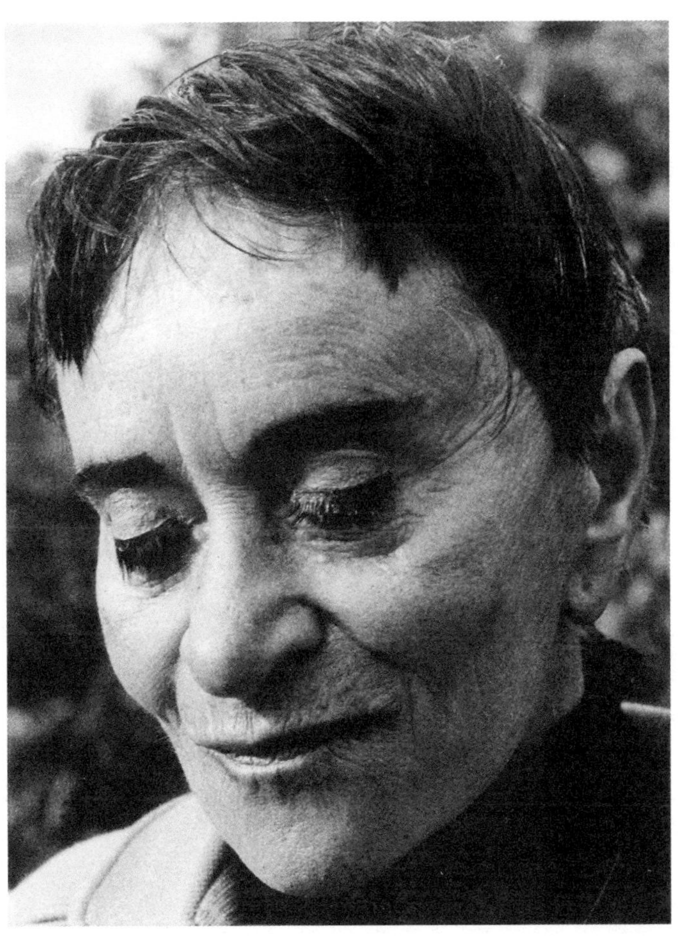

Anfang der 1970er Jahre in Kampen

Personenregister

Kursive Seitenzahlen beziehen sich auf Bildunterschriften.

Albert-Lazard, Loulou 229 f.
Albrecht Prinz von Preußen 59
Alexandrow, Grigori Wassiljewitsch 85 f.
Alten, Jürgen von 88
Amsel, Lena 53
Anderson, Judith 238
Anderson, Robin (hier: Jack Henderson) 96 ff., 219, 223, 233, 267, 269 f.
Andrew Sisters, The 110
Anselm, Ruth 91
Anstendig, Mark 258
Armstrong, Louis 161
Artaud, Antonin 247
Astaire, Fred 194
Attwood Brothers 204 ff.
Auden, Wystan Hugh 98
Bako, Martina 273
Baldung Grien, Hans 66
Balzac, Honoré de 66
Barlach, Ernst 66
Barlog, Baleslaw 241
Barry, Iris 93
Bell, Francis 128
Berber, Anita 45
Bergner, Elisabeth 257
Bernhardt, Kurt 68
Berry, Ms. (siehe Barry)
Biehl, Dr. Ulrich 170 f.
Bier, Prof. August 40
Blakeston, Oswell 269 f.
Bluth, Karl Theodor 102 f.
Bodenheim, Maxwell 150
Brassens, Georges 247
Brecht, Bertolt 49, 57, 66 f., 87, 94, 219 f., 268
Bressart, Felix 112
Breton, André 77
Brian, Mary 178
Brik, Lilja 84
Brüning, Heinrich 248
Bultman, Frederick (Fritz) 127, 150 f., 271
Busch, Ernst 87
Byk, Suse 67, 92
Castonier, Elisabeth 77, 265
Cavalcanti, Alberto 67, 266
Chaplin, Charlie 109
Charell, Erik 53
Cheim, Dr. 130, 136
Cheim, Milly 136
Collard, Janet 273
Crosby, Bing 110
Cyçon, Karl 33 f.
Czamska, Maria 220
Davis, Meyer 108
Debussy, Claude 46
Delmer, Sefton 78
Dobrien, Moritz 35
Doone, Rupert 98
Dostojewski, Fjodor 35
Dowschenko, Alexander 131
Draper, Paul 137
Draper, Ruth 137
Duchamp, Marcel 178

Duncan, Isadora 60 f., 82, 106
Duncan, Raymond 106
Dunham, Katherine 178
Duse, Eleonore 41
Ebert, Friedrich 248
Eglau, Johanna 274 f.
Ehser, Else 88, 90 ff.
Einegg, Erich 88
Eisenstein, Sergej 78 f., 84 ff., 92 f., 268
Eisler, Hanns 78, 87
Eliot, T. S. 97
Enos, Mr. und Mrs. 117 ff.
Enters, Angna 128
Esmeralda 149 ff., 159 f., 162, 164 f., 170, 172, 174 ff., 180, 182 f., 192 ff., 201, 206 f., 209, 217 f.
Falckenberg, Otto 46 f.
Fassbinder, Rainer Werner 273
Father Divine 174
Fellini, Federico 257 ff., 272
Florell, Walter 178
Foellmer, Susanne 274
Fonteyn, Margot 98
Fossen, Maïté 273
Frank, Rudolf 229
Fredric, John 178
Freytag, Gustav 33
Fritz, Mrs. 113
Garbo, Greta 67
Garland, Judy 178
Gerson, Hermann (Modefachgeschäft) 34
Giampietro; Josef 11
Gilbert, Stuart 107
Goebbels, Joseph 94, 270
Goll, Yvan 77
Gontscharow, Iwan 35
Göring, Hermann 94
Goya, Francisco de 66
Graetz, Paul 52
Granach, Alexander 68, 109, 112
Grautoff, Chrsitiane 109
Grenzebach, Ernst 40
Grieneisen (Bestattungsunternehmen) 245
Grosz, George 66, 70, 266
Grotowski, Jerzy 268
Grünbaum, Herbert 68
Guérédrat, Annabel 273
Guilbert, Yvette 107
Guildoe, Rose 150
Hagen, Cosma Shiva 274
Hagen, Eva-Maria 274
Hagen, Nina 274
Haarmann, Fritz 54
Haire, Dr. Norman 269 f.
Hannemann, Karl 88, 91
Hardt, Ludwig 105, 112
Harris, Kathleen 119 ff.
Harvey, Lilian 25
Havoc, June 178
Haydon, Julie 178
Heckel, Erich 46
Helpmann, Robert 98
Henderson, Jack (siehe Robin Anderson)
Herzog, Werner 273
Hessling, Catherine 67
Hildenbrandt, Fred 78, 175, 268
Himmler, Heinrich 98
Hindemith, Paul 67
Hinkel, Hans 98
Hirschfeld, Dr. Magnus 269
Hitler, Adolf 84, 94, 104, 160, 189, 248, 260
Hoesch, Leopold von 53

Höfer, Werner 275
Hoffmann, Hans 126
Holla, Karina 273
Hollaender, Felix 52
Hollaender, Friedrich 70 f., 190
Hollaender, Philine 190
Horstmann, Alfred 53
Horvath, Krisztina 273
Ickstadt, Leanore 273
Ink Spots, The 110, 161
Irving (siehe Kocher, Eric)
Jacobsohn, Edith 72
Jacobsohn, Siegfried 72
Jakob, Siegfried 13
Jessner, Leopold 112
Jory, Victor 178
Jouvet, Louis 77
Joyce, James 107
Junghans, Carl 67, 266
Juvet, Jean-Jacques 232
Kahane, Arthur 40 f., 52
Kainer, Ludwig *44*, 53
Kaiser Wilhelm 248
Kamenewa, Olga Dawidowna 80
Kardan, Alexander 68, 90
Karsavina, Tamara 66
Kasan, Dora 53
Kaye, Danny 161 f.
Kelly, Patsy 178
Kerr, Alfred 55
Kiaulehn, Walther 55
Kiehl (siehe Dr. Ulrich Biel)
Klinkhardt, Berthe 12
Koch, Carl 67
Koch, Ilse 249 f.
Kocher, Eric 122 ff., 128 f., 133 f., 136 ff., 142, 144, 156, 158, 176 ff., 191, 223, 247, 271
Köhn, Renée 258
Kohorn, Oscar (Oscar Freiherr von Kohorn zu Kornegg) 79
Kokoschka, Oskar 52
Kollwitz, Käthe 184
Kortner, Fritz 55
Kosma, Joseph 88
Krasner, Lee *123*, 271
Krause, Helmuth von 46, 49 f., 54, 56, 59, 62 f., 72, 92 ff., 98 f., 101, 107, 114, 218 f., 236 f., 266, 269
Krauß, Werner 67
Kühlmann, Richard von 53
Kupffer, Elisàr von 228
LaGuardia, Fiorello 142, 187 f., 219
Lagerfeld, Karl 274
Lauckner, Rolf 52
Lee, Gypsy Rose 238
Leighton, Helen (siehe Mme Pumpernickel)
Lenin, Wladimir Iljitsch 80
Lenya, Lotte 87
Ligenbüll, Karl (siehe Luginbühl, Karl)
Light, James 178
Lion, Margo 71
Litwinow, Ivy 80, 84 f., 142
Litwinow, Maxim Maximowitsch 80, 85, 229
Litwinow, Tanja 84
Lohrer, Lily 88, 91
Louÿs, Pierre 27 f.
Lubitsch, Ernst 52, 113
Luginbühl, Karl 232
Lunatscharski, Anatoli W. 78
Lund, Helga 53
Lyncker, Emil Freiherr von 59
Lytess, Natscha 109

Mahler, Ilse 25
Malina, Judith 247, 271, 274
Mangini, George *123*
Mann, Erika 104 f.
Mann, Klaus 104 f., 113
March, Fredric 178
Markland, Bridge 273
Marlitt, E. 32
Martin, Karl Heinz 55, 71, 236
Massary, Fritzi 11
Matzdorf, Walter 23, 33
Meckel, Arnold 72, 77
Mehring, Walter 178. 266
Mendelsohn, Grete 25
Meyer, Alfred Richard 265
Meyer, Eduard von 228
Meyerhold, Wsewolod 80
Meyerinck, Hubert von 55
Minelli, Vincente 178
Mme Pumpernickel (d. i. Helen Leighton) 163 ff., 172 ff., 181, 196 f., 200 f., 204, 206 ff., 211 ff., 273
Model, Didi 150
Moissi, Maria 41 ff., 47
Monroe, Marylin 109
Montagu, Eileen 86
Montagu, Ivor 86
Müller, Hedwig 274
Müller, Wolfgang 274
Naum, Max 102
Neuer (Tagger), Bettina 70
Neumann, Günter 88, 91
Neumann, Hans 66
Niehoff, Rose 68
Nierendorf, Karl 137 f., 140, 156
Nono, Luigi 268
Nürnberg, Rolf 203, 223
Orlik, Emil 91
Ostfelden, Maria von 229 ff.
Ottinger, Ulrike 273
Otto, Teo 219
Pabst, Georg Wilhelm 67, 266
Paderewski, Ignacy Jan 163
Pallenberg, Max 52
Pascha, Talaat 53
Pawlowa, Anna 28, 66 f.
Pfeiffer, Herbert 237
Pfleiderer, Karl Georg 81
Philippe, Pierre 259
Piłsudski, Józef 81
Poiret, Paul 34
Pollock, Jackson *123*, 271
Pook, Renate 273
Preobraschenskaja, Olga 67
Pritzel, Lotte 49
Pudowkin, Wsewolod 67, 78, 84
Raeck, Kurt 236 f.
Reinhardt, Max 52 f., 87
Reiniger, Lotte 67
Renan, Ernest 35
Renoir, Jean 67, 266
Reuter, Ernst 242
Révy, Richard 112
Rewald, Hans 34 f.
Richter, Hans 160, 178
Richthofen, Herbert von 53
Rieck, Günther 241, 252
Riha, Sidi 46
Rilke, Rainer Maria 229
Ringelnatz, Joachim 57
Robert, Eugen 55
Roberts, Beverly 178
Rockefeller, John D. 238
Rodin, Auguste 66
Romanoff, Iwan 151
Rops, Félicien 66
Rosenberg, Alfred 270

Rosenberg, Martin 27 f.
Rosenthal (Samosch), Augusta (Mutter) 9, 11 ff., 18 ff., 54, 59, 64, 95
Rubinstein, Ida 247
Ruttmann, Erna *6*, 86
Ruttmann, Walter *6*, 69, 86
Saccharoff, Alexander 61
Sacchetto, Rita 43
Salomon, Ernst von 241
Salvo, Elettra de 273
Samosch, Hans (Bruder) 9 ff., 14, 16 f., 19 ff., 23, 33, 37, 39 f., 63 f., 95, 106, 108 f., 220, 235, 256, 270
Samosch, Inge 64, 95
Samosch, Theodor (Großvater) 33
Samosch, Theodor (Vater) 10 ff., 16 f., 22, 27, 32 f., 35 f., 42, 59, 261
Schaeffers, Willi 95
Schaljapin, Fjodor 100
Schall, Else 27
Schiller, Friedrich 25, 88
Schiller, Max 107
Schirjajew, Alexander 53
Schlöndorff, Volker 273
Segal, Charlotte 25
Seton, Marie 86
Shorr, Toots 238
Simon, Simone 178
Sinatra, Frank 161 f., 167
Singer, Dr. Kurt 98
Sinsheimer, Hermann 48
Soffurt, Fritz 104
Sommerfeld, Egon 24
Sorel, Cécile 78
Sorma, Agnes 11
Spender, Stephen 228 f.
Spivy (d. i. Bertha Levine) 190
Steinfeld, Robert 274
Steinrück, Albert 55
Stern, Ernst 41
Streicher, Julius 95
Sullivan, Maxine 178
Swanson, Gloria 67
Tack, Conrad 36
Tagger, Theodor (d. i. Ferdinand Bruckner) 70 f.
Thackeray, William Makepeace 66
Theiss, Luise 98
Thielscher, Guido 11
Tiburtius, Joachim 251
Tietjen, Heinz 242
Tisse, Eduard 85
Tobias, Herbert 247, 258
Toller, Ernst 55
Toulouse-Lautrec, Henri de 66
Trautschold, Ilse 162
Tretjakow, Sergei 82
Trotzki, Leo 82
Tucholsky. Kurt 265
Tufts, Gayle 273
Unda, Emilie 49
Valetti, Rosa 71
Vanderbilt, Gloria Laura 238
Viertel, Berthold 114
Viertel, Salka 109, 114
Vollmoeller, Karl 53
Walker, Danton 179
Wanger, Beatrice 107
Wanger, Walter 107, 113
Wäscher, Aribert 64, 70 ff., 79, 84 f., 88 ff., 95 f., 98 ff., 102 f., 105, 107, 113 f., 218 ff., 235 ff., 266 f.

Wasko, Fred 240
Wedekind, Frank 48, 55, 170
Wedekind, Kadidja 170 f., 219
Wedekind, Pamela 105
Wegener, Paul 52 f.
Weigel, Helene 68, 87
Weinberg, Herman G. 116
Weisenborn, Günther 91 f., 136
Weiss, Helmuth 88
Westfelden (siehe Ostfelden, Maria von)
Wigman, Mary 61, 94, 102 266
Wilde, Oscar 68, 135
Williams, Tennessee 127 ff., 150 f., 247, 271
Wilson, Earl 179
Wölger, Katrin 273
Wolff & Sachs (Konzertdirektion) 84
Wolfskehl, Hanna 50
Wolfskehl, Karl 50, 228
Wright, Wilbur und Orville 33
Wong, Anna May 113
Ziegel, Erich 94
Zilzer, Wolfgang 88
Zorn, Otto 29

Bildnachweise

Titelbild: Porträt Valeska Gert, 1962, Foto: Mark B. Anstendig / Theaterwissenschaftliche Sammlung, Universität zu Köln
Seite 2: Porträt Valeska Gert, Kampen, Anfang der 1970er Jahre, Foto: Felicitas Rummel / Deutsches Tanzarchiv Köln
Seite 6: Porträt mit Aufschrift »Rohdruck«, ca. 1926, Foto: Erna Ruttmann, Theaterwissenschaftliche Sammlung, Universität zu Köln
Seite 44: *Tanz in Orange*, Plakat von Ludwig Kainer, Hochschule für Musik, 1917 / Deutsches Tanzarchiv Köln
Seite 56: *Kupplerin*, ca. 1920–25, Fotos: k. A. (evtl. Suse Byk) / Theaterwissenschaftliche Sammlung, Universität zu Köln
Seite 58: *Canaille* – Radierung von Berthold Martin Herko, 1923 / Deutsches Tanzarchiv Köln
Seite 73: *Versammlung*, 1931, Foto: Elli Marcus / Theaterwissenschaftliche Sammlung, Universität zu Köln
Seite 74: *Spanischer Tanz*, ca. 1926, Foto: G. L. Manuel Frères / Theaterwissenschaftliche Sammlung, Universität zu Köln
Seite 75: *Verkehr*, ca. 1926, Foto: G. L. Manuel Frères / Theaterwissenschaftliche Sammlung, Universität zu Köln
Seite 76: Programmzettel der Comédie des Champs-Elysées, Paris 1930 / Deutsches Tanzarchiv Köln
Seite 123: Am Strand in Provincetown, 1941, Foto: k. A. / Deutsches Tanzarchiv Köln
Seite 124: »Valeska's« in Provincetown, Foto: Sonja Wronkow / Deutsches Tanzarchiv Köln
Seite 141: Anzeige der »Beggar Bar« im *Aufbau* / Deutsches Tanzarchiv Köln
Seite 145: *Tragödie*, 1929, Foto: Suse Byk / Theaterwissenschaftliche Sammlung, Universität zu Köln
Seite 146: *Japanische Groteske*, ca. 1918, Foto: k. A. / Theaterwissenschaftliche Sammlung, Universität zu Köln
Seite 234: *Circus*, Foto: k. A. / Deutsches Tanzarchiv Köln
Seite 242: »Valeska« im Opernkeller, Kantstraße Berlin, um 1949/50, Foto: © Siegfried Enkelmann / VG BildKunst. Deutsches Tanzarchiv Köln
Seite 245: Valeska Gert performt, um 1949/50, Foto: © Siegfried Enkelmann / VG BildKunst. Deutsches Tanzarchiv Köln
Seite 264: *Tod*, Foto: Suse Byk / Deutsches Tanzarchiv Köln
Seite 277: Porträt Valeska Gert, Kampen, Anfang der 1970er Jahre, Foto: Felicitas Rummel / Deutsches Tanzarchiv Köln

Trotz intensiver Recherche war es nicht in allen Fällen möglich, die Bildrechte vollständig aufzuklären. Sollten Rechte unberücksichtigt geblieben sein, so bitten wir darum, sich beim Verlag zu melden.

AUTOBIOGRAFIEN
IM ALEXANDER VERLAG BERLIN

Ernst Josef Aufricht
Und der Haifisch, der hat Zähne – Aufzeichnungen eines Theaterdirektors
Mit einem Nachwort von Klaus Völker

*

Max Ophüls
Spiel im Dasein – Eine Rückblende
Mit einem Vorwort von Marcel Ophuls und einem Nachwort von Hilde Ophüls

*

Ingmar Bergman
Laterna magica – Mein Leben
Mit einem Vorwort von Jean-Marie Gustave Le Clézio und einem Nachwort von Jean-Claude Carrière

*

Luis Buñuel
Mein letzter Seufzer. Erinnerungen
Mit einem Vorwort von Jean-Claude Carrière

*

Fritz Kortner
Aller Tage Abend
Mit einem Nachwort von Klaus Völker

TANZ UND CHOREOGRAFIE
IM ALEXANDER VERLAG BERLIN

Das Jahrhundert des Tanzes
Zweisprachige Ausgabe Deutsch / Englisch
Hrsg. von Johannes Odenthal (Hg.)

*

Johannes Odenthal
Passagen – Der Tänzer Koffi Kôkô und die westafrikanische Philosophie des Vodun

*

Nahaufnahme Sasha Waltz
Gespräche mit Michaela Schlagenwerth

*

Nahaufnahme Alain Platel
Gespräche mit Renate Klett

*

Ariane Mnouchkine und das Théâtre du Soleil
Hrsg. von Josette Féral

*

Anne Bogart / Tina Landau
Viewpoints
Ein praktisches Handbuch für Schauspieler, Regisseure und Choreographen